AF357052

RECHERCHES

SUR

LA GÉOGRAPHIE

SYSTÉMATIQUE ET POSITIVE

DES ANCIENS.

RECHERCHES

SUR

LA GÉOGRAPHIE

SYSTÉMATIQUE ET POSITIVE

DES ANCIENS;

POUR SERVIR DE BASE

À L'HISTOIRE DE LA GÉOGRAPHIE ANCIENNE.

Par *P. F. J. GOSSELLIN*,

DE L'INSTITUT NATIONAL DE FRANCE.

TOME SECOND.

A PARIS,

DE L'IMPRIMERIE DE LA RÉPUBLIQUE.

An VI.

RECHERCHES

SUR

LE SYSTÈME GÉOGRAPHIQUE

DE POLYBE *.

POLYBE, de *Megalopolis* en Arcadie, est plus connu comme historien que comme géographe ; cependant il avoit acquis et il a conservé long-temps une grande réputation sous ces deux rapports : Strabon, même en le critiquant et quelquefois avec amertume, le place, sans hésiter, au nombre des auteurs qui se sont le plus distingués par leur exactitude, dans la description de la terre.

Né vers l'an deux cent six avant l'ère chrétienne, dans le temps où les républiques de la Grèce opposoient leurs derniers efforts aux armes victorieuses des Romains, Polybe servit sa patrie avec gloire. Aussi, le bruit de ses talens et de ses succès l'avoit-il devancé dans Rome, lorsqu'il y fut conduit en otage. Le jeune Scipion Émilien, petit-fils adoptif de Scipion l'Africain, accueillit Polybe, se l'attacha, et par les leçons d'un si grand maître devint le premier capitaine de son temps. Polybe suivit son bienfaiteur et son ami, dans les grandes expéditions qui lui furent confiées. Lorsque Scipion soumit et Carthage et Numance, qui résistoient depuis long-temps à toutes les forces de l'Italie, Polybe étoit à ses côtés. Témoin d'événemens si fameux, instruit des conquêtes aussi rapides qu'étonnantes des Romains depuis plus d'un siècle,

---

* Lues à l'Académie des Inscriptions et   et à la séance publique du 9 avril 1793.
Belles-Lettres, le 16 novembre 1792,   Voyez la Carte N.º I.

il entreprit d'en écrire l'histoire, de développer les causes qui avoient préparé les suites presque toujours heureuses de tant de combats; il s'attacha sur-tout à indiquer les fautes des généraux et les avantages qu'en avoient retirés leurs ennemis; enfin il forma un corps d'histoire tout composé d'exemples et d'instructions, et son ouvrage a servi de guide aux plus grands guerriers, jusqu'au temps où la tactique a presque entièrement changé en Europe.

Pour remplir ce projet, qui demandoit la réunion de l'expérience et du génie, Polybe voulut voir, ou plutôt observer par lui-même, les lieux où s'étoient données les batailles, afin de démêler plus sûrement les circonstances locales qui avoient décidé la victoire. Il parcourut avec cet esprit observateur, la Grèce, l'Italie, l'Égypte, la portion des Gaules et de l'Ibérie soumise aux Romains, les contrées de l'Afrique qui avoient été le théâtre de leurs exploits, et les côtes occidentales de cette partie du monde que les Carthaginois avoient découvertes long-temps auparavant.

TANT de voyages entrepris dans des pays presque inconnus aux Grecs, donnèrent à Polybe les moyens de rectifier quelques points de leur géographie. Il attaqua particulièrement Dicæarque et Ératosthènes, dont les opinions étoient alors des autorités. L'ouvrage dans lequel il établissoit son système ne nous est point parvenu: cette perte ne peut être suppléée maintenant que par un petit nombre d'extraits informes répandus dans Strabon et dans Pline, foibles restes d'un travail fort étendu et plein de recherches utiles.

POLYBE nous paroît avoir embrassé dans ses discussions, l'ensemble de toutes les parties du globe que l'on connoissoit de son temps, puisqu'il adoptoit pour l'Asie les mesures qu'Ératosthènes en avoit publiées (1); mais nous croyons qu'il donnoit peu de détails sur les pays qu'il n'avoit point examinés lui-même. Ses

____

(1) Polyb. *apud* Strab. *lib. XIV, pag. 663.*

voyages et ses observations lui avoient trop appris combien on doit se défier des relations qui ont pour objet des contrées éloignées : aussi les taxoit-il de mensonge. « Tout le nord de l'Europe, » dit-il (1), compris entre le Tanaïs et Narbonne, est entièrement » inconnu ; l'océan qui baigne les côtes occidentales de cette partie » du monde, n'a encore reçu aucun nom particulier ; ce n'est que » depuis peu qu'il a été découvert, et les nations qui en occupent » les bords sont toutes barbares ». Il comptoit depuis les Alpes jusqu'à l'extrémité septentrionale de la Gaule, placée sur l'océan, 1150 M. P. ou 9583 stades (2), et il paroît avoir fixé les limites de l'Europe vers le cinquante-septième degré de latitude, en rejetant comme des fables l'existence de Thulé, celle de l'île *Basilia*, et les autres découvertes que Pythéas s'étoit appropriées (3).

IL ASSURE de plus (4), que jusqu'à l'époque où il écrivoit, personne n'avoit pu vérifier encore si l'Éthiopie, après l'embouchure du golfe Arabique, s'étendoit indéfiniment au midi, ou si, à peu de distance de ce golfe, elle étoit terminée par l'océan.

NOUS avons lieu de soupçonner que quelque auteur contemporain cherchoit à faire revivre l'opinion d'Hérodote (5), qui donnoit à l'Europe seule plus d'étendue qu'à l'Afrique et à l'Asie réunies ; du moins Polybe nous semble s'être attaché à détruire cette vieille erreur. Voici comment il s'explique (6) :

« La direction du parallèle du détroit des Colonnes tend au

(1) Polyb. *Historiar. lib. III, S. 38, pag. 468, tom. I, edit. Schweighæuser.*

(2) Polyb. apud Plin. *lib. IV, cap. 37.*

(3) Polyb. apud Strab. *l. II, p. 104.*

(4) Polyb. *Historiar. lib. III, S. 38, p. 468.* — Nous croyons que c'est de ce passage de Polybe, que Méla a voulu parler, en disant : *Dubium aliquandiù fuit essetne ultrà pelagus, caperetne terræ circuitum, an exhausta fructu, sine fine Africa se extenderet.* Pompon. Mela, *lib. III, cap. 9, pag. 294, 295.* Voyez notre premier volume, p. 223, 224.

(5) Herodot. *Melpomen. l. IV, S. 42, 45, pag. 298-300.*

(6) Polyb. apud Strab. *l. II. p. 107.*

» couchant équinoxial, et celle du Tanaïs part de l'orient d'été :
» l'Europe est donc moins longue que les deux autres parties, de l'in-
» tervalle compris entre l'orient d'été et l'orient équinoxial, puisque
» l'Asie lui enlève une portion du demi-cercle septentrional ».

En convenant avec Strabon, que Polybe traite ici d'une manière
fort abstraite une chose qu'il auroit dû exposer plus clairement, nous
devons chercher à développer son idée, parce qu'elle nous paroît
tenir au système général qu'il avoit embrassé sur la forme et l'étendue
des continens. Polybe concevoit l'Europe, l'Asie et l'Afrique renfermées dans la moitié de l'hémisphère septentrional ; il traçoit une
ligne parallèle à l'équateur, vers le trente-sixième degré, qu'il faisoit
passer par le détroit des Colonnes et traverser l'Asie dans toute sa
longueur ; il imaginoit ensuite une autre ligne prolongée dans la
direction du Tanaïs, depuis son embouchure jusqu'au-delà de ses
sources, et il la conduisoit droit au levant d'été : cette seconde
ligne se trouvoit donc inclinée d'environ vingt-quatre degrés sur
la première ; elle formoit la limite entre l'Europe et l'Asie, et
remontant au nord, elle bornoit nécessairement l'Europe long-
temps avant d'atteindre l'extrémité orientale du continent : et comme
toutes les contrées que cette ligne laissoit au midi et à l'orient
appartenoient à l'Asie, il en concluoit que cette partie de la terre,
jointe à l'Afrique, étoit plus longue que l'Europe.

Ce raisonnement, juste dans l'hypothèse de Polybe, nous fait soupçonner qu'il rejetoit l'opinion de Patrocles et d'Ératosthènes (1),
sur la communication de la mer Caspienne avec celle du Nord.
S'il l'avoit adoptée, auroit-il prolongé indéfiniment la ligne tirée
le long du Tanaïs, puisque l'embouchure de la mer Caspienne lui
auroit présenté le terme où cette ligne devoit s'arrêter !

P O L Y B E paroît avoir traité quelques points de géographie.

____

(1) Patrocl. *et* Eratosth. *apud* Strab. *lib. II, pag. 69, 74; lib. XI, pag. 519.*

astronomique , du moins par rapport aux zones. Il en comptoit six (1) : deux entre les pôles et les cercles arctiques, deux entre ces cercles et les tropiques, et deux entre les tropiques , divisées par l'équateur. Sous le nom de cercle arctique, les anciens entendoient un cercle qui, ayant le pôle pour centre, avoit pour rayon la hauteur du pôle dans le lieu occupé par l'observateur. C'étoit le plus grand des parallèles toujours visibles ; celui qui embrassoit dans sa circonférence tous les astres qui ne se couchoient point. On conçoit que ce cercle est susceptible de varier comme les latitudes : aussi Strabon (2) reproche-t-il à Polybe d'avoir borné par des points mobiles, des espaces qui devoient être fixes et déterminés. Pour le climat de Rhodes, ou le trente-sixième parallèle , le cercle arctique est au cinquante-quatrième degré de latitude ; ainsi, suivant Polybe, chaque zone torride avoit vingt-quatre degrés, chaque zone tempérée trente, et chaque zone froide trente-six. Cette division nous semble avoir été calquée sur la sphère d'Eudoxe de Cnide (3).

Polybe croyoit la zone torride habitable, et fit un livre exprès pour combattre l'opinion contraire (4). Il soutenoit, comme Ératosthènes (5), que sous l'équateur la terre étoit plus élevée que dans le reste de sa circonférence ; que cette élévation arrêtoit les nuages portés vers le midi par les vents étésiens, et que des pluies abondantes, en modérant l'ardeur du soleil, rendoient ces climats plus tempérés que les environs des tropiques.

Une autre cause, tirée des principes de l'astronomie, étoit susceptible de conduire au même résultat, et nous pensons qu'elle peut avoir servi de base à l'opinion d'Ératosthènes et à celle de Polybe.

(1) Polyb. *apud* Strab. *lib. 11, pag. 96*; et *apud* Achill. Tatium, *cap. 31, in Petav. Uranolog. pag. 90.*

(2) Strab. *lib. 11, pag. 97.*

(3) Manil. *Astron. l. 1, vers. 542-581.*

(4) Polyb. *apud* Geminum, *Elementa Astronom. cap. 13, in Uranolog. pag. 31.*

(5) Eratosthen. *apud* Strab. *l. 11, p. 97.*

L'obliquité de l'écliptique en forçant le soleil de passer rapidement sur l'équateur, semble ralentir sa marche lorsqu'il approche des tropiques. Les contrées voisines de ces cercles, reçoivent ses rayons perpendiculairement pendant plus de trente jours consécutifs, et c'est sans contredit la bande du globe la plus exposée à l'activité de cet astre. On savoit que Syéné, ville de la haute Égypte, étoit sous le tropique ; on devoit naturellement en conclure que le reste de la zone torride étoit au moins aussi habitable que Syéné : Polybe l'a cru, et l'on est étonné d'entendre Strabon, qui avoit séjourné dans cette ville, soutenir que l'homme ne pouvoit habiter dans les environs de l'équateur (1).

Nous ne connoissons pas d'autres données générales sur le système de Polybe : passons à la Méditerranée qu'il avoit parcourue, et sur laquelle il nous reste quelques fragmens de ce qu'il en avoit écrit.

Les mesures de Polybe, rapportées par Strabon, sont tantôt en stades, tantôt en milles romains ; c'est une preuve que Polybe n'écrivoit pas une géographie proprement dite, mais que discutant les opinions de ses devanciers, il prenoit les mesures telles qu'il les trouvoit énoncées, sans avoir soin de les réduire à un même élément.

Dans son histoire (2), en parlant du chemin qu'Annibal avoit suivi, et qu'il avoit fait lui-même en accompagnant Scipion, depuis la Nouvelle Carthage jusqu'au Rhône, Polybe dit que cette route étoit divisée avec soin, par espaces de huit stades. Il est incontestable qu'il est ici question des pierres milliaires qui mesuroient et ornoient les voies romaines : ainsi, d'après ce passage, il paroîtroit que Polybe auroit reconnu que le mille romain valoit huit stades juste.

Cependant, en décrivant la voie Egnatienne, qui traversoit la Macédoine et la Thrace, depuis *Apollonia* sur le golfe Adriatique,

____

(1) Strab. *lib. II, pag. 72, 114.*   (2) Polyb. *Historiar. lib. III, S. 39.*

jusqu'à *Cypselus*, Strabon dit (1) qu'elle étoit de 535 M. P. valant, d'après l'estimation ordinaire, 4280 stades, ou 4458 stades suivant le calcul de Polybe, qui comptoit huit stades et un tiers par mille.

FRÉRET (2) et d'Anville (3) n'ont point hésité de rejeter cette seconde évaluation de Polybe, comme une méprise de la part de Strabon. Ils fondent principalement leur opinion sur la contradiction qui existeroit entre le texte actuel de Polybe et le passage que Strabon rapporte, et aussi sur ce que Polybe dans cette réduction, peut avoir confondu le pied grec avec le pied romain.

NOUS nous permettrons d'observer, contre le sentiment des deux savans académiciens :

1.° Que le rapport entre les mesures de longueur des Grecs et des Romains, n'est pas assez parfaitement connu, pour qu'il puisse servir de base à un argument contre le témoignage positif d'un auteur aussi grave que Strabon, qui d'ailleurs, en s'arrêtant sur l'évaluation de Polybe, et en observant qu'elle diffère de toutes les autres, nous paroît prouver qu'il a fait son extrait avec beaucoup d'attention ;

2.° La contradiction que l'on aperçoit entre le texte de Polybe et le passage rapporté par Strabon, ne nous paroît pas une objection bien imposante. D'abord, il faut remarquer qu'il est question de deux traités différens, quoique réunis dans un même ouvrage : celui que nous possédons est purement historique ; celui que Strabon cite, étoit destiné à des recherches géographiques. Dans une histoire, la rapidité des faits entraîne nécessairement la rapidité du style ; il est impossible de s'appesantir alors sur des discussions étrangères qui interromproient la narration. Polybe, en parlant du chemin depuis la Nouvelle Carthage jusqu'au Rhône, a pu en indiquer la mesure

(1) Strab. *lib. VII, pag. 322.*

(2) Fréret, Observations sur le rapport des Mesures grecques et des Mesures romaines. *Mémoires de l'Académie des* *Inscriptions et Belles-Lettres, t. XXIV,* *pag. 551.*

(3) D'Anville, *Traité des Mesures itinéraires, pag. 54.*

d'après l'opinion vulgaire des Grecs et des Romains, qui comptoient, en général, huit stades pour un mille; peut-être même n'en savoit-il pas davantage à cette époque, où il n'avoit pas encore écrit sur la géographie, puisqu'il remet à un autre temps le soin d'en parler et d'entrer dans les détails qu'elle exige (1).

Mais, lorsqu'il voulut traiter de cette science, et qu'il eut examiné les mesures employées par les auteurs, il nous paroît évident qu'en les comparant entre elles, il aura cru trouver qu'il falloit huit stades et un tiers pour égaler le mille romain. Alors, abandonnant sa première évaluation, il se sera corrigé dans la partie de son ouvrage que nous ne possédons plus, mais que Strabon avoit sous les yeux, et dont l'extrait présente les preuves de la plus grande authenticité.

Nous ne voyons donc pas que l'on puisse se refuser à adopter, pour construire la carte de Polybe, la réduction du mille à huit stades et un tiers, toutes les fois qu'il sera question de convertir les mesures romaines en mesures grecques.

SELON Pline, Polybe comptoit en ligne droite les distances suivantes dans toute la longueur de la Méditerranée (2). Nous y ajouterons leur réduction en stades, conformément à ce que nous venons de dire.

Du détroit de *Gades,* au détroit de Sicile.	1,260,500 Pas,	= 10,504 Stades.
Du détroit de Sicile, à l'île de Crète....	375,000....	= 3,125.
De l'île de Crète, à Rhodes.........	183,500....	= 1,529.
De Rhodes, aux îles *Chelidoniæ*........	183,500....	= 1,529.
Des *Chelidoniæ*, à l'île de Cypre.......	322,000...,	= 2,683.
De Cypre, à Séleucie en Piérie.......	115,500....	= 962.
TOTAL....................	2,440,000 Pas,	= 20,332 Stades.

CES MESURES prouveroient que les distances employées par Polybe, seroient beaucoup trop foibles, et qu'il auroit donné à la

(1) Polyb. *Historiar. lib. III, §. 59.*   (2) Polyb. *apud* Plin. *lib. VI, cap. 38.*
Méditerranée

Méditerranée un tiers d'étendue de moins qu'Ératosthènes (1) ne lui avoit fixé.

Mais Polybe n'a pu commettre l'erreur qui résulte du texte de Pline. Ce texte est nécessairement inexact : pour s'en convaincre, il suffiroit de lui comparer cet autre passage où le même historien dit que Polybe (2) comptoit,

De la mer Atlantique, ou du détroit des Colonnes,
   jusqu'à Carthage...................... 1100 M. P. = 9,167 ST.
Et de Carthage, à l'embouchure Canopique du
   Nil (3)........................ 1688 M. P. = 14,067 ST.
      T O T A L.................... 2788 M. P. = 23,234 ST.

Il s'ensuivroit, en effet, que cette mesure partielle surpasseroit déjà de plus de deux mille neuf cents stades, la longueur entière que le texte de Pline donne au bassin de la Méditerranée.

D'UN AUTRE côté, le naturaliste romain (4), en comparant la longueur de cette mer, donnée selon lui par Polybe, de 2440 M. P., à celle donnée par Agrippa, de 3440 M. P., dit qu'il soupçonne de l'erreur dans ce dernier nombre, parce qu'Agrippa compte 1250 M. P. entre le détroit de Sicile et Alexandrie.

Il est vraisemblable que le doute de Pline venoit de ce que les 1250 M. P. comptés par Agrippa, pour un intervalle que Polybe réduisoit à 683 M. P. ou 5692 stades, comme l'ensemble de ses mesures le démontre, lui paroissoient trop forts, et lui faisoient croire qu'ils avoient influé, par la faute des copistes, sur la somme

(1) Ératosthènes donnoit 27,300 stades à la longueur de la Méditerranée. Voyez notre Géographie des Grecs analysée.

(2) Polyb. *apud* Plin. *lib. V, cap. 6.*

(3) L'édit. *Variorum* et celle d'Elzévir portent 1630 M. P.; celle du P. Hardouin, 1528 M. P. Il faut lire *1688 M. P.* Voyez notre Géographie des Grecs analysée, *pag. 14.*

(4) Plin. *lib. VI, cap. 38.*

de 3440 M. P. en la portant au - delà de ce qu'elle devoit être.
Mais nous ferons voir, lorsque nous traiterons du système géographique d'Agrippa, que les mesures de 1250 M. P. et de 3440 M. P.
pouvoient exister dans son opinion, parce qu'il plaçoit le détroit
de Sicile plus à l'occident que Polybe ne l'avoit fait; et il faut en
conclure que l'erreur que Pline entrevoyoit, étoit dans l'exemplaire
de Polybe qu'il avoit sous les yeux, et non dans celui d'Agrippa,
comme il le conjecturoit.

ON PEUT s'en assurer encore par les rapprochemens suivans.
Si l'on s'en rapportoit au calcul de Pline, Polybe n'auroit compté
depuis le détroit des Colonnes jusqu'en Crète, que 13,629 stades;
au lieu que Strabon, en discutant l'opinion de cet auteur, sur la
distance qu'il mettoit entre ce détroit et le Péloponnèse, c'est-à-
dire le cap Ténare, qu'il plaçoit sous la même longitude que la
pointe occidentale de l'île de Crète, dit positivement que Polybe
faisoit cet intervalle de plus de 20,000 stades. Voici le passage
de Strabon (1).

· « Polybe, en critiquant Dicæarque, qui ne comptoit que 10,000
» stades du détroit des Colonnes au Péloponnèse, savoir, 7000 des
» Colonnes au détroit de Sicile, et 3000 du détroit de Sicile au
» Péloponnèse, prétend qu'il y a plus de 7000 stades en ligne
» droite du détroit des Colonnes au détroit de Sicile.

» En effet, ajoute Polybe, la côte forme un angle obtus, dont
» les côtés aboutissent aux Colonnes et au détroit de Sicile, et
» qui a son sommet à Narbonne ; de sorte que l'on a un triangle
» dont la base est une ligne droite tirée à travers la mer. Celui
» des côtés qui s'étend du détroit de Sicile à Narbonne, est de
» plus de 11,200 stades; l'autre n'en a guère moins de 8000.

____

(1) Strab. *lib. II, pag. 105.*

» Or, la plus grande distance de l'Europe à l'Afrique, selon
» l'aveu commun, n'est pas de plus de 3000 stades par la mer
» Tyrrhénienne, et le trajet est encore plus court par la mer de
» Sardaigne. Mais je veux, dit Polybe, que par cette mer il y ait
» aussi 3000 stades : si de ce nombre on prend 2000 stades pour
» la profondeur du golfe de Narbonne, on aura la longueur de la
» perpendiculaire tirée de l'angle obtus sur la base du triangle (1).
» Donc, selon ces mesures, la longueur totale de la côte, depuis
» le détroit de Sicile jusqu'aux Colonnes, ne surpasse que d'en-
» viron 500 stades la ligne droite tirée de l'un de ces points

(1) Nous nous écartons ici du sens que Xylander a cru devoir donner à ce passage, qu'il a traduit comme s'il y avoit : « Mais je veux, dit Polybe, » que par cette mer il y ait aussi 3000 » stades : si l'on *y ajoute* 2000 stades » pour la profondeur du golfe de » Narbonne, on aura la longueur de » la perpendiculaire..... »

Le texte dit positivement le contraire. D'ailleurs, si l'on donnoit 5000 stades à la longueur de cette perpendiculaire, la base du triangle ne pourroit avoir que 16,267 stades : elle auroit par con-séquent 2933 stades de moins que la somme des côtés réunis, quoique la différence ne doive être que d'environ 500 stades ; et la distance du détroit des Colonnes au Péloponnèse ne seroit que de 19,267 stades, quoiqu'elle doive en avoir plus de 20,000 dans l'opinion de Polybe.

Nous devons dire que, s'il étoit possible d'adopter l'interprétation de Xylander, et de porter Narbonne et Marseille à 5000 stades au nord du parallèle du détroit des Colonnes, ces villes se trouveroient placées à quelques minutes près, sous leurs vraies latitudes, et comme Pythéas les avoit indiquées. Alors, les parties occidentales de la Méditerranée prendroient dans la carte de Polybe, une forme beaucoup plus exacte, que celle que nous avons pu leur donner en abaissant Narbonne à 2000 stades au nord du parallèle des Colonnes. Mais cet auteur rejetoit l'ob-servation que Pythéas s'approprioit ; et l'on ne pourroit l'employer dans la carte, qu'en abandonnant l'opinion de Polybe, et en bouleversant le texte de Strabon.

Depuis que ce mémoire a été lu à l'Académie des Inscriptions et Belles-Lettres, M. Schweighæuser a publié à Leipsic le huitième volume de son édition de Polybe : nous y avons vu avec plaisir que notre opinion sur le passage qui nous occupe, s'accordoit avec celle de cet habile littérateur.

» jusqu'à l'autre, à travers la mer. Joignez-y 3000 stades pour
» la distance du détroit de Sicile au Péloponnèse, et vous aurez
» une ligne droite de plus du double de la longueur assignée par
» Dicæarque ».

La résolution de ce triangle, en appliquant à ses côtés les
nombres précédens, donneroit pour la longueur de sa base, c'est-
à-dire, pour la distance du détroit des Colonnes au détroit de
Sicile, 18,766 stades; si l'on y ajoute 3000 stades pour l'intervalle entre le détroit de Sicile et le Péloponnèse, on aura 21,766
stades, et cette mesure, comme le vouloit Polybe, sera de plus du
double de celle que Dicæarque avoit fixée pour le même espace :
mais en même temps elle se trouveroit plus grande encore que
la longueur entière que Polybe, suivant Pline, sembleroit avoir
assignée au bassin de la Méditerranée.

Il est donc incontestable qu'il y a erreur dans le texte de ce
dernier écrivain. Si les données du triangle étoient rigoureusement
déterminées, elles suffiroient pour retrouver l'étendue précise de sa
base : mais comme elles ne sont énoncées que vaguement, les
18,766 stades qui en résultent ne peuvent être pris que pour une
approximation qui a besoin d'être confirmée ou rectifiée légèrement
par un moyen quelconque; et nous n'en trouvons pas d'autre que
dans le texte même de Pline, où l'erreur ne peut exister que dans
les chiffres du premier ordre.

Nous pensons donc qu'une seule lettre numérale, oubliée, ou
dans l'exemplaire, ou dans l'extrait de Polybe, que Pline consultoit, avoit dénaturé le passage dont il est question, et qu'il ne
faut que la rétablir dans l'ouvrage de cet auteur, pour faire disparoître la méprise qu'elle a occasionnée. Le texte de Pline porte :
Polybius à Gaditano freto. . . . . . *ad orientem recto cursu Siciliam*
$\overline{XII}$. *LX. mill. D. passuum.* Nous proposons de lire : *Polybius à*

Gaditano freto. . . . ad orientem recto cursu Siciliam $\overline{XXII}$. LX. mill.
D. passuum (1).

Cette correction fera disparoître la grande erreur que Polybe sembloit avoir commise dans la longueur de la Méditerranée, et fixera la base de son triangle à 2,260,500 pas, ou 18,837 stades. Cette somme ne diffère que de 71 stades de celle que nous avions trouvée précédemment, en faisant usage des mesures approximatives que Strabon nous a conservées; et leur accord est une nouvelle preuve que Polybe comptoit le mille romain pour huit stades et un tiers.

Maintenant, nous pourrons construire une carte de la Méditerranée, qui représentera l'étendue de cette mer et la disposition de ses côtes, suivant l'opinion que Polybe s'en étoit faite.

Ainsi, sur le parallèle du détroit des Colonnes, qu'il savoit ne pas s'éloigner du trente-sixième degré de latitude, il fixoit les positions suivantes, et il comptoit pour leur intervalle,

Du détroit des Colonnes, pris à *Calpe*, au détroit de Sicile.	2,260,500 Pas, =	18,837 Stades.
Du détroit de Sicile, en Crète, ou au cap Ténare du Péloponnèse.	375,000. . . . =	3,125.
Du cap Ténare, ou de l'île de Crète, à Rhodes.	183,500. . . . =	1,529.
De Rhodes, aux îles *Chelidoniæ*.	183,500. . . . =	1,529:
Des îles *Chelidoniæ*, à l'île de Cypre. . .	322,000. . . . =	2,683.
De l'île de Cypre, à Séleucie en Piérie.	115,500. . . . =	962.
Longueur totale de la Méditerranée.	3,440,000 Pas, =	28,665 Stades.

Des autres mesures que Polybe avoit recueillies, il ne reste que les distances suivantes dont nous puissions faire usage pour

(1) En toutes lettres, *vicies bis centena sexaginta millia quingenta passuum* = 2,260,500 pas; au lieu de *duodecies centena sexaginta millia quingenta passuum* = 1,260,500 pas, que portent à tort nos meilleurs manuscrits et nos meilleures éditions.

déterminer l'emplacement de quelques points autour du bassin de cette mer.

LE TRIANGLE dont nous avons parlé, donne pour la distance du méridien de *Calpe* à celui de Narbonne, environ 7746 stades. Dans cet intervalle, et en suivant à-peu-près l'hypothénuse de l'un des deux triangles rectangles dans lesquels le premier se divise, Polybe comptoit, du détroit des Colonnes à la Nouvelle Carthage, 3000 stades; de la Nouvelle Carthage à l'Ibère, 2600 stades; et de ce fleuve à *Emporiæ*, 1600 stades. Ensuite, d'*Emporiæ* à l'endroit où Annibal avoit passé le Rhône, il comptoit 1600 stades (1); des Colonnes aux Pyrénées, un peu moins de 8000 stades; et plus de 9000, des Colonnes à Marseille (2).

EN PLAÇANT Narbonne à 2000 stades seulement au nord du parallèle du détroit, il fixoit cette ville et Marseille vers $38^d\ 51'\ 26''$; et commettoit une erreur d'environ $4^d\ 26'\ 19''$ sur leurs latitudes, que Pythéas et Ératosthènes avoient connues avec beaucoup de précision (3). Aussi cette partie de la Méditerranée se trouve-t-elle trop étroite dans la carte de Polybe, et les côtes qui l'environnent présentent-elles un gisement faux et une forme très-altérée.

IL CROYOIT (4) que la perpendiculaire tombant de Narbonne sur l'Afrique, se dirigeoit sur la Sardaigne; et il plaçoit cette île et celle de Corse, trop à l'occident et beaucoup trop loin des côtes de l'Italie.

POLYBE disoit (5) que l'Italie pouvoit être considérée comme une espèce de triangle, dont les Alpes formoient la base; dont le côté oriental étoit terminé par la mer d'Ionie et le golfe Adriatique, et celui qui regarde le midi et le couchant, par les mers de

(1) Polyb. *Historiar. lib. III, §. 39.*
(2) Polyb. *apud* Strab. *l. II, p. 106.*
(3) Voyez notre Géographie des Grecs analysée, *pag. 46, 47.*
(4) Polyb. *apud* Strab. *l. II, p. 106.*
(5) Polyb. *Historiar. lib. II, §. 14.*

Sicile et de Tyrrhénie. Ces deux côtés, en se réunissant au promontoire Cocynte, formoient, selon lui, le sommet du triangle à
l'endroit qui séparoit la mer d'Ionie de celle de Sicile.

Ces sortes de ressemblances qu'on cherche quelquefois à trouver
entre des choses qui ne se ressemblent point, jettent la plus grande
obscurité sur les descriptions. Au temps de Polybe, l'Italie n'avoit
pas plus une forme triangulaire qu'elle ne l'a aujourd'hui ; il
faudroit étrangement altérer la forme des deux presqu'îles qui la
terminent, et les faire même disparoître, pour que le sommet de
l'angle aigu parût aboutir au promontoire Cocynte, qui semble
répondre à *capo di Stilo,* dans la Calabre ultérieure. Mais Polybe
avoit écrit ce passage avant de s'être appliqué particulièrement à la
géographie, puisque lorsqu'il traita de cette science, il abandonna sa
première description en donnant 3000 stades d'intervalle entre le
promontoire *Iapygium* et le détroit de Sicile, savoir, 2300 stades
de ce détroit au cap *Lacinium,* et 700 en ligne droite, pour l'ouverture du golfe de Tarente jusqu'à l'*Iapygium* (1).

SELON lui, le Péloponnèse avoit 4000 stades de tour, en n'y
comprenant point les golfes (2).

Du cap Malée aux Colonnes d'Hercule, il comptoit 22,500
stades (3); et comme dans ses mesures générales, on a vu qu'il
mettoit 21,962 stades des Colonnes au Ténare (4), il s'ensuit qu'il

---

(1) Polyb. *apud* Strab. *l. VI, p. 261.*
— Au livre V, *pag. 211,* Strabon
parle aussi des 3000 stades que Polybe
donnoit aux côtes de l'Italie, depuis
l'*Iapygium* jusqu'au détroit de Sicile, en
ajoutant que par mer, il n'y avoit pas
500 stades selon Polybe. Ce dernier
nombre est certainement une faute de
copiste, puisqu'on vient de voir que

cet auteur comptoit 700 stades, pour
le seul intervalle de l'*Iapygium* au
Lacinium. Nous pensons qu'au lieu de
500, il faut lire 2500 stades.

(2) Polyb. *apud* Strab. *lib. VIII,
pag. 335.*

(3) Polyb. *apud* Strab. *lib. I, p. 25.*

(4) *Suprà, pag. 13.*

plaçoit le Malée à 538 stades à l'orient du Ténare. Le rapprochement de ces distances confirme à-la-fois, et la correction que nous avons proposé de faire au texte de Pline, et la nécessité de porter le mille romain à huit stades et un tiers, dans les combinaisons de Polybe.

DES CÔTES septentrionales et occidentales du Péloponnèse aux monts Acro-cérauniens, il y avoit, selon cet auteur, 2100 stades, et de ces monts au fond du golfe Adriatique, 6150 stades (1). Cette dernière mesure s'accorde avec celle de 740 M. P. ou 6166 stades, qu'il fixoit pour la longueur des côtes de l'Italie, depuis l'Iapygie jusqu'à Aquilée (2).

ÉRATOSTHÈNES n'avoit estimé qu'à 900 stades, la distance d'*Epidamnus* sur la côte d'Illyrie, jusqu'à Thessalonique (3) : il avançoit, par conséquent, le fond du golfe Thermaïque beaucoup trop à l'occident. Polybe corrige Ératosthènes avec succès, et rend à cette partie de la Grèce la forme qu'elle doit avoir, en éloignant ces deux villes de 267 M. P. ou 2225 stades (4).

IL PAROÎT que Polybe (5) adoptoit l'opinion qui plaçoit Byzance à 5000 stades au nord du parallèle de Rhodes, vers 43ᵈ 8′ 34″ de latitude.

Suivant lui (6), le Pont-Euxin avoit environ 22,000 stades de circonférence, et les Palus Mæotides 8.000 stades de tour.

Du Bosphore de Thrace au Bosphore Cimmérien, il comptoit 500 M. P. ou 4168 stades en ligne droite (7) ; et du détroit des

(1) Polyb. *apud* Strab. *l. II, p. 105.*

(2) Polyb. *apud* Strab. *l. VI, p. 285.*

(3) Eratosthen. *apud* Strab. *lib. II, pag. 106; lib. VII, pag. 323.* — Voyez notre Géographie des Grecs analysée, pag. 20, 21.

(4) Polyb. *apud* Strab. *l. II, p. 106; lib. VII, pag. 323.*

(5) Strab. *lib. II, pag. 106.*

(6) Polyb. *Historiar. lib. IV, S. 39.*

(7) Polyb. *apud* Plin. *l. IV, c. 24.*

Colonnes à l'embouchure des Palus Mæotides, 3,437,500 pas ou 28,646 stades, aussi en ligne droite (1). La combinaison de ces mesures ne permet plus de laisser Byzance sous le méridien de Rhodes, comme Ératosthènes l'avoit placée (2). Elle nous paroît indiquer que Polybe a été instruit de l'inclinaison de la Propontide vers l'orient, et qu'il éloignoit d'environ six cents stades le méridien de l'Hellespont, de celui de Byzance : cette dernière ville doit donc être fixée dans sa carte à 24,083 stades de longitude du détroit des Colonnes, et le Bosphore Cimmérien à 27,813 stades du même point, et vers 45^d 48′ de latitude.

Nous avons dit (3) que, suivant Polybe, le cours du Tanaïs venoit du levant d'été. Les Palus Mæotides devoient suivre la même direction : cet auteur paroît donc avoir eu des connoissances plus exactes qu'Ératosthènes, sur la courbe que décrit ce fleuve dans sa partie inférieure, et sur le gisement de ces marais.

Le limon que le Tanaïs, le Borysthènes, le Danube et d'autres fleuves considérables, charient dans le Pont-Euxin, a fait penser à Polybe (4), que le bassin de cette mer seroit comblé un jour. Straton de Lampsaque (5) avoit déjà publié la même opinion, et Polybe nous semble la répéter d'après lui. Le comblement des mers est une suite nécessaire de la dégradation et de l'abaissement des montagnes : mais les opérations de la nature sont si lentes, que des milliers de siècles suffisent à peine pour opérer des changemens sensibles sur un certain espace du globe ; et le Pont-Euxin ne paroît pas avoir essuyé d'altération, ni dans son étendue, ni dans sa profondeur, depuis plus de deux mille ans que Straton de Lampsaque écrivoit sur la géographie physique.

(1) Polyb. *apud* Plin. *l. VI, c. 38.*

(2) Eratost. *apud* Strab. *l. I, p. 62, 63.*

(3) *Suprà, pag. 4.*

(4) Polyb. *Historiar. lib. IV, §. 40.*

(5) Strat. Lampsacen. *apud* Strab. *l. I, pag. 49, 50.*

P OLYBE éloignoit de 4000 stades les parallèles de Rhodes et d'Alexandrie (1) ; ainsi, il rejetoit l'observation d'Ératosthènes, qui déterminoit avec plus d'exactitude la distance de ces villes (2). Polybe n'étoit point astronome, et il marquoit d'ailleurs peu de confiance dans les opérations d'Ératosthènes.

Cette mesure, combinée avec les 2788 M. P. ou 23,234 stades depuis le détroit des Colonnes jusqu'à Alexandrie (3), qui doivent être considérés comme l'hypothénuse d'un triangle rectangle, dont l'angle droit est à la rencontre du parallèle de Rhodes et du méridien d'Alexandrie, nous fait conclure qu'il fixoit cette dernière ville à 22,887 stades à l'orient du détroit des Colonnes, et vers 30^d 17′ 9″ de latitude.

D ES 2788 M. P. précédens, il en employoit 1688, ou 14,067 stades, pour la distance entre Alexandrie et Carthage (4). Dans cet intervalle, et à 2500 stades à l'orient de Carthage, il plaçoit la petite Syrte, à laquelle il assignoit 2500 stades de tour, et 833 d'ouverture. Selon lui, l'espace entre la petite et la grande Syrte étoit de 2083 stades; et ce dernier golfe avoit 2683 stades d'ouverture et 5208 de périmètre (5).

D E C ARTHAGE au détroit des Colonnes, il comptoit 1100 M. P. ou 9167 stades (6) ; et comme il croyoit que la route

---

(1) Polyb. *apud* Strab. *lib. I, pag.* 25.

(2) Les 4000 stades de Polybe valent 5^d 42′ 51″. — Ératosthènes, suivant Strabon, *lib. II, pag. 126,* et suivant Pline, *lib. V, cap. 36,* avoit trouvé par l'observation, que la différence en latitude entre Alexandrie et Rhodes étoit de 3750 stades = 5^d 21′ 26″. Cette différence, telle que nous la connoissons, est de 5^d 17′ 10″.

(3) Polyb. *apud* Plin. *lib. V, cap.* 6. — *Suprà, pag. 9.*

(4) Polyb. *ubi suprà.*

(5) Polyb. *apud* Plin. *lib. V, cap.* 4. — Pline donne ces différentes mesures en milles romains ; nous ne faisons que les réduire en stades, d'après l'évaluation de Polybe.

(6) Polyb. *apud* Plin. *lib. V, cap.* 6.

remontoit un peu vers le nord, la longitude de Carthage, suivant lui, ne devoit être que d'environ 9112 stades : cette distance achève de circonscrire le bassin de la Méditerranée ; l'évaluation et l'emploi que nous avons faits des mesures de Polybe, nous paroissent, à cet égard, ne laisser aucune incertitude.

CEPENDANT, il existe une grande erreur dans cette partie de la carte de Polybe. En parlant de la Sicile (1), il place le promontoire Lilybée au couchant, et dit qu'il est éloigné de mille stades des caps qui sont près de Carthage : dans notre carte, la distance entre ces deux points se trouve être d'environ 8000 stades. Une différence si considérable ne peut provenir que de deux causes ; ou d'un faux emploi que nous aurions fait des grandes distances de Polybe dans la Méditerranée, ou d'un défaut d'ensemble dans le système général des mesures adoptées par cet historien.

Pour ce qui nous concerne, le doute ne peut tomber que sur la correction que nous avons faite au texte de Pline (2). Nous la croyons pleinement justifiée, et par ce que nous avons déjà dit, et par les rapprochemens suivans :

1.º La longueur de la Méditerranée avoit été fixée par Ératosthènes (3) et par Hipparque (4), à 27,300 stades ; Strabon, venu après Polybe, la faisoit de 25,500 (5) ; Agrippa la portoit à 27,520 (6) ; le texte de Pline sembleroit la réduire à 20,332 (7), et une telle réduction n'auroit point d'exemple dans l'antiquité,

---

(1) Polyb. *Historiar. lib. 1, §. 42.*

(2) *Suprà, pag. 12, 13.*

(3) Voyez notre Géographie des Grecs analysée, *pag. 14, 15,* et les Tableaux N.ᵒˢ II et III.

(4) Voyez le premier volume de cet ouvrage, *pag. 34, 58, 60.*

(5) Voyez notre Géographie des Grecs analysée, *pag. 63, 64,* et le Tableau N.º V.

(6) Agrippa *apud* Plin. *l. VI, c. 38 ;* 3440 M. P. = 27,520 stades.

(7) *Suprà, pag. 8.*

puisque Marin de Tyr (1) et Ptolémée (2) attribuoient encore à cette mer 25,080 stades effectifs.

2.º On se rappelle que d'après Pline même (3) Polybe établissoit l'embouchure Canopique du Nil à 23,234 stades du détroit des Colonnes, et que cette mesure, prise en ligne oblique, fixe Canope et Alexandrie à 22,887 stades de longitude. Si donc la Méditerranée, dans toute sa longueur, ne devoit en avoir que 20,332, n'est-il pas évident, comme nous l'avons dit, qu'Alexandrie, le Nil, l'Égypte entière, se trouveroient transportés à 2555 stades plus à l'orient que l'extrémité de cette mer !

3.º Il en seroit de même des 22,500 stades que Polybe donnoit à la distance du détroit des Colonnes au promontoire Malée (4), puisqu'elle rélégueroit le Péloponnèse dans l'intérieur de l'Asie, à 2168 stades des bords de la Méditerranée : et seroit-il croyable que Strabon, en critiquant Polybe, eût négligé de relever une semblable méprise, si elle avoit existé dans son ouvrage !

4.º La distance de 18,766 stades, ou plutôt de 18,837, qui résulte du triangle de cet auteur (5), entre le détroit des Colonnes et celui de Sicile, ne laisseroit, en adoptant la leçon du texte de Pline, que 1495 stades pour l'espace compris entre le détroit de

---

(1) Marin. Tyr. *apud* Ptolem. *Geograph. lib. I, cap. 12.* — Il comptoit 62 degrés d'intervalle entre *Calpe* et *Issus*, et évaluoit, en nombre rond, le degré de longitude sous le trente-sixième parallèle, à 400 stades ; $62^d \times 400 =$ 24,800 stades. Mais, comme il auroit dû porter le degré à 404 stades et demi environ, il s'ensuit qu'il employoit réellement 25,080 stades dans la longueur de la Méditerranée. — Voyez, ci-après, l'article de Marin de Tyr.

(2) Ptolem. *Geograph. lib. I, cap. 12.* — Ce géographe suivoit l'opinion de Marin de Tyr, et comptoit par conséquent 62 degrés entre *Calpe* et *Issus*, quoique ses Tables grecques actuelles ne marquent pour cet intervalle que $61^d 30'$, et ses Tables latines que $61^d 50'$. *Geograph. l. II, c. 4; l. V, c. 8.*

(3) *Suprà, pag. 9.*

(4) *Suprà, pag. 15.*

(5) *Suprà, pag. 12, 13.*

*S*icile et Séleucie en Piérie ; quoique d'après Pline même (1) , Polybe éloignât ces positions de 1,179,500 pas ou de 9828 stades.

5.° Enfin, puisque cet auteur employoit encore, suivant Pline, 28,646 stades entre le détroit des Colonnes et le Bosphore Cimmérien, et 4168 stades entre ce Bosphore et celui de Thrace (2) sur lequel Byzance étoit située ; ne s'ensuivroit-il pas, si Rhodes avoit dû se trouver à 15,158 stades seulement des Colonnes, que Polybe auroit placé Byzance à 8925 stades ou 12^{d} 45$'$ plus à l'orient que Rhodes, tandis que l'opinion des anciens a toujours été que ces deux villes se trouvoient à-peu-près sous la même longitude !

N o u s pensons donc, qu'il ne peut rester aucun doute sur la nécessité de corriger le texte de Pline : ainsi l'erreur que présente notre carte, appartient entièrement à Polybe.

La cause qui la lui a fait commettre est facile à indiquer ; c'est pour avoir voulu lier quelques-unes de ses opinions à celles d'Ératosthènes : cet ancien avoit rangé Carthage à 1100 M. P. du détroit des Colonnes, mais en même temps il plaçoit le détroit de Sicile sous le méridien de cette ville, et alors la distance du promontoire Lilybée à Carthage pouvoit se combiner dans le plan de sa carte (3). Polybe, en adoptant la mesure d'Ératosthènes entre les Colonnes et Carthage, a rejeté celle qu'il avoit donnée entre les Colonnes et le détroit de Sicile ; et en reculant ce dernier point à 10,037 stades plus à l'orient qu'Ératosthènes ne l'avoit fait, il a détruit le rapport des distances que celui-ci avoit su conserver.

---

(1) *Suprà, pag. 13.*

(2) *Suprà, pag. 16, 17.*

(3) Eratosthen. *apud* Plin. *l. V, c. 6 ;*

et *apud* Strab. *lib. II, pag. 93.* — Voyez dans notre Géographie des Grecs, la carte intitulée *Eratosthenis Systema geographicum.*

Si Polybe ne s'en est point aperçu, c'est que, dans des discussions géographiques, lorsqu'on ne dessine pas une carte d'après les principes qu'on établit, il est presque impossible de saisir l'ensemble des mesures générales, et de s'assurer si elles sont susceptibles de s'accorder entre elles. Le plus léger essai de la part de Polybe, lui eût fait voir qu'en changeant la longitude du détroit de Sicile, adoptée par Ératosthènes, il devoit changer en même temps celle de Carthage, dans une proportion à-peu-près égale, pour que la distance de cette ville au promontoire Lilybée se trouvât telle qu'il l'indiquoit dans le premier livre de son histoire.

Nous croyons néanmoins devoir ajouter que la position de Carthage à 1100 M. P. ou 9167 stades du détroit des Colonnes, et à 1000 stades du promontoire Lilybée, se concilieroit assez bien avec l'erreur du texte de Pline. Mais cette remarque ne peut infirmer les différentes preuves que nous avons apportées jusqu'ici, sur la nécessité de corriger ce texte : et pour achever d'épuiser toutes les combinaisons qui pourroient paroître l'étayer encore, nous présenterons à la fin de ce mémoire, deux tableaux de ces mêmes distances considérées sous deux aspects. Dans le premier, elles seront censées prises sur une carte à *projection plate*, comme celle d'Ératosthènes, et les degrés y seront évalués à 700 stades. Dans le second, nous tiendrons compte de la diminution des degrés de longitude sous le trente-sixième parallèle, en ne portant le degré qu'à 566 stades et trois dixièmes.

Dans ces deux tableaux, les erreurs commises par Polybe seroient toutes *en moins*, et cette observation suffiroit pour faire soupçonner qu'elles ont toutes une même cause. Dans le tableau N.º I, la Méditerranée se trouveroit avoir 12^d 27′ 16″ de moins qu'elle n'a réellement : nous avons déjà dit qu'il étoit impossible que Polybe commît une pareille erreur. Dans le tableau N.º II, c'est-à-dire, dans l'hypothèse la plus favorable à la conservation du passage de Pline, l'erreur ne seroit que de 5^d $35'$ $49''$; mais cette approximation n'est qu'illusoire : pour la trouver, nous avons supposé que la méthode des projections pouvoit être en usage au temps de Polybe; cependant elle ne l'étoit point, puisque cet historien est de quelques années antérieur à Hipparque, à qui on doit en attribuer l'invention (1) ; et à cet égard, Polybe ne pouvoit être plus avancé que son siècle. Alors, les Grecs ne construisoient leurs cartes que d'après les mesures qui leur étoient transmises, et ne pensoient pas encore à réduire ces mesures en degrés. Ce n'est donc pas dans ce mode de projection, qu'on doit chercher à employer les 20,332 stades que présente le texte actuel de Pline. D'ailleurs, cette mesure seroit encore trop foible. On a vu, en effet, aux articles d'Hipparque (2), de Ptolémée (3), et l'on verra à celui de Marin de Tyr, que dans les différens essais de graduation, les anciennes mesures hypothétiques furent toujours conservées; et que loin de chercher à les rétablir dans leur vraie longueur, on fit, au contraire, prêter les nouvelles projections à toutes les erreurs que l'excès de ces mesures pouvoit y répandre.

Nous n'avons pu éviter ces longues digressions, pour bien développer les motifs qui doivent faire reconnoître l'erreur du texte de Pline, et les raisons qui nous ont déterminés à employer dans la carte de Polybe, les mesures que nous avons suivies. Nous les réunissons dans le tableau N.º III, où elles sont considérées comme ayant été prises sur une carte à *projection plate :* cette méthode nous a servi à ramener les divers systèmes géographiques des anciens, à leurs bases primitives ; celui de Polybe

(1) *Suprà, tom. I, pag. 5, 6, 46 et sequent.*

(2) *Suprà, tom. I, pag. 47 — 53.*

(3) Voyez notre Géographie des Grecs analysée, *pag. 118 — 122.*

doit y être soumis également, et présenter sous cet aspect l'exactitude que nous n'avons cessé de découvrir dans les autres.

ON VOIT dans ce troisième tableau, que les principales erreurs viennent se réunir vers le milieu de la Méditerranée. Elles ont toutes pour cause la trop grande distance du détroit des Colonnes à celui de Sicile ; erreur qui s'élève à 5^d 27′ 36″, et qui a forcé Polybe de porter trop à l'orient toute la Grèce et le Péloponnèse. Cette méprise est l'inverse de celle qu'Ératosthènes avoit commise, en rapprochant beaucoup trop l'Italie du détroit des Colonnes, et en prolongeant la Thrace beaucoup plus qu'elle ne devoit l'être dans le sens de la longitude (1). Quant à la longueur de la Méditerranée, elle y est juste à trente-trois minutes près.

Pour faciliter la comparaison des cartes de ces auteurs, nous croyons devoir rapprocher les positions dont ils ont combiné tous deux les longitudes, en nous bornant aux résultats de leurs erreurs.

	Erreurs d'Ératosthènes (2).			Erreurs de Polybe.		
	D.	M.	S.	D.	M.	S.
Détroit des Colonnes, pris à *Calpe*..	0.	0.	0....	0.	0.	0.
Carthage......................	— 3.	7.	43....	— 2.	40.	58.
Détroit de Sicile..............	— 8.	52.	43....	+ 5.	27.	36.
Alexandrie....................	— 3.	47.	4....	— 2.	56.	45.
Rhodes......................	— 1.	24.	19....	+ 0.	17.	46.
Byzance......................	— 2.	24.	23....	+ 0.	8.	26.
Issus, et Séleucie en Piérie........	— 2.	30.	0....	— 0.	33.	0.

IL RÉSULTE de ces rapprochemens, que les erreurs d'Ératosthènes sont toutes plus fortes que celles de Polybe ; et nous ne

(1) Voyez notre Géographie des Grecs analysée, *pag. 20, 21.*
(2) Voyez le troisième tableau de notre Géographie des Grecs analysée. Dans ce tableau les longitudes d'Ératosthènes sont comptées du méridien du cap *Sacré* de l'Ibérie ; ici, nous les réduisons au méridien des Colonnes pour nous conformer à la méthode de Polybe.

balancerions

balancerions pas de prononcer que la carte de ce dernier auteur seroit préférable à celle d'Ératosthènes, si, en abaissant beaucoup trop la latitude de Narbonne, Polybe n'avoit altéré considérablement la forme des parties occidentales de la Méditerranée, ainsi que celle des contrées qui les environnent, et sur-tout s'il étoit possible de pallier l'excessive distance qu'elle offre entre Carthage et le détroit de Sicile, distance sept fois plus grande qu'il ne l'avoit fixée lui-même (1). Dans la construction d'une carte, le défaut d'accord et d'ensemble est l'erreur la plus inexcusable que l'on puisse commettre. Ce défaut, dans celle de Polybe, lui fait perdre à nos yeux une partie des avantages qu'elle pourroit avoir, parce qu'à certains égards, il seroit susceptible de bouleverser le système entier de ses mesures.

Au reste, et c'est ce qu'il ne faut jamais oublier, l'exactitude que la carte de Polybe semble offrir dans plusieurs points, ne lui appartient pas plus que celle que nous avons remarquée dans la carte d'Ératosthènes n'appartenoit à cet ancien. La précision apparente de ces auteurs, n'est que le résultat, plus ou moins heureux, d'une combinaison aveugle des mesures fictives qui leur étoient transmises, qu'ils modifioient suivant leurs opinions particulières, et qu'ils disposoient ensuite dans un cadre dont les limites avoient été déterminées par d'anciennes observations astronomiques inconnues à tous les Grecs.

Nous concevons que la carte construite d'après ces observations, a pu être changée, pour l'utilité des navigateurs, en une carte à *projection plate*, et que c'est sous ce dernier mode seulement, que vers l'époque des conquêtes d'Alexandre, elle est parvenue aux peuples qui habitoient les bords de la Méditerranée. Trop

(1) *Suprà, pag. 19.*

TOME II.   D

peu instruits, trop dénués de moyens pour reconnoître l'aspect sous lequel ils devoient la considérer, ils ont cru qu'elle représentoit fidèlement le plan de la terre. Quand ensuite ils ont cherché à lui comparer l'étendue des pays qu'ils parcouroient, ils n'ont pas tardé à s'apercevoir que les distances s'appliquoient bien, dans cette carte, aux dimensions en latitude, mais qu'elles refusoient de s'accorder avec les dimensions en longitude. Ce contraste étoit l'effet nécessaire de sa projection, qui prolongeoit de plus d'un cinquième toutes les distances prises de l'est à l'ouest; et comme cette erreur se rencontroit toujours, on chercha sans cesse à la corriger. Chaque voyageur, après avoir mesuré ou évalué sa marche, concluoit qu'il falloit resserrer sur la carte l'espace qu'il avoit parcouru; il avançoit ou reculoit un des points extrêmes de sa route, sans s'inquiéter de l'excès ou du défaut de distance que ce changement opéroit dans les autres intervalles qu'il trouvoit fixés. Ainsi, chaque point de la terre se mouvoit, se transportoit au gré des auteurs; et de cette espèce de tâtonnement, sont nés les différens systèmes qui ont répandu tant d'incertitude sur les relations, et tant d'obscurité sur la science.

D'APRÈS sa projection, la carte dont nous parlons donnoit au bassin de la Méditerranée une longueur d'environ 29,050 stades de 700 au degré, c'est-à-dire 5550 stades de plus qu'elle n'a réellement. Tous les secours manquoient à-la-fois pour vérifier une si grande distance; mais l'erreur étoit sensible dans les mesures partielles de cette longueur. Quand on avoit réuni un certain nombre de ces petites mesures, on les mettoit bout à bout; on les comparoit avec celles de la carte qu'on vouloit corriger; le surplus de l'espace qu'elle offroit, étoit rejeté dans la portion de la Méditerranée que l'on connoissoit le moins, et le résultat de l'erreur se trouvoit transporté tantôt d'un côté, tantôt d'un autre.

Le détroit de Sicile occupant à-peu-près le milieu de la Méditerranée, étoit le point dont la longitude devoit souffrir le plus
de variations dans les cartes des anciens ; parce que, soit qu'ils
partissent pour la combinaison de leurs distances, du terme oriental
ou du terme occidental de cette mer, c'étoit vers ce détroit que
l'excès des mesures hypothétiques commençoit à se faire remarquer
plus particulièrement. Aussi éprouvoit-il tous les dérangemens que
pouvoient exiger les différens systèmes : ceux qui, dans leurs calculs,
partoient du détroit des Colonnes, plaçoient celui de Sicile trop à
l'occident ; et ceux qui partoient des côtes de l'Asie, le rappro-
choient trop de l'orient. Ces fautes opposées ont été commises
successivement par Ératosthènes et par Polybe : le premier a mis
entre ces détroits 6215 stades ou 8^d 52' 43" *de moins*, le second
3822 stades ou 5^d 27' 36" *de plus*, que leur distance ne l'exigeoit
dans la projection de leurs cartes.

Pour compléter nos recherches sur les travaux géographiques
de Polybe, nous devons rappeler son expédition dans l'océan
Atlantique. Nous avons dit précédemment (1) que Scipion Émilien,
après avoir soumis Carthage, résolut la destruction des établissemens qu'elle avoit formés sur les côtes occidentales de l'Afrique, et
que Polybe, chargé d'exécuter ce projet, publia la relation de son
voyage et la description des lieux qu'il avoit visités. En le suivant
dans sa marche, nous l'avons vu s'avancer au-delà des Colonnes
d'Hercule jusqu'à la rivière de Nun, où commence l'Atlas ; donner
la mesure de cette côte, et la donner avec une telle précision,
qu'elle nous a suffi pour reconnoître les fleuves, les promontoires et les deux villes qu'il y a rencontrés. Ce Périple, qu'aucun
géographe n'avoit encore examiné avec attention, nous a paru jeter

(1) *Suprà*, tom. *I*, *pag.* *106 et sequent.*

le plus grand jour sur l'expédition très-antérieure d'Hannon dans les mêmes parages, et déterminer avec certitude l'étendue d'une navigation sur laquelle on avoit beaucoup varié jusqu'aujourd'hui. Nous y avons découvert de plus, les élémens qui ont servi de base dans la construction de la carte des mêmes contrées que Ptolémée nous a transmise, la cause des erreurs qu'elle présente dans le sens des latitudes, le moyen de les corriger et de retrouver les positions qu'elle renferme; enfin nous y avons puisé des preuves multipliées que jamais les Carthaginois, les Grecs ni les Romains, n'ont franchi le cap Bojador (1).

C'est donc à Polybe que nous devons l'éclaircissement d'une question d'autant plus importante, que les erreurs dans lesquelles on étoit tombé jusqu'à présent pour ne l'avoir pas consulté, avoient répandu les idées les plus fausses sur l'étendue du commerce et de la navigation des anciens, le long des côtes extérieures de l'Afrique. Et si les avantages que la géographie positive et l'histoire peuvent retirer de cette portion des travaux de Polybe, ne suffisent pas pour faire excuser les méprises qui lui ont échappé dans l'exposition de son système, ils doivent au moins lui assurer un nom très-recommandable, parmi les géographes antérieurs au premier siècle de l'ère chrétienne.

Le mémoire auquel nous renvoyons présente tout ce que l'antiquité fournit de connoissances positives sur les côtes occidentales de l'Afrique; l'on y trouvera la discussion du voyage de Polybe, avec tous les développemens qu'elle nous a paru demander.

---

(1) Nous apprenons du consul de France à Mogador, que vers l'embouchure de la rivière de Nun il existe un banc de sable qui avance à plus de deux lieues dans la mer. Il empêche les plus petits navires de passer lorsqu'on s'obstine à suivre la côte, et il occasionne de fréquens naufrages. C'est donc une nouvelle preuve à ajouter à toutes celles que nous avons réunies, pour démontrer que ces lieux ont été le terme des découvertes des anciens.

T A B L E A U N.º I.

PRINCIPALES LONGITUDES DE POLYBE,

Conclues d'après les distances données par Pline, converties en Stades, et considérées comme étant prises sur une carte à *projection plate*, où le Stade seroit compté à raison de 700 pour un Degré.

DISTANCE des Méridiens entre eux.	DÉNOMINATION DES LIEUX.	DISTANCE DU DÉTROIT DES COLONNES,			DIFFÉRENCES, ou ERREURS de Polybe.
		Selon Polybe,		Selon les Modernes.	
		en Stades.	en Degrés.		
			D. M. S.	D. M. S.	D. M. S.
o.	DÉTROIT DES COLONNES, pris à *Calpe*..	o.	o. o. o.	o. o. o.	o. o. o.
10,504.	Détroit de Sicile.	10,504.	15. 0. 20.	21. 27. 0.	— 6. 26. 40.
3,125.	Ile de Crète, prise à la pointe occidentale.	13,629.	19. 28. 12.	28. 51. 36.	— 9. 23. 24.
1,529.	Ile de Rhodes.	15,158.	21. 39. 15.	33. 15. 45.	— 11. 36. 30.
1,529.	Iles *Chelidoniæ*.	16,687.	23. 50. 19.	35. 45. 30.	— 11. 55. 11.
2,683.	Ile de Cypre, prise à la pointe orientale..	19,370.	27. 40. 17.	40. 5. 18.	— 12. 25. 1.
962.	Séleucie en Piérie.	20,332.	29. 2. 44.	41. 30. 0.	— 12. 27. 16.

T A B L E A U N.º I I.

PRINCIPALES LONGITUDES DE POLYBE,

Conclues d'après les distances données par Pline, converties en Stades, et comptées sur le trente-sixième parallèle, où le Degré de longitude est réduit à 566 Stades $\frac{3}{10}$.

DISTANCE des Méridiens entre eux.	DÉNOMINATION DES LIEUX.	DISTANCE DU DÉTROIT DES COLONNES,			DIFFÉRENCES, ou ERREURS de Polybe.
		Selon Polybe,		Selon les Modernes.	
		en Stades.	en Degrés.		
			D. M. S.	D. M. S.	D. M. S.
o.	DÉTROIT DES COLONNES, pris à *Calpe*..	o.	o. o. o.	o. o. o.	o. o. o.
10,504.	Détroit de Sicile.	10,504.	18. 32. 54.	21. 27. 0.	— 2. 54. 6.
3,125.	Ile de Crète, prise à la pointe occidentale.	13,629.	24. 4. 0.	28. 51. 36.	— 4. 47. 36.
1,529.	Ile de Rhodes..	15,158.	26. 46. 0.	33. 15. 45.	— 6. 29. 45.
1,529.	Iles *Chelidoniæ*.	16,687.	29. 28. 0.	35. 45. 30.	— 6. 17. 30.
2,683.	Ile de Cypre, prise à la pointe orientale..	19,370.	34. 12. 16.	40. 5. 18.	— 5. 53. 2.
962.	Séleucie en Piérie.	20,332.	35. 54. 11.	41. 30. 0.	— 5. 35. 49.

TABLEAU N.º III.

PRINCIPALES LONGITUDES DE POLYBE,

Conclues d'après les textes rectifiés de Strabon et de Pline., et considérées comme étant prises sur une carte à *projection plate*, où le Stade seroit compté à raison de 700 pour un Degré.

DISTANCE des Méridiens entre eux.	DÉNOMINATION DES LIEUX.	DISTANCE DU DÉTROIT DES COLONNES,			DIFFÉRENCES, ou ERREURS de Polybe.
		Selon Polybe,		Selon les Modernes.	
		en Stades.	en Degrés.		
			D. M. S.	D. M. S.	D. M. S.
o.	DÉTROIT DES COLONNES, pris à *Calpe*.	o.	o. o. o.	o. o. o.	o. o. o.
2905.	Carthage la neuve.	2,905.	4. 9. o.	4. 13. 30.	— o. 4. 30.
2517.	Embouchure de l'Ibère.	5,422.	7. 44. 45.	6. 10. o.	+ 1. 34. 45.
1549.	*Emporiæ*.	6,971.	9. 57. 31.	8. 30. o.	+ 1. 27. 31.
775.	Narbonne.	7,746.	11. 3. 57.	8. 22. 8.	+ 2. 41. 49.
o.	La Corse.	7,746.	11. 3. 57.	14. 42. o.	— 3. 38. 3
o.	La Sardaigne.	7,746.	11. 3. 57.	14. 42. o.	— 3. 38. 3.
1132.	Marseille.	8,878.	12. 40. 58.	10. 44. 8.	+ 1. 56. 50.
234.	Carthage.	9,112.	13. 1. 2.	15. 42. o.	— 2. 40. 58.
9725.	Détroit de Sicile.	18,837.	26. 54. 36.	21. 27. o.	+ 5. 27. 36.
3125.	Cap Ténare du Péloponnèse.	21,962.	31. 22. 27.	27. 44. o.	+ 3. 38. 27.
o.	Ile de Crète, prise à la pointe occidentale.	21,962.	31. 22. 27.	28. 51. 36.	+ 2. 30. 51.
538.	Cap Malée du Péloponnèse.	22,500.	32. 8. 34.	28. 34. o.	+ 3. 34. 34.
387.	Canope et Alexandrie.	22,887.	32. 41. 45.	35. 38. 30.	— 2. 56. 45.
604.	Ile de Rhodes.	23,491.	33. 33. 31.	33. 15. 45.	+ o. 17. 46.
592.	Byzance, et le Bosphore de Thrace. . .	24,083.	34. 24. 15.	34. 15. 49.	+ o. 8. 26.
937.	Iles *Chelidoniæ*.	25,020.	35. 44. 34.	35. 45. 30.	— o. o. 56.
2683.	Ile de Cypre, prise à la pointe orientale.	27,703.	39. 34. 32.	40. 5. 18.	— o. 30. 46.
110.	Bosphore Cimmérien.	27,813.	39. 43. 58.	42. 40. o.	— 2. 56. 2.
852.	Séleucie en Piérie.	28,665.	40. 57. o.	41. 30. o.	— o. 33. o.

RECHERCHES

LE SYSTÈME GÉOGRAPHIQUE

DE MARIN DE TYR *.

MARIN DE TYR vivoit vers la fin du premier siècle de l'ère chrétienne. L'étendue de ses travaux géographiques lui avoit acquis une grande réputation : Ptolémée assure (1) que Marin avoit lu la plupart des auteurs anciens ; qu'il en avoit extrait tout ce qu'il jugeoit propre à déterminer la situation des lieux et l'emplacement des villes, et qu'après avoir combiné ces matériaux avec les éclaircissemens qu'il put tirer des voyageurs et des écrivains de son temps, il avoit formé un corps complet de géographie, dans lequel les bases des nouvelles cartes qu'il construisoit se trouvoient discutées.

A mesure que Marin recueilloit des connoissances plus exactes, il s'empressoit de corriger ses ouvrages; et lorsque la somme des corrections lui paroissoit assez considérable pour entreprendre de réformer l'ensemble de son travail, il publioit une nouvelle édition de son livre.

DEPUIS long-temps, il n'existe plus aucun des écrits de Marin de Tyr : ils ne nous sont connus que par la critique que Ptolémée en a faite. Il reproche à Marin (2) d'avoir souvent laissé de

---

* Lues à l'Académie des Inscriptions et Belles-Lettres, le 31 mai 1791, et à la séance publique du 15 novembre suivant.

(1) Ptolem. *Geograph. lib. 1, cap. 6, pag. 8.*
(2) Ptolem. *Geograph. lib. 1, cap. 15, 16, 17.*

l'obscurité dans ses discussions , de s'être quelquefois contredit , d'avoir mal combiné quelques distances , et sur-tout de n'avoir pas suivi un ordre convenable en décrivant les diverses contrées.

Il paroît , en effet (1), que loin de rapprocher les indications de longitudes et de latitudes des lieux, Marin n'a parlé des longitudes que dans le chapitre où il a traité des intervalles horaires ou de la distance des méridiens; et qu'il n'a fait mention des latitudes que dans un chapitre séparé , destiné à indiquer les parallèles, et à fixer leur éloignement de l'équateur. Il falloit donc , pour connoître la position d'une ville , feuilleter une grande partie de l'ouvrage, au risque de se tromper sur le résultat des discussions qu'il présentoit.

CE REPROCHE est fondé ; et si la méthode de Marin , en traitant de la géographie astronomique , ne s'opposoit pas aux progrès de la science, il est du moins évident qu'elle en gênoit la marche par de grandes difficultés.

Aussi, son ouvrage a-t-il cessé d'être recherché, et s'est-il insensiblement perdu, après que Ptolémée, par un travail beaucoup moins pénible , mais infiniment plus clair, mieux ordonné que tous ceux qui avoient paru jusqu'alors, eut publié ses Tables de longitudes et de latitudes.

CET AUTEUR déclare dans ses prolégomènes (2), qu'il a conservé pour la construction de ses Tables l'opinion de Marin dans toutes les parties qui ne lui ont point paru exiger de corrections. L'ouvrage de Ptolémée doit donc être considéré dans son ensemble, comme une compilation de la géographie de cet ancien auteur, et doit présenter dans ses élémens et dans les discussions qui les accompagnent, toutes les bases que Marin avoit employées.

(1) Marin. Tyr. *apud* Ptolem. *Geograph.*   (2) Ptolem. *Geograph. lib. I, cap. 1 9,*
lib. I, cap. 1 8, pag. 2 1.   *pag. 2 1.*

Pour

Pour les y retrouver, nous écarterons des Tables de Ptolémée les opinions qui lui sont personnelles, et nous y substituerons celles de Marin de Tyr. Ce travail aura le double avantage de reproduire un système géographique perdu depuis plus de quinze siècles, et de fixer une nouvelle époque dans l'histoire de la science.

CONSTRUCTION DE LA CARTE

DE MARIN DE TYR *.

MARIN, d'après l'opinion de Possidonius, évaluoit le degré du grand cercle de la terre à 500 stades (1); il réduisoit en degrés toutes les distances itinéraires qu'il avoit recueillies, et sa carte, considérée sous cet aspect, sembloit n'offrir que des bases purement astronomiques.

IL EST vraisemblable qu'il ignoroit la méthode de projection inventée par Hipparque (2) pour représenter sur une surface plane la sphéricité du globe; puisqu'en se plaignant de la défectuosité des *projections plates* ordinaires (3), il en a adopté une qui avoit des inconvéniens aussi graves que ceux qu'il cherchoit à éviter.

MARIN traçoit ses méridiens et ses parallèles en ligne droite (4). Cependant il savoit que la forme des continens se trouveroit altérée dans sa carte, à mesure que les contrées s'éloigneroient du parallèle sur lequel les bases de sa graduation en longitude seroient établies. Il pouvoit à son choix faire porter ces erreurs sur telle ou telle

---

* Voyez la Carte N.° II.

(1) Marin. Tyr. *apud* Ptolem. *Geograph.* *lib. I, cap. 7, pag. 9; cap. 11, pag. 13.*
— Voyez notre Géographie des Grecs analysée, *pag. 54, 55.*

(2) *Suprà, tom. I, pag. 5, 6, 48, 49.*

(3) Marin. Tyr. *apud* Ptolem. *Geograph.* *lib. I, cap. 20, pag. 22.*

(4) Marin. Tyr. *apud* Ptolem. *Geograph.* *lib. I, cap. 20, pag. 22.*

autre latitude, et sacrifier à l'exactitude qu'il vouloit donner à la dimension de certaines contrées, celles dont il lui paroissoit moins important de déterminer l'étendue avec la même précision.

Comme la Méditerranée, les parties de l'Europe, celles de l'Afrique et de l'Asie, qui s'écartent peu du trente-sixième degré de latitude, étoient les plus connues et les plus fréquentées par les Grecs et par les Romains; il pensa sans doute qu'il importoit à l'utilité de ses cartes, que la graduation du parallèle de Rhodes fût conforme aux distances qu'on supposoit avoir été mesurées, ou pour mieux dire, aux distances que la tradition et l'opinion générale avoient consacrées.

Ce géographe établit donc les bases de sa graduation en longitude, sur le parallèle de Rhodes, en y réduisant le degré, comparé à celui du grand cercle de la terre, dans la proportion de quatre-vingt-treize à cent quinze, et en fixant son étendue à quatre cents stades (1).

CETTE proportion n'est pas rigoureusement juste. En faisant le degré du grand cercle de 1 1 5 parties ou de 500 stades, celui du trente-sixième degré de latitude doit être de 93 parties $\frac{369}{10000}$; et il répondroit à 404 stades $\frac{5084}{10000}$, au lieu de répondre à 400 stades. Nous en faisons la remarque, parce qu'on verra dans la suite, l'inexactitude de Marin influer sensiblement sur la construction de sa carte.

D'APRÈS la projection qu'il adoptoit, les méridiens se trouvoient plus rapprochés entre eux, que ne l'étoient les parallèles. Cette méthode auroit été bonne, à la correction près que nous venons d'indiquer, pour décrire une zone qui se seroit peu écartée du trente-sixième degré de latitude. Mais, comme il l'employoit dans

(1) Marin. Tyr. *apud* Ptolemæi *Geo-* *cap. 20, pag. 22; cap. 21, pag. 23.* *graphiam, lib. I, cap. 11, pag. 13 ;*

une largeur de quatre-vingt-sept degrés, on conçoit qu'il n'a fait que changer la place où les erreurs se commettoient dans les *projections plates* ordinaires, et que la science n'y a rien gagné pour l'exactitude. En effet, les distances prises au nord du parallèle de Rhodes restoient trop grandes, et celles qui étoient prises au midi devenoient trop petites ; de sorte que les intervalles fixés par sa graduation, ne renfermoient plus le nombre de stades qu'il comptoit lui-même, entre un lieu et un autre.

A L'EXCEPTION de quelques latitudes dans les parties méridionales et orientales de l'Afrique, et d'un petit nombre d'autres, dont nous parlerons à mesure que nous discuterons l'emplacement des lieux auxquels elles appartiennent, Ptolémée nous paroît avoir changé peu de chose à celles que Marin avoit établies dans le reste de sa carte. Ainsi, pour la reconstruire, nous emploierons les latitudes des Tables de Ptolémée, toutes les fois qu'elles ne se trouveront pas contredites dans ses prolégomènes.

MARIN DE TYR prenoit *Thule* pour dernier terme de ses latitudes. Il supposoit cette île sous le parallèle qui bornoit la partie la plus septentrionale de la terre connue, et rapportoit des observations qui la fixoient à soixante-trois degrés de l'équateur (1).

D'un autre côté, il plaçoit la région *Agisymba* de l'Éthiopie, et le cap *Prasum,* sous le parallèle qui terminoit la partie la plus australe de la terre, et fixoit cette limite sous le tropique d'hiver, au vingt-quatrième degré de latitude sud.

Alors, en mettant *Thule* (2) à 63 degrés nord, ou 31,500 stades de l'équateur, et le tropique d'hiver à 24 degrés sud, ou 12,000

---

(1) Marin. Tyr. *apud* Ptolem. *Geograph.* lib. *I, cap. 7, pag. 9.*

(2) Il ne faut pas confondre cette île avec la *Thule* de Pythéas. Celle de Marin et de Ptolémée répondoit à l'île de Schetland. Voyez notre Géographie des Grecs analysée, *pag. 48 - 50, 127, 128.*

E 2

stades de ce cercle, Marin concluoit que la largeur de la terre connue de son temps, étoit de 87 degrés, ou de 43,500 stades.

Nous ignorons à qui appartiennent les données sur lesquelles ce géographe avoit établi les latitudes du nord de l'Europe. Nous trouvons qu'il déterminoit celles du midi de l'Afrique, d'après les journaux des expéditions de Septimius Flaccus et de Julius Maternus, qui avoient pénétré, à la tête des armées romaines, chez les Garamantes, et jusqu'à la région *Agisymba* occupée par les Éthiopiens.

En partant de la Grande *Leptis*, ces généraux avoient tenu un compte exact du nombre de stades qu'ils parcouroient chaque jour. La route depuis *Leptis* jusqu'à *Garama* étoit bien connue; on évaluoit la distance de ces villes, à 5400 stades en ligne droite (1). Le texte de Ptolémée ne variant point sur la latitude de *Leptis* (2), fixée à 31^d 40′, il faut en conclure que la latitude de *Garama*, dans son opinion, et dans celle de Marin, puisqu'il ne la conteste pas, étoit de 20^d 52′; et regarder les indications de 18 degrés et de 21^d 30′, que donnent ses Tables grecques et latines pour la latitude de cette ville (3), ou comme des erreurs de copiste, ou comme des changemens faits au texte de Ptolémée, postérieurement au siècle où il vivoit.

Quant à la longitude de *Garama*, il faut aussi la conclure de celle de *Leptis*, puisque le chemin qui conduisoit de l'une à l'autre étoit censé suivre la direction du méridien. L'ancienne version latine des Tables de Ptolémée (4) ne donne qu'un degré de différence en longitude entre ces deux villes; le texte grec met six degrés. Ces variations doivent ôter toute confiance; et nous croyons

(1) Sept. Flacc. *et* Jul. Matern. *apud* Ptolem. *Geograph. l. I, c. 1 0, p. 1 2.*

(2) Ptolem. *Geogr. l. IV, c. 3, p. 1 0 9.*

(3) Ptolem. *Geogr. l. IV, c. 6, p. 1 2 6.*

(4) Ptolem. *Geograph. lib. IV, cap. 3, pag. 1 0 9; cap. 6, pag. 1 2 6.*

approcher davantage de l'opinion de Marin, en fixant *Garama* sous le méridien de *Leptis*, c'est-à-dire, à 40 degrés de longitude, puisqu'il plaçoit *Leptis* sous le méridien du cap *Pachynum* de Sicile, comme on le verra dans la suite.

SEPTIMIUS FLACCUS rapportoit qu'il avoit employé trois mois pour aller de *Garama* dans l'*Agisymba*, en dirigeant toujours sa route au midi (1). Marin, en réunissant le nombre de stades que les Romains avoient parcourus, trouvoit qu'ils auroient pu pénétrer jusqu'à 24,680 stades au-delà de l'équateur, vers 49ᵈ 21' de latitude sud. Mais, comme les relations portoient que les habitans de l'*Agisymba* étoient noirs, que ce pays nourrissoit des plantes et des animaux semblables à ceux de la Garamantide, il conçut que l'*Agisymba* ne pouvoit s'éloigner dans le sud, autant que les itinéraires sembloient l'y porter ; et supposant des écarts et des déviations considérables dans la route qu'on avoit suivie, il pensa qu'ils avoient pu la prolonger de plus de moitié, et que les limites de ces courses pouvoient être fixées au vingt-quatrième degré de latitude méridionale.

CETTE première combinaison semble avoir déterminé Marin, dans l'usage qu'il fit de deux autres itinéraires qui lui donnoient des distances le long des côtes orientales de l'Afrique.

Un navigateur nommé Diogènes (2), qui avoit été deux fois dans l'Inde, rapportoit qu'étant arrivé près de la ville et du promontoire *Aromata* (3), il fut poussé par le vent du nord, et que,

---

(1) Sept. Flacc. *apud* Ptolem. *Geograph.* lib. *I, c. 8, p. 10; c. 9, p. 11, 12.*
(2) Diogen. *apud* Ptolem. *Geograph.* lib. *I, cap. 9, pag. 11.*
(3) Nous avons fait voir, *tom. I, pag. 165 et suivantes*, que les côtes orientales de l'Afrique, baignées par la mer Érythrée, n'étoient plus dans les Tables de Ptolémée, telles qu'il les avoit tracées autrefois. *Aromata* s'y trouve porté à 6ᵈ au nord de l'équateur, et le cap *Prasum* à 15ᵈ, ou 15ᵈ 30', au midi de ce cercle ; tandis que ce géographe, dans les chapitres 10 et

côtoyant la Troglodytique qu'il avoit à sa droite, il parvint en vingt-cinq jours aux marais où le Nil prend ses sources. Ces marais passoient pour être un peu plus septentrionaux que le cap *Raptum.*

Un autre navigateur nommé Théophile (1), qui alloit souvent sur les côtes de l'Azanie, disoit qu'étant parti de *Rapta* par un vent de sud, il étoit arrivé en vingt jours à *Aromata.*

Théophile évaluoit la navigation d'un jour et d'une nuit, à mille stades. Cette estimation auroit donné, pour la distance entre *Aromata* et *Rapta,* 20,000 stades ; et, jointe à celle de *Rapta* au cap *Prasum,* évaluée par Dioscorus (2) à 5000 stades, elle auroit porté ce dernier promontoire à 25,000 stades d'*Aromata,* et l'auroit fait répondre au quarante-cinquième degré quarante-cinq minutes de latitude sud, c'est-à-dire, à 3^d $36'$ près, aussi loin que l'*Agisymba* paroissoit être, d'après l'itinéraire des armées romaines.

Marin crut donc que ces deux distances, prises en ligne droite, pouvoient être soumises à la même réduction, et fixa le cap *Prasum* au vingt-quatrième degré de latitude sud.

Ptolémée assure que ce géographe ne donnoit aucune raison plausible des retranchemens qu'il faisoit dans la longueur de cette côte ; qu'il admettoit en entier le nombre des jours de route indiqués par les navigateurs, et qu'il combinoit ensuite arbitrairement la quantité de stades qu'ils avoient dû parcourir chaque jour, afin de ne les conduire que jusqu'au terme qu'il jugeoit à propos de fixer, d'après son opinion particulière.

---

14 de ses prolégomènes et d'après des combinaisons répétées, fixe *Aromata* à 4^d $15'$ nord, et le *Prasum* à 16^d $25'$ sud : et comme, en critiquant Marin de Tyr sur la latitude trop méridionale qu'il donnoit au *Prasum,* il ne dit point qu'il se soit trompé sur celle d'*Aromata,* nous avons mis ce dernier promontoire à 4^d $15'$ dans la carte de Marin.

(1) Theophil. *apud* Ptolem. *Geograph. lib. I, cap. 9, pag. 11.*

(2) Dioscor. *apud* Ptolem. *Geograph. Idem, ibid.*

ON VOIT encore (1) , que Marin cherchoit à appuyer par l'observation de quelques étoiles, ses conjectures sur le grand éloignement du cap *Prasum* dans le sud de l'équateur. Il disoit, par exemple, que ceux qui de l'Arabie alloient dans l'Azanie, dirigeoient leur navigation au midi, sur l'étoile *Canobe* (2) ; que pour ces contrées, *Syrius* se levoit avant *Procyon;* et qu'*Orion* paroissoit tout entier au-dessus de l'horizon, avant le point où l'écliptique touchoit le tropique d'été.

Mais ces observations ne prouvoient pas qu'elles eussent été faites plutôt au midi qu'au nord de l'équateur : la plupart pouvoient même appartenir à des latitudes plus élevées que le tropique du Cancer.

En effet, si en corrigeant l'erreur du catalogue de Ptolémée (3), on calcule la position des étoiles pour le temps où Marin de Tyr vivoit, on trouvera,

1.º Que la déclinaison de l'étoile *Canobe* étoit de 51^d $22'$: elle étoit par conséquent visible jusqu'au trente-huitième degré trente-huit minutes de latitude nord ;

---

(1) Marin. Tyr. *apud* Ptolem. *Geograph.* *lib. I, cap. 7, pag. 9, 10.*

(2) Bakoui, *Notices des Manuscrits du Roi*, *tom. II, pag. 406, 407,* en parlant de la ville de Mikdaschq, ou Machidas, ou Magadasho, située sur la côte d'Ajan, l'*Azania* des anciens, dit que l'on cesse d'y voir le pôle du nord, et que pour s'y rendre de l'Yémen, on se dirige sur le pôle du midi et sur l'étoile *Sohaïl* ou *Canobe.*

Ce passage, qui renferme une erreur, puisque Magadasho est à deux degrés de latitude nord, et que l'Azanie étoit toute entière en-deçà de l'équateur, semble avoir été copié par les Arabes ou dans l'ouvrage de Marin de Tyr, ou dans quelque ancienne relation qu'il avoit consultée, ou peut-être dans la Géographie de Ptolémée. Voyez, au surplus, nos Recherches sur les côtes orientales de l'Afrique, dans le premier volume, *pag. 189.*

(3) Ptolem. *Almagestum, lib. VII, cap. 5; lib. VIII, cap. 1.* On sait que les longitudes des étoiles dans le Catalogue de Ptolémée, sont trop petites de $55'$ $50''$ pour le temps auquel il les rapporte.

2.º Que *Syrius* se levoit avant *Procyon*, jusqu'au vingt-quatrième degré au nord de l'équateur,

3.º Et que le lever héliaque d'*Orion* précédoit alors, comme aujourd'hui, le point du solstice d'été, pour toutes les latitudes où il étoit visible. La constellation entière, du moins jusques à l'étoile κ la plus australe dans nos catalogues et dans celui de Ptolémée, paroissoit au-dessus de l'horizon jusqu'au soixante-dix-huitième degré nord.

De semblables observations étoient d'ailleurs trop vagues, trop incertaines, pour inspirer la moindre confiance. Elles ne pouvoient être d'aucune utilité pour établir les latitudes de l'Afrique dont Marin vouloit parler ; et cet auteur annonçoit peu de connoissances en astronomie, lorsqu'il prétendoit en pouvoir faire usage.

Il pensoit que depuis *Aromata* jusqu'au cap *Prasum*, la navigation se dirigeoit droit au sud (1), et traçoit, en conséquence, cette partie de la côte d'Afrique dans la direction du méridien, sauf les sinuosités légères qu'il y supposoit.

Ptolémée reproche à Marin, comme une contradiction dans laquelle il étoit tombé, d'avoir dit dans ses commentaires, que le Nil, depuis ses sources jusqu'à Méroé, couloit droit du midi au nord (2).

On vient de voir qu'il mettoit toute la côte de l'Azanie vers la longitude d'*Aromata*; il assuroit ensuite, d'après Diogènes (3), que les marais où le Nil prend ses sources étoient près de la mer : il en résultoit donc que la première direction du fleuve, jusque vers l'île de Méroé, loin de suivre l'alignement du méridien, ne pouvoit être tracée dans sa carte que du sud-est au nord-ouest, comme nous l'avons fait dans la nôtre.

(1) Marin. Tyr. *apud* Ptolem. *Geograph.*
l. 1, c. 15, p. 18; c. 17, p. 19, 20.
(2) Marin. Tyr. *apud* Ptolem. *Geograph.*

lib. 1, *cap.* 15, *pag.* 18.
(3) Marin. Tyr. *apud* Ptolem. *Geograph.*
lib. 1, *cap.* 17, *pag.* 20.

De

De plus, Marin comptoit (1) depuis Méroé jusqu'à *Ptolemaïs Epitheras*, dix à douze journées de chemin; du méridien de *Ptolemaïs* à celui de l'embouchure du golfe Arabique, 3500 stades; et de cette embouchure au méridien d'*Aromata*, 5000 stades. Il devoit donc y avoir, d'après son opinion même, dix-huit à dix-neuf degrés de différence en longitude entre le marais ou la source orientale du Nil et Méroé.

CE PASSAGE nous donne occasion de rappeler (2) que les longitudes des promontoires *Dere* et *Palindromos*, qui resserrent l'entrée du golfe Arabique, ne sont plus, dans les Tables de Ptolémée (3), telles que Marin les avoit déterminées, et sur-tout dans la version latine où elles se trouvent indiquées à 74^d 30′. Les longitudes de *Ptolemaïs Epitheras* et d'*Aromata*, sont fixées dans le texte, et sans variantes, l'une à 66 degrés, l'autre à 83 degrés (4) : si l'on compte les distances précédentes, soit du premier, soit du second de ces points, on verra que *Dere* et *Palindromos* viendront se ranger à 73 degrés.

MARIN crut pouvoir abandonner la latitude qu'Hipparque (5) avoit fixée à l'embouchure du golfe Arabique, et lui en substitua une beaucoup moins exacte. Il prétendoit (6) qu'à cinq cents stades au nord d'*Ocelis*, ville située près de l'extrémité méridionale du golfe, l'étoile brillante placée au bout de la queue de la petite Ourse, ne faisoit que raser l'horizon sans jamais disparoître : et comme cette étoile, la même que la *Polaire* d'aujourd'hui, étoit alors éloignée du pôle de 12^d 24′, il en concluoit que l'embouchure du golfe ne pouvoit être que vers 11^d 24′ de latitude.

<hr>

(1) Marin. Tyr. *apud* Ptolem. *Geograph.* *lib. I, cap. 15, pag. 18.*

(2) *Supra. tom. I, pag. 168, 169.*

(3) Ptolem. *Geograph. lib. IV, cap. 7, pag. 127; lib. VI, cap. 7, pag. 176.*

(4) Ptol. *Geog. l. IV, c. 7, p. 127, 128.*

(5) *Suprà, tom. I, pag. 15, 16, 56.*

(6) Marin. Tyr. *apud* Ptolem. *Geograph. lib. I, cap. 7, pag. 9.* La version latine est très-fautive dans ce passage.

Nous soupçonnons ce géographe d'avoir fait d'autres changemens dans la forme et l'étendue du golfe Arabique, et sur-tout d'avoir augmenté considérablement sa largeur, en insérant dans sa partie méridionale une côte de cent soixante-treize lieues marines, qui ne lui appartient point. Nous en parlerons dans le mémoire suivant.

Il plaçoit le promontoire *Syagros* de l'Arabie à l'orient du golfe *Sachalites* (1) : Ptolémée prétend, au contraire, qu'il étoit au couchant de ce golfe. Nous indiquerons dans nos recherches sur les côtes méridionales de l'Arabie, la cause de cette diversité d'opinion.

Nous devons ajouter encore que Marin (2) croyoit la ville et le cap *Simylla* de l'Inde, non-seulement plus occidentaux que le cap *Malæum* (3), mais aussi plus occidentaux que les embouchures du fleuve *Indus*.

Passons maintenant aux grandes mesures en longitude employées par Marin, en prévenant que nous avons adopté, pour construire sa carte, la graduation des Tables de Ptolémée, ou plutôt celle que nous trouvons indiquée dans ses prolégomènes, toutes les fois que cet auteur n'a point averti qu'il rejetoit l'opinion de Marin.

Ce dernier géographe renfermoit la longueur de la terre qui lui étoit connue, entre deux méridiens dont le premier passoit par les îles Fortunées, et le dernier par *Sera, Thinæ* et *Catigara*. Il

(1) Marin. Tyr. *apud* Ptolem. *Geograph.* lib. 1, cap. 17, pag. 19.

(2) Marin. Tyr. *apud* Ptolem. *Geograph.* lib. 1, cap. 17, pag. 19.

(3) Ce cap, dans les prolégomènes de Ptolémée, est appelé *Comareum, Cumarum, Mareum, Marium, &c.* Ces noms sont inconnus dans ses Tables; et il ne peut être question ici que du cap *Malæum* ou *Balæum*, situé entre les bouches de l'*Indus* et le promontoire *Simylla*.

éloignoit ces méridiens l'un de l'autre de quinze heures de temps (1),
c'est-à-dire de deux cent vingt-cinq degrés de longitude.

VOICI le détail des mesures qu'il employoit. Le premier itinéraire dont nous allons rendre compte, suivoit à-peu-près la
direction du parallèle de Rhodes; ainsi les degrés, d'après l'opinion
de Marin, y valoient chacun quatre cents stades. Il comptoit en
ligne droite (2),

Depuis le méridien des îles Fortunées, jusques au cap *Sacré* de l'Ibérie.	1,000 Stad. ou	2ᵈ 30′.
Du cap *Sacré*, à l'embouchure du fleuve *Bætis*.	1,000.	2. 30.
Du fleuve *Bætis*, à *Calpe*.	1,000.	2. 30.
De *Calpe*, à *Carallis* en Sardaigne.	10,000.	25. 0.
De *Carallis*, à Lilybée en Sicile.	1,800.	4. 30.
De Lilybée, au cap *Pachynum* de Sicile.	1,200.	3. 0.
Du *Pachynum*, au cap Ténare du Péloponnèse.	4,000.	10. 0.
Du cap Ténare, à Rhodes.	3,300.	8. 15.
De Rhodes, à *Issus*.	4,500.	11. 15.
D'*Issus*, au passage de l'Euphrate près d'*Hierapolis*.	1,000.	2. 30.
TOTAL	28,800 Stad. ou	72ᵈ 0′.

INDÉPENDAMMENT de la longitude de l'embouchure du
Bætis, de celle de Rhodes et de celle d'*Issus*, corrigées d'après
les mesures précédentes, nous avons fait les changemens suivans
dans la carte de Ptolémée, pour y rétablir les opinions de Marin.

JULIA CÆSAREA a été portée sous la longitude du cap méridional des Pyrénées (3), c'est-à-dire à 20ᵈ 20′. Ce changement dans
la position de *Julia Cæsarea*, influe sur toute la côte septentrionale
de l'Afrique, depuis *Calpe* ou le détroit jusqu'à la petite Syrte, et

___

(1) Marin. Tyr. *apud* Ptolem. *Geograph.*
lib. I, cap. 11, pag. 13.

(2) Marin. Tyr. *apud* Ptolem. *Geograph.*
lib. I, cap. 12, pag. 15.

(3) Marin. Tyr. *apud* Ptolem. *Geograph.*
lib. I, cap. 15, pag. 18. — Ptolem.
Geograph. lib. II, cap. 6, pag. 43 ;
lib. IV, cap. 14, pag. 106.

oblige d'avancer vers l'orient, par une graduation proportionnelle, tous les lieux compris entre ces deux points : la distance du détroit à *Julia Cæsarea* devient plus grande de trois degrés et un tiers qu'elle ne l'est dans les Tables de Ptolémée ; et la distance de *Julia Cæsarea* à la petite Syrte, diminue de la même quantité.

NOUS avons placé *Leptis magna* sous le méridien du cap *Pachynum* de Sicile, à 40 degrés de longitude, comme Marin le vouloit (1). Cette combinaison force à étendre de deux degrés les espaces donnés par Ptolémée, entre le cap *Phycus,* qu'il range sous la longitude du promontoire Ténare, et *Leptis.*

MARIN mettoit aussi *Theænæ,* ville située dans la petite Syrte, sous le méridien du fleuve *Himera* de Sicile. Il fixoit ce fleuve à 400 stades à l'ouest du *Pachynum* (2) ; ainsi, il ne comptoit qu'un degré de différence entre le méridien de *Leptis* et celui de *Theænæ.* La soustraction de deux degrés, dans la mesure adoptée par Ptolémée pour l'intervalle de ces deux villes, compense ici l'extension que nous avons donnée aux espaces compris entre *Leptis* et le *Phycus.*

LA PLUPART des autres reproches que Ptolémée fait à Marin de Tyr, touchant quelques positions qui appartiennent à la Méditerranée, à la Bretagne et à l'Asie mineure, ne nous semblent tenir qu'à des contradictions qu'il apercevoit entre l'ouvrage et les cartes de cet auteur : elles sont d'ailleurs peu importantes, et ne nous paroissent pas susceptibles d'opérer un changement sensible dans le dessin de notre carte.

ON VIENT de voir que, selon Marin, le passage de l'Euphrate, situé près d'*Hierapolis,* devoit se trouver à 28,800 stades ou 72 degrés de longitude du méridien des îles Fortunées.

(1) Marin. Tyr. *apud* Ptolem. *Geograph.* lib. I , cap. I 5 , pag. I 8 .

(2) Marin. Tyr. *apud* Ptolem. *Geograph.* lib. I , cap. I 5 , pag. I 8 .

Maès, surnommé Titianus, fils d'un marchand macédonien, avoit publié les détails d'un voyage que ses facteurs faisoient pour aller commercer dans la Sérique (1). Les écrits de Maès fournirent à Marin de Tyr, la distance des lieux par lesquels se prolongeoit une route qui, du passage de l'Euphrate, alloit au Tigre, traversoit le pays des Garaméens d'Assyrie, passoit à Ecbatane dans la Médie, aux Portes Caspiennes, à *Hecatompylos* dans la Parthie, à *Hyrcania*, à *Aria*, à Antioche de la Margiane, à Bactres, traversoit la Sogdiane, montoit par le nord dans la région des *Comedæ*, suivoit la vallée occupée par ces peuples, et venoit dans le pays des Sacques en un lieu nommé *Turris lapidea*, qu'on disoit être sous la latitude de Byzance, vers le quarante - troisième degré.

Cette route étoit estimée à 876 schênes, lesquels, à trente stades chacun, faisoient 26,280 stades (2). Marin en concluoit que l'intervalle compris entre le passage de l'Euphrate et *Turris lapidea* devoit être de 65 degrés 42 minutes : ainsi, cette forteresse doit se placer dans sa carte à 137^d 42′ du méridien des îles Fortunées, ou plutôt à 137^d 40′ en nombres ronds, parce que Marin ne comptoit les minutes de degrés que de cinq en cinq, en négligeant les fractions intermédiaires.

De *Turris lapidea*, le chemin continuoit en traversant l'*Imaüs*, les déserts de la Scythie, et aboutissoit à *Sera*, la dernière ville que l'on connût alors dans la haute Asie. On employoit sept mois à faire cette seconde partie de la route ; elle étoit évaluée à 36,200 stades (3) : Marin devoit donc en conclure 90^d 30′ d'intervalle entre *Turris lapidea* et *Sera*, et fixer cette ville à 156^d 12′ du

(1) Maes *apud* Ptolemæi *Geograph.* lib. I, cap. 11, pag. 13, 14.

(2) Maes *apud* Ptolemæi *Geograph.*

lib. I, cap. 12, pag. 14, 15.

(3) Maes *apud* Ptolemæi *Geograph.* lib. I, cap. 12, pag. 14, 15.

passage de l'Euphrate, ou 228^d 12' [228^d 10'] de longitude du méridien des îles Fortunées. *Sera* passoit d'ailleurs pour être sous la latitude de l'Hellespont (1), près du quarante et unième degré.

NOUS avons observé (2) que Marin, en réduisant le degré du parallèle de Rhodes à quatre cinquièmes de celui de l'équateur, ne lui avoit pas donné une proportion rigoureusement juste, et qu'au lieu de fixer à 400 stades le degré de longitude du trente-sixième parallèle, il auroit dû le porter à 404 stades $\frac{5084}{10000}$. Ce défaut d'exactitude de la part de Marin, est cause que nous le trouvons ici en contradiction avec lui-même, puisque *Sera* est venue se ranger dans sa carte au-delà du deux cent vingt-cinquième degré qu'il avoit d'abord fixé pour terme de ses longitudes. En voici la raison.

Du méridien des îles Fortunées à celui de *Sera*, il comptoit 91,280 stades, lesquels convertis en degrés de 404 stades $\frac{5084}{10000}$, ont dû lui produire 225^d 39' 23", qu'il réduisoit, en nombre rond, à 225 degrés. Mais, lorsque pour éviter les fractions, il n'a plus donné que 400 stades au degré, les quatre stades $\frac{5084}{10000}$, négligés deux cent vingt-huit fois et un cinquième, ont nécessairement étendu sa graduation de 1029 stades, ou de 2^d 32' 37", lesquels, joints aux 225^d 39' 23" ci-dessus, complètent les 228^d 12' que nous avons trouvés pour la longitude de *Sera*, en construisant la carte de Marin d'après ses principes. Il est sans doute inutile de s'arrêter davantage sur cet objet.

LE SECOND itinéraire, d'après lequel ce géographe établissoit la longueur de l'Asie jusques à *Catigara*, présentoit des distances

---

(1) Maes *apud* Ptolemæi *Geograph.*   (2) *Suprà, pag. 34.*
lib. 1, cap. 12, pag. 15.

le long des côtes méridionales de cette partie de la terre : et comme ces côtes ne s'éloignoient pas beaucoup de l'équateur, Marin, dans sa réduction des mesures en degrés, les faisoit de 500 stades chacun ; sans avoir plus d'égard à la déviation ni à l'inclinaison des routes, poùr cet itinéraire, que pour le premier.

Observons encore, que la projection de Marin ne laissant pas plus d'étendue sur la carte aux degrés de l'équateur qu'à ceux du parallèle de Rhodes qui ne renfermoient que 400 stades, toutes les distances que nous allons rapporter vont se trouver, à l'ouverture du compas, d'un cinquième environ, plus petites qu'elles ne devroient être.

PTOLÉMÉE dit (1) que Marin assignoit à l'intervalle compris entre le méridien du promontoire *Cory* de l'Inde, et celui de l'embouchure du fleuve *Bætis* de l'Espagne, huit heures de temps ou 120 degrés; et ensuite cinq degrés, du méridien du *Bætis* à celui des îles Fortunées : d'où l'on pourroit conclure que Marin plaçoit le cap *Cory* au cent vingt-cinquième degré de longitude juste.

Mais Ptolémée ajoute immédiatement après, que le méridien du cap *Cory* étoit éloigné, suivant Marin, de celui des îles Fortunées, *d'un peu plus de 125 degrés.*

Cette petite contradiction, dans laquelle Ptolémée est tombé, vient de ce qu'en parlant de l'intervalle horaire, il a négligé d'ajouter deux minutes quarante secondes de temps, qui auroient porté le *Cory* à 125^d 40', comme le marquent ses Tables latines et le manuscrit grec de Coislin (2) : et nous avons cru devoir faire usage de cette leçon, pour établir la longitude du promontoire *Cory* dans la carte de Marin de Tyr.

DU CAP *Cory,* il comptoit pour la traversée du golfe *Argaricus* jusqu'à la ville de *Curura,* 3040 stades ou 6^d 5', en disant que

(1) Marin. Tyr. *apud* Ptolem. *Geograph.*   (2) Ptolem. *Geogr. l.* VII, *c. 1, p. 198.*
lib. *I, cap. 14, pag. 17.*   –Montfaucon. *Biblioth. Coislin. p. 738.*

la navigation s'élevoit vers le nord. Ainsi, comme il ne tenoit point compte de cette inclinaison, il plaçoit *Curura* à 131^d 45′ des îles Fortunées.

DE *CURURA* à *Palura,* il mettoit 9450 stades ou 18^d 54′, en avertissant que la navigation se dirigeoit au levant d'hiver. Il fixoit donc *Palura* à 150^d 39′ [150^d 40′] du premier méridien.

LE GOLFE du Gange avoit, selon lui, 19,000 stades de côtes, et 13,000 stades de traversée depuis *Palura* jusqu'à *Sada,* dans la direction du levant équinoxial. Ces 13,000 stades valoient 26 degrés, et portoient *Sada* à 176^d 39′ [176^d 40′] de longitude.

DE *SADA* à *Temala,* la distance étoit évaluée à 3500 stades, et la navigation se prolongeoit au levant d'hiver. C'étoient sept degrés d'intervalle, qui répondoient à 183^d 39′ [183^d 40′] du méridien des îles Fortunées.

DE *TEMALA* à la Chersonèse d'Or, il employoit 1600 stades ou 3^d 12′, en prévenant que la navigation tendoit au levant d'hiver. Ainsi, le point le plus occidental de la Chersonèse d'Or, celui que nous croyons être indiqué maintenant dans les Tables de Ptolémée par la position de *Tacola,* doit se trouver dans la carte de Marin à 186^d 51′ [186^d 50′] de longitude.

IL NE donnoit point le nombre de stades qu'on parcouroit pour aller de la Chersonèse d'Or à *Catigara.* Il rapportoit seulement qu'un navigateur nommé Alexandre, avoit écrit (1) qu'*à prendre du point de la Chersonèse d'Or,* celui dont nous venons de parler, c'est-à-dire de son extrémité occidentale, *toute la côte jusqu'à Zabœ étoit parallèle à l'équateur,* et qu'on employoit vingt jours de navigation pour arriver à cette ville.

CE PASSAGE est fort remarquable, en ce qu'il annonce

______

(1) Alexand. *apud* Ptolem. *Geograph. lib. 1, cap. 14, pag. 16.*

clairement

clairement que l'opinion d'Alexandre, celle de Marin, et celle de Ptolémée qui ne les contredit point, étoient que les côtes de la Chersonèse d'Or suivoient dans toute sa partie méridionale, la direction d'un parallèle, et que pour aller de *Tacola* et même de *Temala* à *Zabœ*, les navigateurs n'avoient point à parcourir les sinuosités d'une péninsule resserrée entre deux golfes, comme celle qu'indiquent maintenant tous les exemplaires de Ptolémée : d'où il faut inférer que cette prétendue péninsule n'est point la Chersonèse d'Or que les auteurs précédens avoient connue et décrite, et qu'elle n'est qu'une interpolation faite au texte de Ptolémée. Nous reviendrons sur cet objet dans nos recherches sur l'Inde.

ALEXANDRE disoit encore que de *Zabœ*, les navigateurs en dirigeant leur route au midi, et plus encore sur la gauche, parvenoient après *quelques jours* à *Catigara*. Marin vouloit que ces mots *quelques jours*, fussent pris pour *une multitude de jours :* On ne les a point comptés, disoit-il, parce qu'ils étoient en trop grand nombre ; et cette étrange interprétation lui faisoit porter *Catigara* fort avant dans l'est.

Ptolémée ne dit point quelles sont les longitudes précises que Marin donnoit à *Zabœ* et à *Catigara.* Mais on peut y suppléer, en se rappelant que d'après Théophile (1), il évaluoit à mille stades une journée de navigation, et qu'il soustrayoit ensuite à-peu-près la moitié de la somme des distances pour les réduire en ligne droite (2). Alors, les vingt jours de navigation le long de la Chersonèse d'Or, représenteront 20,000 stades, dont la moitié sera 10,000 stades, qui vaudront 20 degrés.

D'autres combinaisons, intimement liées avec le reste du système, nous semblent indiquer quelque chose de plus, et devoir porter

(1) Theophil. *apud* Ptolem. *Geograph.* lib. *I, cap. 9, pag. 11.*

(2) Marin. Tyr. *apud* Ptolem. *Geograph.* lib. *I, cap. 8, pag. 10.*

la longueur des côtes de la Chersonèse d'Or, dans l'opinion de Marin, à 20^d 40$'$; et comme *Zabæ* passoit pour être le point intermédiaire entre le méridien de la partie la plus occidentale de la Chersonèse d'Or et celui de *Catigara* (1), nous pensons qu'il plaçoit *Zabæ* à 207^d 31$'$ [207^d 30$'$] et *Catigara* à 228^d 11$'$ [228^d 10$'$] du méridien des îles Fortunées.

IL EXISTE dans la construction de cette partie de la carte de Marin, une erreur du même genre, mais en sens inverse de celle que nous avons relevée en parlant de l'itinéraire de *Sera.* En voici la cause.

Les mesures qu'on vient de rapporter, étant censées prises vers le dixième parallèle, ne devoient pas être réduites en degrés de 500 stades, comme Marin l'a fait ; mais seulement en degrés de 492 stades $\frac{4039}{10000}$, comme l'exige la proportion entre la circonférence de l'équateur et celle de ce parallèle, la terre étant supposée sphérique. Or, puisque Marin comptoit, depuis le méridien des îles Fortunées, jusqu'à celui de *Catigara,* 114,090 stades, il ne pouvoit pas ignorer que leur réduction rigoureuse devoit placer cette ville à 231^d 42$'$ de longitude. Mais, accoutumé à négliger les fractions dans ses calculs, il a donné au degré du dixième parallèle, 7 stades $\frac{5961}{10000}$ de plus qu'il ne devoit avoir : et sa graduation, prenant insensiblement plus d'espace qu'elle n'auroit dû en embrasser, a absorbé dans l'étendue de sa carte, 1733 stades ou 3^d 31$'$ dont la position de *Catigara* se trouve plus rapprochée de l'occident qu'il ne le vouloit lui-même. De son temps, et bien des siècles après lui, le grand éloignement des parties orientales de l'Asie, laissoit trop d'incertitude sur leur vraie position, pour que l'on cherchât à tenir compte de quelques degrés de plus ou

---

(1) Ptolem. *Geograph. lib. I, cap. 14, pag. 16, 17.*

de moins, sur la masse énorme des erreurs qui se commettoient dans le sens des longitudes. Les 231^d 42′ ci-dessus, moins ces 3^d 31′, font juste les 228^d 11′ où *Catigara* est venue se placer dans notre carte. Ainsi, nous ne nous sommes point égarés dans nos combinaisons.

L'ITINÉRAIRE dont nous venons de faire usage, présente une autre considération fort importante. Il doit opérer un changement dans toutes les positions des parties méridionalés de l'Asie, depuis le cap *Cory* de l'Inde, jusques à *Catigara*, et faire voir que les Tables et les cartes actuelles de Ptolémée ne contiennent plus ni la graduation, ni le dessin qu'il avoit fixés originairement pour tous ces lieux.

· LA PERTE de l'ouvrage de Marin nous met dans l'impossibilité de connoître les élémens qu'il avoit employés pour établir les latitudes des côtes de l'Inde. Mais, comme toute la partie de l'Asie à laquelle nous nous arrêtons, a été refaite par Ptolémée, et qu'il s'est borné à resserrer son étendue d'occident en orient; nous devons retrouver dans les bases de son travail les latitudes des lieux telles que Marin les avoit déterminées.

Si ON lit avec attention le treizième chapitre du premier livre de la Géographie de Ptolémée, on verra qu'il a considéré un certain nombre de positions, dans la carte de Marin, comme pouvant être liées entre elles par une suite de triangles rectilignes, dont trois termes lui étoient connus :

1.º La longueur de la portion du parallèle comprise entre le point de départ et le méridien du lieu dont il cherchoit à conclure la distance en longitude ;

2.º L'angle droit, formé par la rencontre du parallèle et du méridien ;

3.º La portion du méridien comprise entre le point où ce

cercle rencontroit le parallèle du lieu du départ, et la position de la ville dont Marin avoit donné la latitude.

De ces trois termes, Ptolémée ne nous en a conservé qu'un seul qui puisse être adapté immédiatement à la construction de la carte de ce géographe : c'est la longueur qu'il supposoit à la portion du parallèle comprise entre les deux méridiens qui limitoient l'étendue du triangle. L'angle droit se conclut bien de la rencontre des deux cercles ; mais le troisième côté reste inconnu, et nous devons chercher à le découvrir.

Nous avons dit que Marin n'avoit tenu aucun compte de la déviation des routes, pour établir sa graduation en longitude, et qu'il a toujours employé le nombre des stades indiqués, comme si l'itinéraire eût suivi un même parallèle. Ptolémée, en reconnoissant le vice de cette méthode, qui prolongeoit beaucoup trop les espaces, retrancha des mesures de Marin, ce qu'il jugeoit nécessaire d'accorder aux sinuosités des côtes et à l'inclinaison de la route ; puis, appliquant le surplus aux hypothénuses des nouveaux triangles qu'il traçoit, il obtint les résultats qui vont nous aider à fixer l'emplacement des différens points de cette côte.

Nous trouvons donc dans Ptolémée, 1.º la longueur qu'il supposoit aux hypothénuses de ses nouveaux triangles, 2.º la longueur que le calcul lui indiquoit pour la portion du parallèle qui formoit un des côtés, 3.º l'angle droit ; et nous pouvons maintenant connoître le troisième côté qui nous manque, et qui donnera les latitudes que nous cherchons.

Il n'est question que de bien établir le point de départ.

Ptolémée part du promontoire *Cory* de l'Inde. Sa latitude est fixée dans ses Tables (1), par le texte grec des éditions, à 18 degrés

____

(1) Ptolem. *Geograph. lib. VII, cap. 1, pag. 198.*

nord; et par l'ancienne version latine, à 13ᵈ 20′ seulement : ainsi, l'une des deux indications est corrompue. Nous pensons qu'il faut s'en tenir à la version latine,

1.º Parce que les 18 degrés donnés par le grec, porteroient le cap *Cory* dans l'intérieur des terres de l'Asie, et beaucoup au nord des parties les plus septentrionales du *Sinus Argaricus*, qui doit être formé par la saillie du promontoire *Cory*;

2.º Parce que la latitude des parties septentrionales de l'*Argaricus Sinus* est fixée, dans les Tables grecques et latines, vers 16 degrés, par les positions de *Curura*, de *Thelchyr*, de *Nigama*, et sur-tout par celle de *Modura* qui en étoit voisine (1);

3.º Parce que cette hauteur de *Modura* se conclut aussi de la longueur du jour solsticial, que Ptolémée y fixe à treize heures (2): or, en adoptant l'obliquité de l'écliptique, telle qu'il la détermine dans son Almageste (3), c'est-à-dire à 23ᵈ 51′ 20″, les treize heures du jour solsticial donneroient 16ᵈ 26′ 42″ de latitude;

4.º Parce que la latitude de *Modura* se conclut encore du huitième livre de Ptolémée, où il est dit, dans le grec, que le soleil passe au zénith de cette ville, lorsqu'il est à 45ᵈ 20′ de distance du solstice d'été, ou même à 46 degrés suivant le manuscrit de Coislin, dont le P. de Montfaucon a publié les variantes (4): l'obliquité de l'écliptique, déterminée comme nous venons de le dire, donneroit pour la première de ces leçons 16ᵈ 31′ 3″, et pour la seconde 16ᵈ 18′ 59″; ainsi, dans ces diverses combinaisons, *Modura* seroit toujours beaucoup trop méridionale pour

(1) Ptolem. *Geograph. lib. VII, cap. 1, pag. 198, 206.*

(2) Ptolem. *Geograph. l. VIII, p. 247.*

(3) Ptolem. *Almagestum, l. I, c. 11.*

(4) Montfaucon, *Biblioth. Coislinian. pag. 766.*

que le *Cory* pût s'élever à la hauteur où les Tables grecques sembleroient le placer ;

5.° Enfin, parce que la latitude de 13^d 20′ donnée au promontoire *Cory* par les Tables latines, est confirmée par le manuscrit grec de Coislin (1), qui a conservé la vraie leçon de ce passage.

EN PARTANT donc de ce point, et en priant nos lecteurs de jeter les yeux sur la figure Iere de la planche N.° III, dans laquelle se trouve représentée la suite des triangles employés par Ptolémée pour construire sa carte, nous allons retrouver les latitudes que nous cherchons.

TRIANGLE I. Ptolémée donne pour la longueur de l'hypothénuse A C, 1350 stades ; pour le côté A B, 675 stades : d'où nous concluons la longueur du côté B C, à 1169 stades ; lesquels divisés par 500, valeur du degré du grand cercle, suivant l'opinion de Marin et de Ptolémée, produisent 2^d 20′ 16″, pour la différence en latitude, entre le promontoire *Cory* et *Curura*. Ainsi, *Curura* devra être placée à 15^d 40′ 16″ [15^d 40′] au nord de l'équateur.

TRIANGLE II. Selon Ptolémée, la longueur de l'hypothénuse C E, est de 6300 stades ; le côté C D, de 5250 stades : d'où l'on doit conclure le côté D E à 3482 stades, valant 6^d 57′ 50″, dont *Palura* est plus méridionale que *Curura*. La latitude de *Palura* sera donc de 8^d 42′ 26″ [8^d 40′].

SADA doit être sous la même latitude que *Palura*, comme on l'a vu dans l'itinéraire.

TRIANGLE III. L'hypothénuse F H, suivant Ptolémée, est de 2330 stades ; le côté F G, de 1940 stades : on a donc pour le côté G H, 1290 stades = 2^d 34′ 48″, qui porteront *Temala* à 6^d 7′ 38″ [6^d 10′] de latitude.

(1) Montfaucon, *Biblioth. Coislinian.* pag. 73 8.

TRIANGLE IV. Ptolémée assigne à l'hypothénuse H K, 1100 stades; au côté H I, 900 stades : le côté I K, ne peut avoir que 632 stades $= 1^d 15' 50''$, et *Tacola* viendra se ranger à $4^d 51' 48''$ [$4^d 50'$] de latitude.

ZABÆ doit se trouver sous la même latitude que *Tacola*.

TRIANGLE V. La longueur de l'hypothénuse L N, suivant Ptolémée, est de 5166 stades; le côté L M, de 3444 stades : le côté M N doit être, par conséquent, de 3850 stades, valant $7^d 42'$, et *Catigara* sera fixée à $2^d 50' 12''$ [$2^d 50'$] de latitude sud.

TELLE est la graduation en latitude que nous croyons appartenir incontestablement à Marin de Tyr et à Ptolémée, pour les positions que cette discussion embrasse. Quels que soient les changemens que ces résultats nécessitent dans le texte actuel de ce dernier géographe, nous pensons qu'il est impossible de s'y refuser. Les latitudes de *Tacola* et de *Zabæ* étoient celles sur lesquelles nous devions désirer de ne pas trop nous trouver en contradiction avec ses Tables, afin de ménager l'opinion de ceux pour qui l'autorité des manuscrits paroîtroit encore préférable à toutes les preuves qui en démontrent l'altération et la surcharge. C'est d'ailleurs dans l'intervalle de ces villes, que la carte de Ptolémée a éprouvé les plus grands changemens; comme c'est une des parties où elle s'éloigne le plus de la réalité. Il étoit donc important de bien constater la forme qu'il supposoit à cette côte ; et nos calculs, ne présentant que cinq minutes de différence dans la latitude de *Zabæ* comparée à celle des Tables, nous semblent ne laisser aucun doute sur l'opinion de ce géographe. Nous en tirons la conséquence, que tous les écarts intermédiaires que ses Tables présentent, doivent être ramenés et soumis aux bases de la graduation que nous venons d'indiquer : nous nous en occuperons dans un autre mémoire.

LES TRIANGLES de Ptolémée rétablis, comme nous l'avons fait, donnent la possibilité de reconstruire ceux qu'il avoit tracés sur la carte de Marin. Ils sont représentés dans la figure II. Nous connoissons maintenant dans chacun, les trois termes dont nous avions besoin : 1.º l'angle droit; 2.º le côté horizontal, dont la longueur a été déterminée en rapportant l'itinéraire employé par Marin; 3.º le côté perpendiculaire, nécessairement égal à celui que nous venons de trouver pour Ptolémée.

Afin d'éviter des répétitions, nous nous bornerons à présenter les résultats du calcul ou la valeur de chacun des côtés.

TRIANGLE I.
$\begin{cases} \text{A B} = & 3{,}040 \text{ Stades} = 6^d \ \ 4' \ 48''. \ldots [\ 6^d. \ 5'] \\ \text{A C} = & 3{,}257. \\ \text{B C} = & 1{,}169\ldots\ldots = 2. \ 20. \ 16\ldots\ldots [\ 2. \ 20.] \end{cases}$

TRIANGLE II.
$\begin{cases} \text{C D} = & 9{,}450\ldots\ldots = 18. \ 54. \ \ 0\ldots\ldots [18. \ 55.] \\ \text{C E} = & 10{,}071. \\ \text{D E} = & 3{,}482\ldots\ldots = 6. \ 57. \ 50\ldots\ldots [\ 7. \ \ 0.] \end{cases}$

E F $= 13{,}000\ldots\ldots = 26. \ \ 0. \ \ 0\ldots\ldots [26. \ \ 0.]$

TRIANGLE III.
$\begin{cases} \text{F G} = & 3{,}500\ldots\ldots = 7. \ \ 0. \ \ 0\ldots\ldots [\ 7. \ \ 0.] \\ \text{F H} = & 3{,}730. \\ \text{G H} = & 1{,}290\ldots\ldots = 2. \ 34. \ 48\ldots\ldots [\ 2. \ 35.] \end{cases}$

TRIANGLE IV.
$\begin{cases} \text{H I} = & 1{,}600\ldots\ldots = 3. \ 12. \ \ 0\ldots\ldots [\ 3. \ 10.] \\ \text{H K} = & 1{,}720. \\ \text{I K} = & 632\ldots\ldots = 1. \ 15. \ 50\ldots\ldots [\ 1. \ 15.] \end{cases}$

K L $= 10{,}333\frac{1}{3}.\ldots = 20. \ 40. \ \ 0\ldots\ldots [20. \ 40.]$

TRIANGLE V.
$\begin{cases} \text{L M} = & 10{,}333\frac{1}{3}.\ldots = 20. \ 40. \ \ 0\ldots\ldots [20. \ 40.] \\ \text{L N} = & 11{,}027. \\ \text{M N} = & 3{,}850\ldots\ldots = 7. \ 42. \ \ 0\ldots\ldots [\ 7. \ 40.] \end{cases}$

CES DIFFÉRENS points ainsi fixés terminent des discussions inévitables dans la recherche des bases du système géographique de Marin de Tyr. Nous en réunissons les résultats dans des tableaux

placés

placés à la fin de ce mémoire, en y ajoutant les positions que nous avons déjà employées (1) pour reconstruire les cartes d'Ératosthènes, d'Hipparque et de Strabon, afin que ces divers systèmes puissent être comparés entre eux : et pour distinguer les nouvelles positions qu'on doit à Marin, elles seront précédées d'un astérisque.

LE TABLEAU N.° I contiendra les principales latitudes de sa carte, et sera divisé en cinq colonnes :

La première présentera la distance des lieux à l'équateur, comptée en stades de 500 au degré ;

La seconde, la distance des mêmes lieux à l'équateur, en stades de 700 au degré ;

La troisième, les latitudes en degrés, telles que Marin les avoit fixées ;

La quatrième, les mêmes latitudes en degrés, selon les modernes.

La cinquième offrira la différence, ou les erreurs que Marin aura commises ; en supposant toutefois que les données modernes soient exactes.

LE TABLEAU N.° II comprendra les longitudes de Marin en degrés, comptées depuis le cap *Sacré* de l'Ibérie, c'est-à-dire à 2^d 30′ de moins que si elles étoient prises des îles Fortunées, comme elles le sont dans la carte. Nous les rapportons ici au cap *Sacré*, pour qu'on puisse les comparer plus facilement à celles d'Ératosthènes, d'Hipparque et de Strabon, qui partent toutes de ce point.

La seconde colonne donnera les mêmes longitudes, selon la graduation adoptée par les modernes.

La troisième fera connoître la différence, ou les erreurs commises par Marin.

(1) Voyez dans notre Géographie des Grecs analysée, les Tableaux N.^{os} I, II, III, IV, V ; et le premier volume de ces Recherches, *pag. 56 — 60.*

LE TABLEAU N.º III renfermera aussi les principaux points en longitude de la carte de cet ancien ; mais ils seront considérés comme s'ils étoient placés sur une carte à *projection plate.*

Ce tableau sera divisé en cinq colonnes :

Dans la première, les longitudes seront comptées en degrés, depuis le cap *Sacré* de l'Ibérie, comme dans le tableau précédent.

Dans la seconde, cette graduation sera convertie en stades de 500 au degré.

La troisième donnera la réduction des stades de la seconde colonne, en degrés de 700 stades chacun ;

La quatrième, la graduation des lieux suivant les modernes ;

Et la cinquième enfin, la différence, ou les erreurs qui résulteront de cette manière d'envisager la carte que Marin avoit construite.

L'EXAMEN de ces tableaux conduit naturellement à considérer l'ensemble du système de Marin de Tyr, sous ses rapports astronomiques. Nous ne parlerons que de quelques-uns des points les plus importans, pour ne pas donner trop d'étendue à ce mémoire ; et nous commençerons par les longitudes, telles qu'elles sont présentées ou dans le second tableau, ou sur la carte que nous venons de restituer.

LA LONGUEUR de la Méditerranée, depuis le détroit jusqu'à *Issus,* ville située à l'extrémité orientale de cette mer, est de 62 degrés dans la carte de Marin ; tandis que d'après les observations modernes, l'intervalle entre ces deux points n'est que de 41^d 30′.

LA DISTANCE depuis le cap *Sacré* de l'Ibérie, jusqu'au promontoire *Comaria* de l'Inde, est de 119^d 15′, quoiqu'elle ne doive être que de 85^d 35′.

L'INTERVALLE entre le cap *Sacré* et l'embouchure orientale du Gange est de 165^d $40'$, quoiqu'il ne soit que de 99^d $23'$ $45''$.

ET LA longitude de *Thinæ* est fixée à 225^d $40'$ du cap *Sacré*, quoique cette ville, la même que Tana-sérim (1), n'en soit pas éloignée de plus de 106^d $27'$.

IL EN résulte que d'après les observations et la manière de compter des modernes, Marin de Tyr se seroit trompé, de plus de quatre cent dix lieues, de vingt-cinq au degré, sur la longueur de la Méditerranée ; de plus de huit cents lieues, en ligne droite, sur la distance du cap *Sacré* au cap Comorin ; de plus de seize cent cinquante lieues sur l'emplacement des bouches du Gange ; de près de trois mille lieues, ou du tiers de la circonférence du globe, sur la distance de *Thinæ* ; et tous les points intermédiaires de sa carte auroient subi une altération proportionnelle dans leurs positions.

AUCUN monument géographique ne présente une masse d'erreurs si énorme : en les comparant à celles qu'Ératosthènes et Hipparque avoient commises (2) dans un temps où les Grecs commençoient à peine à cultiver la science, ne seroit-on pas tenté de croire qu'à l'époque où Marin écrivoit, les ouvrages de ces auteurs et les anciens matériaux qu'ils avoient employés pour construire leurs cartes, étoient entièrement perdus !

Cependant, nous voyons la Géographie d'Ératosthènes citée par des écrivains postérieurs de plus de mille ans à Marin de Tyr (3) : et l'on ne peut se persuader que ce livre élémentaire ait échappé aux recherches d'un homme que Ptolémée nous dit avoir lu et extrait

---

(1) Voyez notre Géographie des Grecs analysée, *pag. 142 ;* et nos Recherches sur l'Inde, dans le volume suivant.

(2) Voyez le Tableau N.° II de notre Géographie des Grecs analysée ; et *suprà, tom. I, pag. 60.*

(3) Entre autres, par Eustathe, archevêque de Thessalonique, qui florissoit en 1170. *Commentarii in Dionysium Periegetam, pag. 2, 137, 154. Inter Geograph. minor. græc. tom. IV.*

les auteurs qui l'avoient précédé. Il est donc de la plus grande
vraisemblance que Marin a connu et consulté les ouvrages d'Ératosthènes et d'Hipparque, qu'il y a vu la prodigieuse différence
qui existoit entre leurs opinions et celles qu'il vouloit y substituer.
Pourquoi les a-t-il rejetées! sur quelles bases établissoit-il son
nouveau système! et quelles sont les causes qui l'ont entraîné dans
ses erreurs!

M ARIN n'étoit point astronome. Nous avons vu (1) qu'il étoit
incapable d'appliquer avec succès, le résultat des observations, à la
construction de ses cartes. D'ailleurs, il existoit alors peu d'observateurs; et de l'aveu de Ptolémée (2), on n'avoit encore que des
approximations très-incertaines pour évaluer les distances dans le
sens des longitudes. Les recherches, les travaux d'Hipparque,
l'observation d'un petit nombre d'éclipses de lune, ont pu influer,
à diverses reprises, sur le plan de quelques portions de la Méditerranée; mais ces nouveaux secours étoient insuffisans pour autoriser
de grands changemens dans l'ensemble de cette mer, dont l'étendue
se trouvoit à-peu-près limitée par les mesures que la tradition
conservoit.

CEPENDANT le système de Marin de Tyr présente moins des
corrections partielles, qu'une altération générale dans toutes les
longitudes depuis l'extrémité occidentale de l'Ibérie, jusques aux
contrées les plus orientales de l'Asie. Si l'on vouloit se persuader
que ces changemens eussent été autorisés par des observations nouvelles, il faudroit admettre, contre toute vraisemblance et contre
toute possibilité, qu'elles auroient été répétées, à-la-fois et presque
en même temps, dans tout l'ancien monde; il faudroit admettre
encore, que chacune de ces observations auroit été fausse, qu'elles
auroient toutes péché en excès, et que l'excès se seroit accru

______

(1) *Suprà, pag. 39, 40.*   (2) Ptolem. *Geograph. l. 1, c. 4. p. 7.*

progressivement dans tous les lieux de la terre, à mesure que les observateurs s'éloignoient du méridien des îles Fortunées.

TANT d'erreurs ne peuvent appartenir à l'observation : et comme elles sont presque proportionnelles dans la carte de Marin de Tyr, il faut se persuader qu'elles doivent être toutes le produit d'une même cause ; que leur origine est indépendante de toute observation astronomique, et qu'elles tiennent uniquement au désordre de sa graduation.

EN PARLANT d'Ératosthènes (1), nous avons dit qu'il comptoit sept cents stades au degré du grand cercle de la terre ; que cette détermination, bien antérieure à lui, avoit été admise jusqu'au temps de Possidonius ; et que ce dernier astronome, par une opération dont nous avons indiqué le vice, avoit établi l'opinion que le degré du grand cercle ne devoit contenir que cinq cents des stades employés par Ératosthènes.

Or, c'est en adoptant cette dernière évaluation, que Marin nous paroît avoir commis la plupart de ses erreurs ; parce qu'en l'appliquant à la graduation des anciennes cartes qui existoient de son temps, il en a corrompu nécessairement toutes les longitudes. On conçoit en effet, que cette nouvelle graduation substituée à celle d'Ératosthènes, devoit, sans rien déranger au plan primitif de sa carte, faire trouver dans un espace donné, un nombre de degrés plus grand que celui qui résultoit d'abord de la valeur qu'il leur avoit assignée ; puisque chaque degré n'embrassoit plus, sur le terrain, que cinq septièmes de l'étendue qu'il devoit avoir.

A CETTE première erreur, Marin de Tyr a ajouté celle qu'Ératosthènes et les autres géographes avoient commise avant lui, lorsqu'ils méconnurent la projection de la carte qu'ils vouloient copier. Nous croyons avoir démontré que cette ancienne carte étoit

____

(1) Voyez notre Géographie des Grecs analysée, *pag. 7, 12, 50, 54, 55.*

projetée suivant la méthode des *cartes plates* (1), et que toutes les distances qu'elle offroit sur le trente - sixième parallèle, étoient fictives, et trop grandes d'environ un cinquième, c'est-à-dire, de la différence que produit la divergence des méridiens dans ces sortes de projections.

C E S D E U X causes ont suffi pour répandre dans le travail de Marin, les grandes imperfections que nous y avons remarquées. Maintenant que la source en est connue, il sera facile de ramener sa carte, à de légères modifications près, aux anciennes bases qu'Ératosthènes avoit suivies, et d'y reconnoître enfin les traces d'une exactitude sur laquelle on devoit d'autant moins compter, qu'au premier aspect, elle paroît inconciliable avec les observations.

I L N E faut, en effet, que la considérer comme une carte à *projection plate*, dans laquelle les degrés de longitude devront être comptés, sous tous les parallèles, pour cinq cents stades comme sous l'équateur, et convertir ensuite le nombre de stades trouvé, en degrés de sept cents stades chacun. En voici la preuve.

La carte d'Ératosthènes offroit 27,300 stades de distance, ou 39 degrés de 700 stades, pour la différence en longitude entre le détroit des Colonnes et *Issus* (2); dans celle de Marin le même intervalle est de 62 degrés, qui, à 500 stades, font 31,000 stades. Ainsi, l'opinion de ces auteurs se rapproche déjà pour la distance itinéraire, et ne diffère plus essentiellement que par le nombre de degrés qu'ils ont compté entre le premier de ces lieux et le second. Mais, si l'on divise par 700, les 31,000 stades de Marin, pour les convertir en degrés égaux à ceux qu'Ératosthènes avoit employés, on aura 44^{d} 17′ 8″ : la différence dans l'opinion de ces géographes

(1) Voyez notre Géographie des Grecs analysée, *pag. 39-45 ;* et *suprà tom. I, pag. 46-53 ; tom. II, pag. 25 - 27.*

(2) Voyez notre Géographie des Grecs analysée, *pag. 12 - 15 ,* et le Tableau N.° II du même ouvrage.

ne sera plus que de 5^d 17′ 8″, au lieu de 23 degrés; et l'erreur de Marin qui, en première analyse, étoit de 20^d 30′ d'après les observations modernes, se trouvera réduite à 2^d 47′ 8″ seulement, sur la longueur totale de la Méditerranée.

ON EST autorisé à croire, comme nous l'avons dit, que toutes les parties de la carte de Marin que Ptolémée a admises sans les discuter, étoient autant de points qui passoient pour avoir été déterminés, qu'on regardoit comme fixes, et sur lesquels, faute de matériaux, on n'osoit hasarder aucun changement. La méthode que nous venons de donner, doit donc être susceptible de s'appliquer à toutes les longitudes de la carte de Marin de Tyr, depuis les îles Fortunées jusqu'au cap *Cory* de l'Inde, où l'on voit qu'il a commencé à substituer ses opinions à celles des géographes antérieurs à lui.

LE TABLEAU N.º III renferme les principales positions employées dans sa carte : leurs longitudes y sont calculées d'après le principe que nous proposons ; et l'on y voit que les erreurs énormes du tableau N.º II, viennent toutes se réduire à fort peu de chose.

La longitude de Marseille sur laquelle il avoit fait une erreur de 8^d 5′ 52″, ne diffère que de 1^d 48′ 43″ de nos observations modernes.

Son erreur sur la position du détroit de Sicile, au lieu de 12^d 33′, n'est plus que de 1^d 55′ 50″;

Celle sur Byzance de . . . . 16^d 4′ 11″ est réduite à 0^d 47′ 2″.
Celle sur Méroé de . . . . 16. 18. 55 . . . . 0. 32. 31.
Celle sur *Amisus* de . . . . 17. 39. 0 . . . . 0. 12. 26.
Celle sur la Patalène de . . . . 32. 3. 0 . . . . 0. 51. 32.
Celle sur le cap *Comaria* de . . . . 33. 40. 0 . . . . 0. 24. 17.
Celle sur le cap *Cory* de . . . . 35. 46. 0 . . . . 0. 34. 32.

ENFIN, jusqu'à ce promontoire, si l'on excepte la position peu

importante de *Theænæ,* sa carte, considérée sous l'aspect où nous
la présentons, n'offre aucune erreur qui aille à cinq degrés ; et ce
résultat est d'autant plus remarquable, que jusqu'au commencement
de ce siècle, les modernes n'ont point approché de cette exactitude. Nicolas et Guillaume Samson se trompoient encore de 15
degrés sur la longueur de la Méditerranée, et de plus de 32 degrés
sur la distance du cap Comorin. Leur première erreur étoit, par
conséquent, cinq fois plus grande, et la seconde quatre-vingts fois
plus considérable, que celles que nous venons de trouver, pour
les lieux correspondans, dans la carte de Marin de Tyr.

E N G É N É R A L, ses latitudes, dans les contrées qui avoisinent
la Méditerranée, sont assez exactes. Elles vont servir à démontrer
encore, que c'est dans la fausse évaluation du degré de longitude,
qu'existe la plus forte partie de ses erreurs. C'est pour remplir cet
objet, que nous avons converti, dans le tableau N.° I, sa graduation
en stades de 500 par degré, et ensuite en stades de 700.

Dans la première colonne, celle où le degré n'est évalué qu'à
500 stades, toutes les distances prises depuis l'équateur, sont communément de deux septièmes en nombre plus foibles que celles
d'Ératosthènes, d'Hipparque et de Strabon (1) ; tandis que dans la
seconde colonne, celle où le degré est porté à 700 stades, on
retrouve, à de petites variations près, le même nombre de stades
que ces anciens auteurs avoient compté.

C E T T E observation conduit à découvrir deux particularités
très-remarquables dans la méthode de Marin :

La première, c'est que, par une erreur inconcevable et indépendante du vice de sa projection, il a fait le degré de l'équateur
de deux septièmes plus petit que celui du méridien, quoiqu'ils

(1) Voyez dans notre Géographie des   N.° IV ; et *suprà, tom. I, pag. 56,*
Grecs analysée, les Tableaux N.° I,   *57.*

dussent

dussent être égaux, dans l'hypothèse de la terre sphérique adoptée par les anciens ;

La seconde, c'est qu'il n'a eu égard qu'à la graduation admise de son temps, pour établir ses latitudes, sans s'inquiéter des distances itinéraires, d'après lesquelles on paroissoit les avoir combinées jusqu'alors ; et que pour ses longitudes il les a supputées sur les distances fictives que renfermoit la carte, sans s'arrêter à la graduation qu'on avoit adoptée avant lui.

POUR expliquer une opération si bizarre, ou plutôt un tel oubli des premiers principes de la sphère, il faut faire attention que la connoissance des latitudes ne tenoit qu'à des observations fort simples : elles pouvoient se conclure d'ailleurs avec une sorte d'exactitude, soit par la longueur des ombres, soit par la durée du jour solsticial, soit sur l'aspect des étoiles, soit même par la température du climat. Marin ne pouvoit donc hasarder, dans son système, des changemens que tout le monde auroit pu démentir ; tandis que l'extrême incertitude des grandes distances, dans le sens de la longitude, laissoit aux géographes la liberté de les arranger et d'en combiner la graduation, d'après les opinions qu'ils embrassoient, parce que personne n'étoit en état de vérifier ces distances.

MARIN DE TYR a donc suivi le sentiment de Possidonius, pour fixer l'intervalle qu'il vouloit mettre entre chacun des méridiens qu'il traçoit sur sa carte ; et comme il ignoroit qu'elle fût à *projection plate*, il a cru n'employer que 400 stades sur le parallèle de Rhodes, quoiqu'il en embrassât réellement 500 pour chaque degré. Cette méprise qui a bouleversé toute la science pendant près de dix-sept siècles, nous a conservé les bases de la carte qu'il cherchoit à copier ; puisqu'il n'a fait qu'y multiplier le nombre des degrés, sans rien changer au nombre des stades qu'elle renfermoit.

Mais, quand il voulut tracer ses parallèles, il s'aperçut, sans doute, que les intervalles de 500 stades par degré, ne pouvoient plus lui servir, ou qu'il falloit abandonner l'évaluation des distances, telles que les auteurs les avoient rapportées ; sans quoi toutes les latitudes de sa carte seroient devenues beaucoup trop hautes : et pour n'en donner qu'un exemple, nous dirons qu'Alexandrie, fixée par Ératosthènes (1) à 21,700 stades de l'équateur, au trente et unième degré, auroit été portée, par la méthode de Marin, au quarante - troisième degré vingt-quatre minutes, si, en adoptant les 21,700 stades, il les eût divisés par 500. Il a donc été forcé de rejeter la somme des distances en latitude, pour s'en tenir à la graduation qu'il lui étoit impossible de ne pas admettre.

Par cette opération, il a détruit tous les rapports qui devoient exister dans la graduation et dans les mesures de sa nouvelle carte ; puisqu'il n'a fait le degré de l'équateur que de 500 stades, tandis qu'il a réellement conservé à celui du méridien les 700 stades qu'Ératosthènes lui avoit donnés. Dès-lors, les distances sur la carte de Marin ne peuvent plus se prendre indistinctement à l'ouverture du compas ; elles doivent être rapportées à des échelles de valeur inégale, proportionnées aux deux erreurs qu'il a commises ; et ces échelles devront différer entre elles de quatre trente-cinquièmes. Par leur moyen, on trouvera facilement sur sa carte, toutes les distances en stades de 700 au degré, qui ont servi originairement à la construire, pourvu qu'on ait soin de n'appliquer ces échelles qu'aux dimensions auxquelles elles sont exclusivement destinées.

La méthode indiquée pour ramener la graduation de la carte de Marin à la précision dont elle seroit susceptible, conduiroit à en porter le trait sur un cadre projeté stéréographiquement ; et

(1) Voyez notre Géographie des Grecs analysée, *pag. 8.*

nous donnerions ici cette nouvelle carte, si déjà nous n'avions publié la Méditerranée entière, d'après les Tables de Ptolémée soumises aux mêmes corrections (1). Il seroit inutile de répéter un travail qui d'ailleurs ne différeroit pas essentiellement du premier.

Nous devons dire néanmoins qu'au-delà du méridien du promontoire *Cory* de l'Inde, notre méthode de correction ne peut plus ramener la carte de Marin à l'exactitude qu'elle a offerte jusqu'à ce point ; parce qu'il a cessé de se servir des matériaux anciens pour toutes les parties orientales de l'Asie, et qu'il a cherché à les établir d'après de nouveaux itinéraires. Aussi, s'est-il prodigieusement égaré en abandonnant ses premiers guides. Son erreur sur l'emplacement des bouches du Gange, est de plus de soixante - six degrés ; et celle sur la position de *Thinæ* ou Tanasérim (2), de plus de cent dix - neuf degrés.

Il a été moins heureux encore dans l'emploi qu'il a fait de l'itinéraire qui conduisoit à *Sera*. Il s'est trompé de 1 3 8 ^{d} 5 6' sur la position de cette ville, que nous rapportons à Séri-nagar, située sur le Gange, comme on le verra dans un mémoire particulier, destiné à des recherches sur la Sérique des anciens (3).

Notre projet n'est point de parler ici des accroissemens de connoissances que l'on remarque dans la carte de Marin de Tyr, en la comparant à celles des auteurs qui l'ont précédé. Une partie des observations que nous avons eu occasion de faire sur la carte

(1) Voyez la VII.ᵉ carte de notre Géographie des Grecs analysée.

(2) Voyez notre Géographie des Grecs analysée, *pag. 142 - 145.* Voyez aussi nos Recherches sur l'Inde, dans le volume suivant.

(3) Ce mémoire paroîtra à la suite de nos Recherches sur l'Inde. Il a été imprimé par extrait dans le Journal des Savans du mois de juin *1792.*

de Ptolémée (1), peut s'appliquer d'ailleurs à celle de Marin, qui en est le type primordial.

C'est en s'appropriant l'ouvrage de cet auteur, en le présentant sous une forme mieux ordonnée, plus rapide et plus imposante, que Ptolémée a usurpé une partie de cette grande célébrité qu'il a conservée jusqu'à nous. C'est ce larcin qui a fait croire, pendant plus de quinze siècles, qu'on lui devoit toutes les connoissances accumulées dans son livre ; tandis qu'elles ne sont dûes qu'aux recherches de Marin. Il est donc juste de détruire une erreur trop long-temps accréditée, et de rendre à la mémoire de cet homme laborieux la portion de gloire qu'il s'est acquise par ses utiles et pénibles travaux.

Mais ces considérations appartiennent à l'histoire de la science ; et nous devons nous borner, pour l'instant, à fixer l'état où elle étoit parvenue immédiatement avant Ptolémée. Nous ajouterons seulement que l'ensemble des opinions de Marin de Tyr, est une nouvelle preuve que les différens systèmes de géographie astronomique des Grecs, avoient tous pour base une ancienne carte dont ils ont méconnu la construction : et tout paroît annoncer que cette carte, qu'ils ont sans cesse altérée, offroit dans son origine les résultats d'une longue suite d'observations aussi exactes que celles que nous possédons aujourd'hui.

(1) Voyez notre Géographie des Grecs analysée, *pag. 126-129.*

TABLEAU N.º I.
PRINCIPALES LATITUDES DE MARIN DE TYR.

DÉNOMINATION DES LIEUX.	DISTANCE DE L'ÉQUATEUR,				DIFFÉRENCES, ou ERREURS de Marin.		
	Selon la graduation de Marin,			Selon les Modernes.			
	en Stades de 500 au Degré.	en Stades de 700 au Degré.	en Degrés.				
			D. M.	D. M. S.		D. M. S.	
ÉQUATEUR....................	0.	0.	0. 0.	0. 0. 0.		0. 0. 0.	
* *Thinæ*....................	1,667.	2,333.	3. 20.	11. 47. 0.	—	8. 27. 0.	
* Promontoire *Aromata*.............	2,125.	2,975.	4. 15.	11. 45. 0.	—	7. 30. 0.	
* *Zabæ*....................	2,417.	3,383.	4. 50.	15. 52. 0.	—	11. 2. 0.	
* *Tacola*....................	2,417.	3,383.	4. 50.	15. 58. 0.	—	11. 8. 0.	
* *Temala*....................	3,083.	4,317.	6. 10.	17. 3. 0.	—	10. 53. 0.	
* *Sada*....................	4,333.	6,067.	8. 40.	19. 39. 0.	—	10. 59. 0.	
* *Palura*....................	4,333.	6,067.	8. 40.	16. 30. 0.	—	7. 50. 0.	
Embouchure du golfe Arabique.........	5,708.	7,992.	11. 25.	12. 30. 0.	—	1. 5. 0.	
* Promontoire *Cory* de l'Inde.........	6,667.	9,333.	13. 20.	9. 18. 0.	+	4. 2. 0.	
Promontoire *Comaria* de l'Inde.........	6,750.	9,450.	13. 30.	8. 1. 30.	+	5. 28. 30.	
* *Curura*....................	7,833.	10,967.	15. 40.	10. 23. 0.	+	5. 17. 0.	
Méroé......................	8,208.	11,492.	16. 25.	18. 7. 0.	—	1. 42. 0.	
Ptolemaïs des Troglodytes...........	8,250.	11,550.	16. 30.	16. 58. 0.	—	0. 28. 0.	
Ichthyophages de la Gédrosie.........	10,000.	14,000.	20. 0.	25. 0. 0.	—	5. 0. 0.	
* *Garama*....................	10,417.	14,583.	20. 50.	24. 15. 0.	—	3. 25. 0.	
Tropique.....................	12,000.	16,800.	24. 0.	23. 27. 50.	+	0. 32. 10.	
Syéné......................	12,000.	16,800.	24. 0.	23. 50. 0.	+	0. 10. 0.	
Berenice de la Troglodytique.........	12,000.	16,800.	24. 0.	23. 19. 0.	+	0. 41. 0.	
Fond de la grande Syrte, à *Automalax*..	14,583.	20,417.	29. 10.	30. 10. 20.	—	1. 0. 20.	
Frontières de la Carmanie et de la Perse..	14,625.	20,475.	29. 15.	26. 47. 0.	+	2. 28. 0.	
Heroopolis en Égypte..............	15,000.	21,000.	30. 0.	30. 0. 0.		0. 0. 0.	
Alexandrie d'Égypte..............	15,500.	21,700.	31. 0.	31. 11. 20.	—	0. 11. 20.	
Péluse.....................	15,583.	21,817.	31. 10.	30. 48. 0.	+	0. 22. 0.	
Cyrène.....................	15,667.	21,933.	31. 20.	32. 46. 0.	—	1. 26. 0.	
* *Leptis magna*..................	15,833.	22,167.	31. 40.	32. 29. 0.	—	0. 49. 0.	
Carthage....................	16,167.	22,633.	32. 20.	36. 51. 0.	—	4. 31. 0.	
Ptolemaïs de Phénicie.............	16,500.	23,100.	33. 0.	32. 47. 0.	+	0. 13. 0.	
Tyr.......................	16,667.	23,333.	33. 20.	33. 9. 0.	+	0. 11. 0.	
Sidon......................	16,750.	23,450.	33. 30.	33. 25. 0.	+	0. 5. 0.	
Süse......................	17,125.	23,975.	34. 15.	32. 15. 0.	+	2. 0. 0.	
Cap Ténare du Péloponnèse..........	17,167.	24,033.	34. 20.	36. 36. 0.	—	2. 16. 0.	

DÉNOMINATION DES LIEUX.	DISTANCE DE L'ÉQUATEUR,							DIFFÉRENCES, ou ERREURS de Marin.			
	Selon la graduation de Marin,				Selon les Modernes.						
	en Stades de 500 au Degré.	en Stades de 700 au Degré.	en Degrés.								
			D.	M.	D.	M.	S.		D.	M.	S.
Babylone	17,500.	24,500.	35.	0.	33.	0.	0.	+	2.	0.	0.
Thapsaque	17,542.	24,558.	35.	5.	35.	15.	0.	−	0.	10.	0.
Détroit des Colonnes d'Hercule	18,000.	25,200.	36.	0.	36.	0.	0.		0.	0.	0.
Rhodes	18,000.	25,200.	36.	0.	36.	28.	30.	−	0.	28.	30.
Issus	18,208.	25,492.	36.	25.	36.	42.	30.	−	0.	17.	30.
Cap Sunium de l'Attique	18,375.	25,725.	36.	45.	37.	35.	0.	−	0.	50.	0.
Les Portes Caspiennes	18,500.	25,900.	37.	0.	35.	40.	0.	+	1.	20.	0.
Les sources de l'Indus	18,500.	25,900.	37.	0.	36.	0.	0.	+	1.	0.	0.
Syracuse	18,625.	26,075.	37.	15.	37.	4.	0.	+	0.	11.	0.
Athènes	18,625.	26,075.	37.	15.	38.	5.	0.	−	0.	50.	0.
Cap Sacré de l'Ibérie	19,125.	26,775.	38.	15.	37.	2.	0.	+	1.	13.	0.
Détroit de Sicile	19,167.	26,833.	38.	20.	38.	12.	0.	+	0.	8.	0.
Apollonie d'Épire	20,083.	28,117.	40.	10.	40.	56.	0.	−	0.	46.	0.
Alexandrie de la Troade	20,333.	28,467.	40.	40.	39.	49.	0.	+	0.	51.	0.
Hellespont	20,458.	28,642.	40.	55.	40.	5.	0.	+	0.	50.	0.
* Sera	20,458.	28,642.	40.	55.	31.	0.	0.	+	9.	55.	0.
* Vallis Comedorum	20,458.	28,642.	40.	55.	.....	.....	.....		.....	.....	.....
Bactres	20,500.	28,700.	41.	0.	36.	40.	0.	+	4.	20.	0.
Amphipolis	20,750.	29,050.	41.	30.	40.	48.	0.	+	0.	42.	0.
Marseille	21,542.	30,158.	43.	5.	43.	17.	45.	−	0.	12.	45.
Byzance	21,542.	30,158.	43.	5.	41.	1.	24.	+	2.	3.	36.
Amisus	21,542.	30,158.	43.	5.	40.	10.	0.	+	2.	55.	0.
* Turris lapidea	21,542.	30,158.	43.	5.	.....	.....	.....		.....	.....	.....
Nice	21,792.	30,508.	43.	35.	43.	41.	54.	−	0.	6.	54.
Sinope	22,000.	30,800.	44.	0.	41.	4.	40.	+	2.	55.	20.
Embouchure du Borysthènes	24,250.	33,950.	48.	30.	46.	39.	0.	+	1.	51.	0.
Embouchure de la Seine	25,750.	36,050.	51.	30.	49.	30.	0.	+	2.	0.	0.
Extrémité septentrionale de la Gaule	26,750.	37,450.	53.	30.	52.	8.	40.	+	1.	21.	20.
Embouchure de l'Albis	28,125.	39,375.	56.	15.	54.	0.	0.	+	2.	15.	0.
Ierne ou Hibernia dans sa partie méridionale	28,500.	39,900.	57.	0.	52.	30.	0.	+	4.	30.	0.
Cap septentrional de la Bretagne	30,833.	43,167.	61.	40.	58.	37.	0.	+	3.	3.	0.
* Thule (l'île de Schetland)	31,500.	44,100.	63.	0.	60.	9.	0.	+	2.	51.	0.
AU SUD DE L'ÉQUATEUR.											
* Catigara	1,417.	1,983.	2.	50.	10.	59.	N.		8.	9.	0.
* Rapta	7,000.	9,800.	14.	0.	2.	58.	N.		16.	58.	0.
* La région Agisymba	12,000.	16,800.	24.	0.	.....	.....	.....		.....	.....	.....
* Le promontoire Prasum	12,000.	16,800.	24.	0.	0.	45.	N.		24.	45.	0

TABLEAU N.º II.

PRINCIPALES LONGITUDES DE MARIN DE TYR,

Comptées depuis le cap *Sacré* de l'Ibérie.

DÉNOMINATION DES LIEUX.	EN DEGRÉS,		DIFFÉRENCES, ou ERREURS de Marin.		
	Selon Marin.	Selon les Modernes.			
	D. M.	D. M. S.	D. M. S.		
CAP *SACRÉ* DE L'IBÉRIE..................	0. 0.	0. 0. 0.	0. 0. 0.		
* Embouchure du fleuve *Bætis*..............	2. 30.	2. 20. 0.	+ 0. 10. 0.		
Détroit des Colonnes d'Hercule, pris à *Calpe*......	5. 0.	3. 10. 0.	+ 1. 50. 0.		
Cap méridional des Pyrénées.................	17. 50.	11. 52. 0.	+ 5. 58. 0.		
* *Julia Cæsarea*.....................	17. 50.	10. 17. 0.	+ 7. 33. 0.		
Marseille............................	22. 0.	13. 54. 8.	+ 8. 5. 52.		
✸ *Carallis* en Sardaigne..................	30. 0.	18. 2. 0.	+ 11. 58. 0.		
Carthage............................	33. 20.	18. 52. 0.	+ 14. 28. 0.		
Rome..............................	34. 10.	21. 1. 15.	+ 13. 8. 45.		
* Lilybée en Sicile.....................	34. 30.	21. 12. 0.	+ 13. 18. 0.		
* Le fleuve *Himera* de Sicile..............	36. 30.	22. 42. 0.	+ 13. 48. 0.		
* *Theænæ* dans la petite Syrte.............	36. 30.	19. 12. 0.	+ 17. 18. 0.		
Détroit de Sicile......................	37. 10.	24. 37. 0.	+ 12. 33. 0.		
Cap *Pachynum* de Sicile.................	37. 30.	24. 3. 3.	+ 13. 26. 57.		
* *Leptis magna*......................	37. 30.	22. 40. 0.	+ 14. 50. 0.		
* *Garama*..........................	37. 30.	26. 31. 0.	+ 10. 59. 0.		
Cap Ténare du Péloponnèse................	47. 30.	30. 54. 0.	+ 16. 36. 0.		
Cap *Phycus* de la Cyrénaïque..............	47. 30.	29. 30. 49.	+ 17. 59. 11.		
Cap *Criû-metopon* de Crète..............	50. 5.	32. 1. 36.	+ 18. 3. 24.		
Cap *Sunium* de l'Attique................	51. 5.	32. 49. 0.	+ 18. 16. 0.		
Alexandrie de la Troade.................	52. 55.	34. 42. 55.	+ 18. 12. 5.		
Cap *Samonium* de Crète.................	53. 0.	35. 0. 0.	+ 18. 0. 0.		
Byzance............................	53. 30.	37. 25. 49.	+ 16. 4. 11.		
Embouchure du Borysthènes................	55. 0.	41. 12. 0.	+ 13. 48. 0.		
Rhodes.............................	55. 45.	36. 25. 45.	+ 19. 19. 15.		

DÉNOMINATION DES LIEUX.	EN DEGRÉS,		DIFFÉRENCES, ou ERREURS de Marin.		
	Selon Marin.	Selon les Modernes.			
	D. M.	D. M. S.	D. M. S.		
Alexandrie d'Égypte	58. 0.	38. 48. 30.	+ 19. 11. 30.		
Méroé	59. 0.	42. 41. 5.	+ 16. 18. 55.		
Syéné	59. 30.	40. 40. 0.	+ 18. 50. 0.		
Péluse	61. 0.	41. 30. 0.	+ 19. 30. 0.		
Amisus	62. 30.	44. 51. 0.	+ 17. 39. 0.		
Issus	67. 0.	44. 40. 0.	+ 22. 20. 0.		
Dioscurias	68. 40.	50. 52. 0.	+ 17. 48. 0.		
* Passage de l'Euphrate, près d'*Hierapolis*	69. 30.	46. 53. 0.	+ 22. 37. 0.		
Embouchure du Phase	70. 0.	51. 5. 0.	+ 18. 55. 0.		
* *Dere*	70. 30.	52. 2. 35.	+ 18. 27. 25.		
* *Palindromos*	70. 30.	52. 2. 35.	+ 18. 27. 25.		
Thapsaque	70. 40.	48. 56. 0.	+ 21. 44. 0.		
Babylone	76. 30.	51. 18. 30.	+ 25. 11. 30.		
Suse	81. 30.	57. 5. 20.	+ 24. 24. 40.		
Frontières de la Carmanie et de la Perse	90. 30.	61. 30. 0.	+ 29. 0. 0.		
Les Portes Caspiennes	91. 30.	61. 5. 0.	+ 30. 25. 0.		
Milieu de la Patalène	109. 10.	77. 7. 0.	+ 32. 3. 0.		
Cap *Comaria* de l'Inde	119. 15.	85. 35. 0.	+ 33. 40. 0.		
Les sources de l'*Indus*	122. 30.	80. 52. 0.	+ 41. 38. 0.		
* Cap *Cory* de l'Inde	123. 10.	87. 24. 0.	+ 35. 46. 0.		
* *Curura*	129. 15.	88. 14. 0.	+ 41. 1. 0.		
* *Vallis Comedorum*	131. 25.	....	....		
* *Turris lapidea*	135. 10.	....	....		
* *Palura*	148. 10.	91. 0. 0.	+ 57. 10. 0.		
Embouchure orientale du Gange	165. 40.	99. 23. 45.	+ 66. 16. 15.		
* *Sada*	174. 10.	101. 10. 0.	+ 73. 0. 0.		
* *Temala*	181. 10.	101. 26. 0.	+ 79. 44. 0.		
* *Taçola*	184. 20.	101. 50. 0.	+ 82. 30. 0.		
* *Zabæ*	205. 0.	103. 14. 0.	+101. 46. 0.		
* *Sera*	225. 40.	86. 44. 0.	+138. 56. 0.		
* *Thinæ*	225. 40.	106. 27. 0.	+119. 13. 0.		
* *Catigara*	225. 40.	105. 40. 0.	+120. 0. 0.		

TABLEAU N.º III.

PRINCIPALES LONGITUDES DE MARIN DE TYR,

Converties en Stades de 500 au Degré, réduites ensuite en Degrés de 700 Stades chacun, et considérées comme ayant été prises originairement sur une carte à *projection plate.*

DÉNOMINATION DES LIEUX.	DISTANCE DU CAP *SACRÉ* DE L'IBÉRIE.				DIFFÉRENCES, ou ERREURS de Marin.
	En Degrés selon Marin.	Conversion en Stades de 500 au Degré.	Réduction en Degrés de 700 Stades.	En Degrés selon les Modernes.	
	D. M.		D. M. S.	D. M. S.	D. M. S.
CAP *SACRÉ* DE L'IBÉRIE..	0. 0.	0.	0. 0. 0.	0. 0. 0.	0. 0. 0.
* Embouchure du fleuve *Bætis*...	2. 30.	1,250.	1. 47. 8.	2. 20. 0.	— 0. 32. 52.
Détroit des Colonnes, pris à *Calpe*.	5. 0.	2,500.	3. 34. 17.	3. 10. 0.	+ 0. 24. 17.
Cap méridional des Pyrénées.....	17. 50.	8,917.	12. 44. 19.	11. 52. 0.	+ 0. 52. 19.
* *Julia Cæsarea*..............	17. 50.	8,917.	12. 44. 19.	10. 17. 0.	+ 2. 27. 19.
Marseille..................	22. 0.	11,000.	15. 42. 51.	13. 54. 8.	+ 1. 48. 43.
* *Carallis* en Sardaigne........	30. 0.	15,000.	21. 25. 43.	18. 2. 0.	+ 3. 23. 43.
Carthage..................	33. 20.	16,667.	23. 48. 36.	18. 52. 0.	+ 4. 56. 36.
Rome.....................	34. 10.	17,083.	24. 24. 15.	21. 1. 15.	+ 3. 23. 0.
* Lilybée en Sicile...........	34. 30.	17,250.	24. 38. 34.	21. 12. 0.	+ 3. 26. 34.
* Le fleuve *Himera* de Sicile....	36. 30.	18,250.	26. 4. 17.	22. 42. 0.	+ 3. 22. 17.
* *Theænæ* dans la petite Syrte...	36. 30.	18,250.	26. 4. 17.	19. 12. 0.	+ 6. 52. 17.
Détroit de Sicile.............	37. 10.	18,583.	26. 32. 50.	24. 37. 0.	+ 1. 55. 50.
Cap *Pachynum* de Sicile.......	37. 30.	18,750.	26. 47. 8.	24. 3. 3.	+ 2. 44. 5.
* *Leptis magna*..............	37. 30.	18,750.	26. 47. 8.	22. 40. 0.	+ 4. 7. 8.
* *Garama*..................	37. 30.	18,750.	26. 47. 8.	26. 31. 0.	+ 0. 16. 8.
Cap Ténare du Péloponnèse....	47. 30.	23,750.	33. 55. 42.	30. 54. 0.	+ 3. 1. 42.
Cap *Phycus* de la Cyrénaïque....	47. 30.	23,750.	33. 55. 42.	29. 30. 49.	+ 4. 24. 53.
Cap *Criû-metopon* de Crète......	50. 5.	25,042.	35. 46. 27.	32. 1. 36.	+ 3. 44. 51.
Cap *Sunium* de l'Attique.......	51. 5.	25,542.	36. 29. 19.	32. 49. 0.	+ 3. 40. 19.
Alexandrie de la Troade........	52. 55.	26,458.	37. 47. 50.	34. 42. 55.	+ 3. 4. 55.
Cap *Samonium* de Crète.......	53. 0.	26,500.	37. 51. 25.	35. 0. 0.	+ 2. 51. 25.
Byzance...................	53. 30.	26,750.	38. 12. 51.	37. 25. 49.	+ 0. 47. 2.
Embouchure du Borysthènes....	55. 0.	27,500.	39. 17. 8.	41. 12. 0.	— 1. 54. 52.
Rhodes...................	55. 45.	27,875.	39. 49. 17.	36. 25. 45.	+ 3. 23. 32.

DÉNOMINATION DES LIEUX.	DISTANCE DU CAP *SACRÉ* DE L'IBÉRIE.				DIFFÉRENCES, ou ERREURS de Marin.
	En Degrés selon Marin.	Conversion en Stades de 500 au Degré.	Réduction en Degrés de 700 Stades.	En Degrés selon les Modernes.	
	D. M.		D. M. S.	D. M. S.	D. M. S.
Alexandrie d'Égypte..........	58. 0.	29,000.	41. 25. 43.	38. 48. 30.	+ 2. 37. 13.
Méroé.................	59. 0.	29,500.	42. 8. 34.	42. 41. 5.	— 0. 32. 31.
Syéné................	59. 30.	29,750.	42. 30. 0.	40. 40. 0.	+ 1. 50. 0.
Péluse...............	61. 0.	30,500.	43. 34. 17.	41. 30. 0.	+ 2. 4. 17.
Amisus................	62. 30.	31,250.	44. 38. 34.	44. 51. 0.	— 0. 12. 26.
Issus................	67. 0.	33,500.	47. 51. 25.	44. 40. 0.	+ 3. 11. 25.
Dioscurias.............	68. 40.	34,333.	49. 2. 49.	50. 52. 0.	— 1. 49. 11.
* Passage de l'Euphr. près d'*Hierapolis*.	69. 30.	34,750.	49. 38. 34.	46. 53. 0.	+ 2. 45. 34.
Embouchure du Phase........	70. 0.	35,000.	50. 0. 0.	51. 5. 0.	— 1. 5. 0.
* *Dere*................	70. 30.	35,250.	50. 21. 25.	52. 2. 35.	— 1. 41. 10.
* *Palindromos*............	70. 30.	35,250.	50. 21. 25.	52. 2. 35.	— 1. 41. 10.
Thapsaque.............	70. 40.	35,333.	50. 28. 32.	48. 56. 0.	+ 1. 32. 32.
Bàbylone..............	76. 30.	38,250.	54. 38. 34.	51. 18. 30.	+ 3. 20. 4.
Suse................	81. 30.	40,750.	58. 12. 51.	57. 5. 20.	+ 1. 7. 31.
Frontières de la Carmanie et de la Perse.	90. 30.	45,250.	64. 38. 34.	61. 30. 0.	+ 3. 8. 34.
Les Portes Caspiennes........	91. 30.	45,750.	65. 21. 25.	61. 5. 0.	+ 4. 16. 25.
Milieu de la Patalène.........	109. 10.	54,583.	77. 58. 32.	77. 7. 0.	+ 0. 51. 32.
Cap *Comaria*.............	119. 15.	59,625.	85. 10. 43.	85. 35. 0.	— 0. 24. 17.
Les sources de l'*Indus*........	122. 30.	61,250.	87. 30. 0.	80. 52. 0.	+ 6. 38. 0.
* Cap *Cory* de l'Inde.........	123. 10.	61,583.	87. 58. 32.	87. 24. 0.	+ 0. 34. 32.
* *Curura*...............	129. 15.	64,625.	92. 19. 17.	88. 14. 0.	+ 4. 5. 17.
* *Vallis Comedorum*..........	131. 25.	65,708.	93. 52. 7.	....	....
* *Turris lapidea*............	135. 10.	67,583.	96. 32. 50.	....	....
* *Palura*...............	148. 10.	74,083.	105. 49. 58.	91. 0. 0.	+ 14. 49. 58.
Embouchure orientale du Gange..	165. 40.	82,833.	118. 19. 58.	99. 23. 45.	+ 18. 56. 13.
* *Sada*................	174. 10.	87,083.	124. 24. 15.	101. 10. 0.	+ 23. 14. 15.
* *Temala*...............	181. 10.	90,583.	129. 24. 15.	101. 26. 0.	+ 27. 58. 15.
* *Tacola*...............	184. 20.	92,167.	131. 40. 2.	101. 50. 0.	+ 29. 50. 2.
* *Zabæ*................	205. 0.	102,500.	146. 25. 43.	103. 14. 0.	+ 43. 11. 43.
* *Sera*................	225. 40.	112,833.	161. 11. 24.	86. 44. 0.	+ 74. 27. 24.
* *Thinæ*...............	225. 40.	112,833.	161. 11. 24.	106. 27. 0.	+ 54. 44. 24.
* *Catigara*..............	225. 40.	112,833.	161. 11. 24.	105. 40. 0.	+ 55. 31. 24.

RECHERCHES

SUR LES

CONNOISSANCES GÉOGRAPHIQUES

DES ANCIENS,

DANS LE GOLFE ARABIQUE.

LE GOLFE Arabique, resserré entre l'Abissinie, l'Égypte et l'Arabie, offre sur ses côtes les peuples les plus anciens dont le souvenir nous ait été transmis ; mais les détails de leur histoire nous manquent pour apprécier les connoissances qu'ils avoient pu acquérir sur ce golfe, dans les siècles voisins de leurs antiques établissemens. Ce n'est que long-temps après, et dans les livres des Juifs, qu'on en trouve les premières notions, à l'époque (1) où ce peuple, en sortant de l'Égypte, entreprit la conquête de l'Arabie Pétrée et celle de la Palestine.

DANS le récit de cette expédition (2), le golfe Arabique est nommé *Iam Suph*, que les interprètes traduisent par *mer de Jonc* ou *de l'Algue*, soit que son extrémité en fût remplie au temps de Moyse, soit que ce nom lui vînt de la grande quantité de coraux et de madrépores dont son lit a toujours été parsemé. Quelques auteurs pensent que les Juifs nommèrent aussi le golfe Arabique mer d'*Édom* ou de l'Idumée, parce qu'elle bornoit au midi les cantons occupés par les Arabes descendans d'Ésaü, surnommé *Édom* ou *le Roux*; et l'on a cru que cette épithète, qui désignoit

(1) Environ 1600 ans avant l'ère chrétienne.

(2) Exod. *cap.* 1 0 , v. 1 9 ; *cap.* 1 3 , v. 1 8 ; *cap.* 1 5 , v. 4 ; *cap.* 2 3 , v. 3 1 .

K 2

la couleur des cheveux d'Ésaü, étoit l'origine du nom de mer Rouge que ce golfe a conservé.

LES GRECS tirèrent l'étymologie de ce nom de celui d'un Perse nommé Érythras [*Rouge*], qui le premier, dit-on, se hasarda sur un radeau à la poursuite de ses cavales, qu'une lionne furieuse avoit fait fuir au-delà d'un bras de mer, et avoit forcées de passer dans une île du golfe Persique, voisine du continent. Quand on devroit ajouter foi à cette histoire rapportée par Agatharchides de Cnide (1), et répétée par Artémidore (2), par Strabon (3), par Méla (4), par Arrien (5), par Pline (6), par Quinte-Curce (7), et par beaucoup d'autres écrivains, elle n'expliqueroit pas comment le golfe Arabique en auroit pu prendre le nom de mer Rouge, puisqu'Érythras n'avoit point navigué sur ses eaux, mais seulement sur le golfe Persique, où Néarque vit son tombeau dans l'île d'*Oaracta*, selon Arrien (8), ou dans celle de *Gyrine* ou d'*Ogyris*, suivant Strabon (9), Méla (10) et Pline (11). *Oaracta* est connue maintenant sous le nom de Vroct; et *Ogyris*, ou plutôt *Gyrine*, sous celui de Gérun, sur laquelle on a bâti Ormus. Ainsi, la demeure d'Érythras, si jamais cet homme a existé, étoit à l'embouchure du golfe Persique; et son nom auroit pu se communiquer à la mer des Indes dont il étoit voisin, sans qu'il y eût de raison pour l'étendre jusqu'au fond du golfe Arabique.

(1) Agatharch. *apud* Phot. *cod.* CCL, *pag. 1323;* vel *inter Geograph. minor. græc. tom. I, pag. 3, 4.*

(2) Artemidor. *apud* Strab. *lib.* XVI, *pag. 778.*

(3) Strab. *lib.* XVI, *pag. 779.*

(4) Pompon. Mela, *lib. III, cap. 8, pag. 282.*

(5) Nearch. *Parapl. ex Arriano, p. 30.*

Inter Geographos minores græcos, tom. I.

(6) Plin. *lib.* VI, *cap. 28.*

(7) Quint. Curt. *lib.* VIII, *cap. 9, pag. 573; lib. X, cap. 1, pag. 692.*

(8) Nearch. *Parapl. ex Arriano, p. 30.*

(9) Strab. *lib.* XVI, *pag. 766.*

(10) Pomp. Mela, *l. III, c. 8, p. 285.*

(11) Plin. *lib.* VI, *cap. 32.*

Suivant une autre opinion, le nom de mer Rouge tire son étymologie de *Phœnix,* qu'on interprète tantôt par le mot *Rouge,* tantôt par le mot *Palmier :* et l'on prétend que des habitans des bords du golfe Persique, portant le nom de Phéniciens, sont venus habiter les rivages du golfe Arabique, et lui ont communiqué leur nom.

Cette hypothèse nous paroît susceptible de quelques difficultés. Les anciens ont connu sur le golfe Arabique deux villes nommées *Phœnicon ;* l'une étoit près de l'emplacement actuel de Tor ; l'autre étoit sur la côte de l'Arabie : et nous remarquons, d'après l'aveu même des anciens, que ces lieux ne devoient le nom de *Phœnicon* qu'aux palmiers dont leurs territoires étoient couverts. Si donc le nom de ces peuples a été pris dans cette seule acception sur les bords du golfe Arabique, comment concevoir que par une interprétation toute différente, il ait fait donner à cette mer le nom de *Rouge,* tandis qu'il n'a pu être appliqué ni aux villes que les Phéniciens y avoient fondées, ni même à la contrée qu'ils habitèrent depuis sur les bords de la Méditerranée, où le nom de Phénicie n'a jamais exprimé qu'une terre abondante en palmiers !

Nous observerons encore, que le nom de mer Rouge donné au golfe Arabique, est bien postérieur aux premiers établissemens des Phéniciens sur ses côtes, et ne peut être d'une haute antiquité. Jamais les Arabes ni les Juifs ne l'ont connu sous cette dénomination ; Homère n'en a point parlé : mais Hérodote (1) l'appelle golfe Arabique, en le distinguant de la mer *Érythrée* ou *Rouge* qui est l'océan Indien (2).

Il faut donc que ce soient les Grecs qui lui aient imposé ce

(1) Herodot. *Euterp. lib. II, §. 11,* pag. 108. — Heracleot. *pag. 11. Inter Geographos minores græcos, tom. I.*

(2) Plin. *lib. VI, cap. 28.* — Marcian.

nouveau nom vers le temps d'Alexandre. On sait avec quel empressement ils changeoient la dénomination des contrées qu'ils parcouroient. La célébrité de la pourpre que fournissoient les rivages de Tyr et de Sidon, l'avoit fait appeler par excellence *la couleur phénicienne ;* et c'est vraisemblablement sous cette acception que le mot *Phœnix* a pu être pris pour signifier *Rouge.* Il aura suffi à des Grecs toujours enthousiastes, de trouver des indices de cette couleur sur les bords du golfe Arabique, pour lui appliquer le nom de mer Rouge; et en effet, on voit dans Agatharchides (1), dans Artémidore (2), dans Eustathe (3), et dans Isidore de Séville (4), que l'opinion la plus ancienne sur ce nom, étoit attribuée au spectacle qu'offroient les montagnes qui bordent les parties septentrionales du golfe. Les premiers Grecs qui les virent, les représentèrent comme étant brûlées, rougies, presque réduites à l'état d'incandescence par l'ardeur du soleil; et ils ajoutèrent que les eaux du golfe paroissoient également rouges par l'effet de la répercussion des rayons de cet astre, lorsqu'il passoit à leur zénith.

Au milieu de ces exagérations, il est facile de voir qu'il est ici question de ces montagnes arides de porphyre et de granit rouges, qui dominent entre l'Égypte et ce golfe, et qui s'étendent jusque dans l'Arabie Pétrée. On les rencontre sur le chemin de Gaza au mont Horeb (5). Nous ignorons jusqu'où elles s'étendent de ce côté, parce que les Européens n'y pénètrent plus : mais

(1) Agatharch, *De mari Rubro, pag.* 2. *Inter Geograph. minor. græc. tom. I.*

(2) Artemidor. *apud* Strab. *lib. XVI, pag. 779.*

(3) Eustath. *Commentarii in Dionysium Periegetam, v. 38, pag. 9. Inter* Geographos *minores græcos, tom. IV.*

(4) Isidori Hispalensis, *Originum, lib. XIII, cap. 17.*

(5) D'Anville, *Description du golfe Arabique,* à la suite de ses Mémoires sur l'Égypte ancienne et moderne.

Agatharchides assure que plus à l'orient on trouve de vastes monticules de sables et de terres d'un rouge éclatant ; et Ctésias de Cnide (1) avoit écrit qu'il existoit dans ces cantons une source qui portoit à la mer ses eaux rougies par le *minium* qu'elles charioient.

Nos voyageurs, qui n'ont vu que les frontières de ces contrées, ont fait de semblables remarques. Breydenbach s'est aperçu que la couleur des terres et des montagnes qui environnent l'extrémité du golfe, tiroit sur le rouge, et a pensé que cette couleur lui avoit fait donner le nom de mer Rouge (2).

Don Juan de Castro (3) dit qu'aux environs de Tor, il s'élève une montagne qui, pendant cinq à six lieues, le long du rivage, paroît rayée de rouge depuis le pied jusqu'au sommet. Thévenot (4), Shaw (5) et Pockocke (6) disent la même chose, en ajoutant que le mont Sinaï est composé de couches alternatives de granit rouge et de granit jaune, qui de loin font paroître cette montagne de deux couleurs. Sicart (7) et Niebuhr (8) ont trouvé également des veines de granit rouge dans les vallées de Raphidin, de Pharan et de Chamel sur la route du Sinaï.

Un contraste si sensible dans l'aspect triste et monotone du désert, aura suffi sans doute, pour faire donner à ces lieux le surnom de *rouge;* pour le communiquer ensuite aux tribus arabes

---

(1) Ctesias *apud* Strab. *lib. XVI, pag. 779.*

(2) *Dicitur tamen mare Rubrum, quia terra illic rubea est, et montes adjacentes ad rubedinem tendunt.* Breydenbach, *Peregrinat. pars secunda, edit. 1486.*

(3) Castro, *Hist. génér. des Voyages,* tom. *I,* pag. *194.* Nous n'avons pu nous procurer, même dans les bibliothèques publiques, l'ouvrage original de Castro.

(4) Thévenot, *Voyage,* tom. *II, liv. 2, chap. 33, pag. 551.*

(5) Shaw, *Voyages,* tom. *II, pag. 82.*

(6) Pockocke, *Voyag.* tom. *I, p. 423, 435, 439, 445.*

(7) Sicart, *Missions du Levant, tom. V,* pag. *389, 390.*

(8) Niebuhr, *Voyag. en Arabie,* tom. *I,* pag. *192, 193.*

qui habitoient ces cantons, et pour l'étendre jusqu'à la mer où finissoient leurs domaines.

Cette chaîne de montagnes rouges, en venant de l'est, s'abaisse dans les environs de Suez, et se relève sur la côte occidentale du golfe, pour prendre sa direction au sud jusque vers le vingt-quatrième degré de latitude (1), en laissant apercevoir quelques-uns de ses sommets aux navigateurs qui parcourent cette côte. Agatharchides (2) en a parlé, en disant que leur éclat éblouissoit ceux qui, de la mer, les regardoient trop attentivement. Ce fait a été répété par Artémidore (3), par Diodore de Sicile (4) qui place ces montagnes rouges au-dessus du port de *Vénus*, plus connu sous le nom de *Myos-hormos*; et Ptolémée (5) les désigne plus particulièrement, en les appelant *les montagnes de Porphyre.* Un voyageur moderne a traversé cette chaîne en 1769, pour se rendre de Kéné au port de Kossir; et nous croyons devoir rapporter les principales circonstances de son récit, pour éclaircir et confirmer celui des anciens.

« Nous fîmes route dans une plaine, dit Bruce (6) . . . . . : Les » montagnes que nous voyions à droite et à gauche, étoient plus » élevées que les premières et d'une couleur noire et calcinée. Les » rochers qui les hérissoient étoient semblables aux pierres qu'on » trouve sur les flancs du mont Vésuve. Mais sur le Vésuve il y » a des arbres et des plantes, au lieu que sur ces montagnes on » n'en aperçoit d'aucune espèce.

(1) Castro, *Hist. génér. des Voyages*, tom. *I*, pag. *185 - 187.*

(2) Agatharch. *De mari Rubro*, pag. *54.*

(3) Artemidor. *apud* Strab. *lib. XVI*, pag. *769.*

(4) Diodor. Sicul. *Biblioth. tom. I*, *lib. III, S. 39, pag. 205.*

(5) Ptolem. *Geograph. lib. IV, cap. 5*, *pag. 117.*

(6) Bruce, *Voyage aux sources du Nil*, tom. *I, pag. 191 - 205.*

» A dix

» A dix heures et demie, nous passâmes auprès d'une montagne
» de marbre vert et rouge ; et à midi, nous entrâmes dans la
» plaine d'Hamra, où nous observâmes d'abord que le sable étoit
» rouge, et tirant sur la couleur pourpre du porphyre, d'où l'on a
» donné le nom d'Hamra à la vallée. Je descendis de cheval pour
» examiner la qualité des rochers ; et je reconnus avec grand plaisir
» que là commençoient les carrières de porphyre , sans mélange
» d'aucune autre pierre, mais il étoit imparfait, mou et cassant....

. » Le reste de l'après-midi, toutes les montagnes que nous vîmes,
» étoient de porphyre, et de la plus belle couleur de pourpre....

» A quatre heures, nous campâmes dans un endroit nommé
» Main el-Masarech, où le sable étoit de la même couleur que
» dans la vallée d'el-Hamra....

» A droite de la vallée d'acacias, nous vîmes du porphyre et
» du granit d'une extrême beauté ; et dans toute la route que nous
» fîmes ce jour-là, les montagnes qui bordoient notre chemin
» des deux côtés , étoient de porphyre, à l'exception de très-peu
» d'endroits où nous aperçûmes de la pierre commune ....

» A la suite de cette plaine , toutes les montagnes que l'on
» trouve à main droite, sont de marbre rouge : il y en a immen-
» sément, mais il n'est pas très-beau....

» Les montagnes de marbre rouge s'étendent le long de la mer ;
» et les vaisseaux qui fréquentent la côte d'Abissinie , pouvant
» les observer par la latitude de vingt-six degrés, je fus étonné
» que l'on n'eût pas imaginé que c'étoit-là la raison qui avoit
» fait donner à cette mer le nom de mer Rouge (1), plutôt que
» de l'attribuer à une foule de causes invraisemblables.... »

(1) On vient de voir, par les divers passages d'Agatharchides , d'Artémidore, d'Eustathe, d'Isidore de Séville, de Breydenbach, &c., que cette remarque avoit été faite long-temps avant Bruce.

Nous rapportons ce texte avec d'autant plus de confiance, que si l'on excepte Ptolémée, Bruce paroît ne pas avoir connu ce qu'avoient dit les autres auteurs que nous avons cités, et dont les différens récits se trouvent pleinement justifiés par le voyageur anglois. Les roches noires et calcinées qu'il rencontre d'abord, sont celles que les Grecs exagérateurs disoient être brûlées, rougies par la grande activité du soleil; les carrières de porphyre sont une partie des montagnes de ce nom que Ptolémée a indiquées; et les sommets rouges que Bruce apercevoit (1) en naviguant sur le golfe, sont ceux dont Agatharchides et Diodore avoient parlé.

Si, à l'ensemble de ces autorités, on ajoute ce que nous avons pu recueillir sur la nature des rochers et des sables qui bordent l'extrémité du golfe vers l'Arabie Pétrée; et si l'on fait attention que les Grecs n'ont pu arriver à cette mer que par le nord et par l'Égypte, on reconnoîtra sans peine, qu'une si longue suite de montagnes colorées étoit bien suffisante pour qu'ils crussent pouvoir donner au golfe Arabique, le nom de mer Rouge, qu'il conserve encore parmi nous.

CE PREMIER aperçu sur la nature des montagnes qui environnent les parties septentrionales de ce golfe, conduit à jeter un coup-d'œil général sur le reste de ses côtes, et sur quelques-unes des nombreuses îles qu'il renferme. Le petit nombre d'observateurs (2) qui l'ont parcouru, s'accordent à dire que son canal est très-profond, que la limpidité de ses eaux surpasse celle des autres mers, et que le fond est couvert d'une immensité d'algues, de coraux et de madrépores qu'on aperçoit jusqu'à vingt brasses

---

(1) Bruce, *Voyage aux sources du Nil,* tom. *I*, pag. *2 2 8.*

(2) Castro, *Hist. génér. des Voyages,* t. *I*, p. *1 9 8, 1 9 9.* — Yrwin, *Voyage* à la mer Rouge , tom. *I*, pag. *1 4 1-1 4 3.* — Bruce, *Voyage aux sources du Nil,* tom. *I*, pag. *3 0 0, 3 0 1.* — Shaw, *Voyages,* tom. *I I*, pag. *8 5-8 8.*

de profondeur dans les temps calmes : ceux qui croissent sur le bord, se découvrent en si grand nombre pendant le reflux, que quelques anciens (1) les ont pris pour des forêts. Bruce ajoute qu'une des particularités de cette mer, est que des deux côtés du rivage on a peine à trouver le fond à six pas de terre, et que la plupart des îles sont tellement taillées à pic, que tandis que le beaupré touche la terre, la sonde ne rend rien à la proue du vaisseau.

LES FEUX souterrains paroissent avoir travaillé les côtes et le canal du golfe Arabique. Depuis Suez jusqu'au Ras Mahomet, toute la côte est bordée d'eaux minérales et thermales, dont la chaleur s'élève encore aujourd'hui dans quelques - unes jusqu'au degré de l'ébullition. Les fontaines d'Aïoun Mousa, de Corondel, de Faran, et d'Hamman Mousa, près de Tor, sont tièdes et sulfureuses ; celles d'Hamman Pharaoun sont brûlantes et vitrioliques (2).

Sur la côte occidentale, vers le vingt-neuvième degré et demi, et à l'embouchure du vallon qui conduit jusqu'au Nil, est une montagne d'où sort un torrent d'eau chaude, amère et salée, dont Agatharchides (3), Artémidore (4), Diodore de Sicile (5), ont parlé, et que le P. Sicart (6) a rencontré dans ses courses. Plus loin, vis-à-vis Tor, est *Gebel el-zéit,* la montagne de l'huile, où l'on trouve une source de pétrole.

Les Ichthyophages des environs de *Ptolemaïs* conservoient, au

(1) Eratosthen. *apud* Strab. *lib. XVI,* *pag. 766.* — Plin. *lib. XIII, cap. 48.*

(2) Pockocke, *Voyages, t. I, p. 415,* *419, 426.* = Shaw, *Voyages, tom. II,* *pag. 79, 80.* = Niebuhr, *Descript. de* *l'Arabie, pag. 306. - Voyage en Arabie,* *tom. I, pag. 184.*

(3) Agathar. *De mari Rubro, p. 53, 54.*

(4) Artemidor. *apud* Strab. *lib. XVI,* *pag. 769.*

(5) Diodor. Sicul. *Biblioth. tom. I,* *lib. III, S. 39, pag. 205.*

(6) Sicart, *Missions du Levant, tom. V,* *pag. 286.*

temps d'Agatharchides (1), le souvenir d'un tremblement de terre si violent, que les eaux se retirèrent fort loin du rivage, en laissant à sec un grand espace du bassin de la mer qu'elles recouvrirent à leur retour : et cet événement ne peut s'expliquer que par l'explosion soudaine de quelque volcan.

On connoît depuis long-temps celui de Gebel Tar, situé vers le quinzième degré et demi de latitude, qui, par intervalles, jette encore de la fumée, et dont le terrain fournit beaucoup de soufre. Gebel Zékir, sous le quatorzième degré, n'est qu'un ancien volcan éteint, ainsi que l'île de Foosht, près de Lohéia : Bruce, qui a visité cette île, dit (2) qu'on y trouve une grande quantité de pierres ponces, et que le sol de l'extrémité de l'île du côté du nord, résonne sourdement en-dessous comme celui de la Solfatare près de Naples. Les Arabes croient (3) que le haut pic de l'île Kotumbel a brûlé autrefois; et il est probable que ces différens foyers ont élevé la longue suite d'îlots et de bas-fonds que les navigateurs rencontrent dans la traversée de Lohéia à la côte d'Abissinie.

Si l'on excepte quelques interruptions, la côte africaine du golfe Arabique est bordée dans toute sa longueur, par de hautes montagnes qui s'en écartent rarement, et qui souvent viennent se terminer à pic sur le rivage.

La côte d'Arabie, au contraire, ne présente qu'une plage de sables mouvans et stériles, qui s'étend depuis la mer jusqu'aux montagnes de l'intérieur. Les Arabes l'appellent *Téhama*, c'est-à-dire *les côtes de la mer, le plat-pays*. Cette longue lisière, qui a quelquefois plus de deux journées de marche dans sa largeur, est entièrement dépourvue de bonne eau. Les rivières ou plutôt les torrens descendus des montagnes qui la terminent à l'orient, s'y

(1) Agatharchid. *apud* Diodor. Sicul. Biblioth. t. *I*, l. *III*, §. *40*, p. *208*.

(2) Bruce, *Voyage*, t. *I*, p. *376,377.*

(3) Niebuhr, *Voyage*, t. *I*, p. *234.*

trouvent absorbés par la mobilité du sol, et par son extrême chaleur qui hâte l'évaporation, de sorte qu'ils ne parviennent jusqu'à la mer que dans la saison des pluies. Le reste de l'année, l'aride *Téhama*, sans eau, et par conséquent sans culture, sans abri, est exposé à l'ardeur d'un soleil brûlant que rien ne peut tempérer. Il ne diffère point des autres déserts de l'Arabie : ces vastes solitudes, couvertes d'un sable sans consistance, sont soumises à l'action perpétuelle des vents d'est qui règnent dans la zone torride. Ils enlèvent du centre de l'Arabie, sous la forme de trombes et de tourbillons, d'immenses quantités de sable qui obscurcissent quelquefois le jour, et qui viennent tomber sur les bords de la mer dont ils resserrent insensiblement la largeur, en augmentant celle du *Téhama*.

L'accroissement progressif de cette plaine nous paroît attesté par un grand nombre d'observations, et par les descriptions anciennes de la mer Rouge, qui prouvent que ses limites actuelles du côté de l'Arabie, ne sont plus celles qu'elle avoit autrefois. Arrêtons-nous à rassembler les principales preuves des changemens qu'elle a essuyés, puisque ces observations doivent avoir nécessairement une grande influence sur la suite de nos recherches. Commençons par la partie septentrionale.

LES VOYAGEURS instruits qui ont été à *Suez*, ont remarqué que son port se combloit par les sables que le vent y amoncelle tous les jours. Déjà un banc de plus d'une lieue d'étendue et qui se découvre dans la marée basse, s'est formé devant la ville et en interdit l'approche aux gros vaisseaux. Ce banc n'existoit point en 1541, puisque Castro (1) dit affirmativement qu'entre Tor et Suez il n'y a aucune île, aucun roc, aucun banc qui nuise à la navigation. Il mouilla fort près du rivage, et vit la flotte de

____

(1) Castro, *Hist. génér. des Voyages, tom. I, pag. 194.*

Soliman , composée de quarante et une galères et de neuf gros vaisseaux , à l'ancre dans l'enfoncement de la baie. Cet enfoncement est aujourd'hui presque comblé. Niebuhr (1) l'a traversé sur un chameau dans la basse mer ; les Arabes qui marchoient à ses côtés, n'avoient de l'eau que jusqu'aux genoux : et comme la marée ne monte tout au plus que de quatre pieds devant Suez , on voit que ce port n'auroit pu recevoir la flotte turque , s'il n'avoit été alors beaucoup plus profond qu'il ne l'est aujourd'hui.

A ENVIRON huit cents toises au nord de Suez , vis-à-vis l'endroit où Niebuhr a traversé la baie , on voit les ruines d'une ville que les habitans de Suez appellent les ruines de *Kolzum* (2). Dans le douzième siècle , le port de *Kolzum* était assez florissant pour donner son nom au golfe Arabique entier ; et les géographes arabes , tels que l'Édrisi (3) , Abulféda (4) et les autres , ne l'appellent jamais que *Bahr Kolzum ,* ou mer de *Kolzum.* Ce sont les sables de l'isthme et de l'Arabie Pétrée , accumulés par les vents au midi de *Kolzum ,* qui ont éloigné insensiblement cette ville de la mer , et forcé ses habitans à l'abandonner pour se rapprocher du rivage où ils ont bâti Suez. Nous verrons dans la suite, que des villes qui ont précédé *Kolzum* dans le rang qu'elle a tenu, ont essuyé le même sort. Il y a lieu de croire que Suez n'existoit pas encore en 1483 , puisque Breydenbach n'en a fait aucune mention , quoiqu'il eût passé près de l'endroit où elle est située. On peut prédire que dans peu de siècles cette ville sera abandonnée à son tour , et que ses habitations seront transportées à l'extrémité du banc qui obstrue aujourd'hui l'entrée de son port.

(1) Niebuhr , *Descript. de l'Arabie ,* pag. 355.

(2) Niebuhr, *Voyag. t. I, p. 175, 176.*

(3) L'Édrisi , *Geographia Nubiensis ,* in prologo , pag. 4.

(4) Abulfeda , *Descriptio maris al-Kolzum, p. 70. Inter Geograph. minor. græc. tom. III.*

ON REMARQUE dans les environs de Suez, des preuves multipliées de l'ancien séjour de la mer (1). Le sol, à plusieurs lieues
à la ronde, n'offre qu'un terrain creux et ondoyant, couvert
d'un sable stérile, où il ne croît pas un brin d'herbe. Ce sable
est rempli de *silex*, de sel marin, de débris de coraux et de
coquilles, semblables à ceux qu'on pêche journellement dans le
golfe. Niebuhr (2) vit à trois quarts de lieue à l'ouest de la ville, un
amas de coquillages vivans sur un rocher qui n'étoit couvert d'eau
que par la marée, et des coquilles vides de la même espèce dans
un autre rocher du rivage déjà trop élevé pour que la marée pût
y atteindre. Toute la côte jusqu'à Tor, et jusqu'au Ras Mahomet,
est couverte des mêmes substances.

LES DANGERS qu'éprouvent les Européens à s'arrêter sur les
côtes de l'Hedjas, et l'impossibilité où ils sont de pénétrer dans
le territoire de la Mekke, n'ont permis jusqu'à présent qu'un
petit nombre d'observations sur les bords de ces contrées. On sait
cependant que l'ancienne ville de Madian étoit baignée par la mer
aux temps de Ptolémée (3) et de l'Édrisi (4) : aujourd'hui elle
en est à quelque distance.

LA VILLE d'*Iambia* ou d'Iambo, dont Ptolémée (5) et Abulféda (6) ont parlé, étoit près du rivage au commencement de l'ère
chrétienne. Au temps d'Abulféda, c'est-à-dire douze cents ans
après, elle en étoit déjà éloignée d'une journée de chemin. Elle
subsiste encore; mais les besoins du commerce ont fait bâtir sur

(1) Niebuhr, *Descript. pag. 348.* —
Voyage, tom. I, pag. 185. = Shaw,
Voyages, tom. II, pag. 77, 83, 84.
(2) Niebuhr, *Descript. pag. 348.* —
Voyage, tom. I, pag. 185.
(3) Ptolem. *Geograph. lib. VI, cap. 7,*
pag. 176.

(4) L'Édrisi, *Pars V Climatis 3,*
pag. 109.
(5) Ptolem. *Geograph. lib. VI, cap. 7,*
pag. 176.
(6) Abulfeda, *Descriptio Arabiæ,*
pag. 27, 45. Inter Geograph. minor.
græc. tom. III.

le bord immédiat de la mer, une nouvelle ville du même nom. Tout le territoire qui l'environne, composé d'un sable brillant, est d'une aridité extrême, et ne produit pas un seul arbuste (1). Ce port étoit très-florissant dans le commencement du seizième siècle, lorsque Sélim Ier s'empara de l'Égypte : maintenant il se remplit de bancs de sable et d'écueils ; l'entrée en est devenue fort difficile ; le commerce s'en éloigne, et Iambo n'est plus qu'un mauvais village.

GIDDAH, dont les environs sont sablonneux, incultes, et remplis d'eaux stagnantes, a paru à Niebuhr une ville nouvelle. Il a visité dans ses environs, de hautes collines de sable remplies de sel marin, de coquilles, et de masses de corail fossiles : « Il n'y a qu'à les » voir, dit-il (2), et les confronter avec les rochers de corail que » l'on trouve en si grand nombre près de cette côte, et même » dans le port et devant le port de Dsjidda, pour être obligé » de conclure que dans cet endroit, les eaux de la mer se sont » retirées peu-à-peu. Il ne me paroît pas même vraisemblable que » la ville de Dsjidda occupe aujourd'hui le même emplacement » qu'occupoit la ville de ce nom, dont il est parlé dans les » mémoires de la vie de Mahomet. Dsjidda s'avancera de plus en » plus vers l'ouest. Déjà les eaux sont si basses dans le port, que » souvent de petites barques sont obligées d'attendre le flux, pour » transporter les marchandises à bord et à terre ».

LA VILLE de Hali étoit sur le bord de la mer au temps de l'Édrisi (3) ; maintenant elle en est à trois lieues.

LES CÔTES de l'Yémen, beaucoup mieux connues que celles de l'Hedjas, fournissent des observations plus rapprochées. Tout le *Téhama*, depuis Abu - Arisch jusqu'à Moka, est couvert de

(1) Yrwin, *Voyage, tom. I, pag. 81.*
— Bruce, *Voyage, tom. I, pag. 277.*
(2) Niebuhr, *Voyag. t. I, p. 221, 222.*

(3) L'Édrisi, *Geographia Nubiensis, Pars V Climatis 2, pag. 50.*

sable,

sable, de sel, de débris de coquilles et de madrépores, dans une longueur de quatre-vingts grandes lieues, et dans une largeur de huit, de dix, et quelquefois de quinze. Près d'Abu-Arisch, à neuf lieues du rivage, près de Lohéia, d'Hodéida, de Ghalefka, le sel est si abondant qu'on en exploite les mines, et qu'il forme un objet d'exportation considérable (1). Le long de cette côte, toutes les villes florissantes sont nouvelles, et ont succédé à d'autres villes que la retraite de la mer a fait abandonner.

Le port d'Alafakah ou de Ghalefka, fort renommé dans le quatorzième siècle (2), est depuis long-temps impraticable : sa ruine a entraîné celle de Zébid, ancienne métropole de la partie basse de l'Yémen. Le commerce de Zébid s'est porté à Béit el-Fakih, ville de l'intérieur, fondée depuis environ trois cents ans; son premier port a été Marabéa que les sables ont entièrement comblé : il est remplacé par celui de Lohéia, déjà très-engorgé et plein de bas-fonds (3).

Le port d'Hodéida s'engorge également, et ne peut plus recevoir de gros navires (4).

Al-Shargiah ou Scherdsjé, étoit sur le bord immédiat de la mer, au temps d'Abulféda (5); elle en est aujourd'hui à trois lieues et demie.

Enfin *Musa*, port le plus fréquenté et le plus célèbre de l'Yémen dans les premiers siècles de l'ère chrétienne (6), est maintenant à plus de six lieues du rivage, et se trouve remplacé par Moka, dont la fondation ne remonte pas au-delà de quatre cents ans (7).

R I E N n'est donc mieux prouvé que l'accroissement successif

(1) Niebuhr, *Descript. pag. 1 9 9, 2 3 2.* — *Voyage*, tom. *1* , pag. *2 5 8.*

(2) Abulfeda , *Descriptio Arabiæ* , *pag. 47.* — L'Édrisi, *Geograph. Nubiens. Pars VI Climat. 1, pag. 24.*

(3) Niebuhr, *Voyage*, tom. *1*, pag. *2 4 3*, *2 5 4, 2 5 5, 2 5 7, 2 5 8, 2 6 0, 2 6 1.*

— *Descript. p. 1 9 7, 1 9 8, 1 9 9, 2 0 0.* = Bruce, *Voyage*, tom. *1*, pag. *3 7 3.*

(4) Niebuhr, *Voyage*, tom. *1*, pag. *2 5 9.*

(5) Abulfeda, *Descript. Arab. p. 48.*

(6) Periplus maris Erythr. *pag. 1 2-1 6.* *Inter Geograph. minor. græc. tom. 1.*

(7) Niebuhr, *Voyage*, tom. *1*, pag. *3 4 9.*

du *Téhama*, qui gagne insensiblement sur la mer, au moyen des sables que les vents d'est y déposent. Les mêmes témoignages attestent la marche progressive des habitans de ces plaines, vers un rivage qui fuit toujours devant eux, et dont ils tendent sans cesse à se rapprocher. Le *Téhama* est couvert de ruines d'anciennes villes abandonnées à différentes époques; les unes conservent encore quelques vestiges d'édifices, les autres n'offrent que des monceaux de pierres; dans d'autres endroits tout a disparu, il ne reste qu'un souvenir confus qu'ils ont été habités, et bientôt ce souvenir s'efface chez un peuple qui a peu d'historiens, et qui n'a point d'annales antérieures à la naissance de Mahomet.

CES RÉVOLUTIONS physiques expliquent pourquoi la plupart des villes que les auteurs arabes ont dit exister sur les bords du golfe, dans le douzième et le treizième siècle, ne se retrouvent plus aujourd'hui, et pourquoi celles que nous y rencontrons ne leur ont point été connues. Il n'est pas même nécessaire de remonter jusqu'à ces époques pour s'apercevoir des changemens que la côte a essuyés : en 1538, la flotte de Soliman (1) a mouillé dans plusieurs ports et a abordé à plusieurs villes que nos voyageurs n'ont plus rencontrés sur le rivage. Que l'on juge par ces obser-vations, combien ont été illusoires les efforts des géographes modernes qui ont voulu appliquer les connoissances de Ptolémée à l'état actuel de cette côte de l'Arabie ! Tout y a changé, tout y changera encore, et nos successeurs, dans quelques siècles, y chercheront en vain les lieux que nous fréquentons aujourd'hui.

AINSI, à l'exception d'un petit nombre de villes antiques, que les avantages de leurs positions ont préservées de la ruine après la retraite de la mer, on conçoit qu'il y a peu de découvertes à espérer en géographie ancienne le long de la côte orientale

______

(1) Voyage de Soliman Bacha, *Hist. génér. des Voyag. tom. I, pag. 144 et suiv.*

du golfe Arabique. Ajoutons qu'on ne sait presque rien de l'intérieur des terres dans les trois quarts de cette longueur, et que
nous ne possédons encore que des cartes médiocrement bonnes
des côtes de ce golfe : il ne faudra donc point s'étonner si nous
sommes réduits à ne présenter quelquefois que des approximations,
ou des conjectures plus ou moins heureuses, dans la recherche
des lieux dont les historiens ont parlé.

N o u s avons cru ces différens détails nécessaires, pour que nos
lecteurs prissent une idée des côtes qu'ils ont à parcourir. Nous
allons leur exposer les connoissances successives que les anciens en
ont eues, en suivant, autant qu'il sera possible, l'ordre des temps :
et sans remonter aux premiers âges de l'histoire, sur lesquels il
règne une obscurité très-grande, et qui d'ailleurs n'indiqueroient
qu'un petit nombre de points isolés, nous commencerons par les
voyages d'*Ophir* et de *Tharsis,* les plus anciennes navigations sur le
golfe Arabique, dont il nous soit parvenu quelques circonstances.

L E T R A I T de la carte n.° V que nous joignons à ce mémoire,
est la copie fidèle de la grande carte du golfe Arabique en quatre
feuilles, que les Anglois ont publiée en 1781. C'est la plus détaillée
de toutes celles que nous avons pu nous procurer. Nous y ajouterons
des positions qu'elle ne donne point, et que nous prendrons ou dans
les voyages de Shaw, de Niebuhr, de Bruce, ou dans les ouvrages
de d'Anville.

§. I.

D E S V O Y A G E S D'*O P H I R.*

I L N'E X I S T E point dans toute la géographie ancienne de questions
plus souvent discutées, ni de questions moins éclaircies, que celles
de la position d'*Ophir* et de *Tharsis.* Les principaux commentateurs
de la Bible, des historiens, des voyageurs, des géographes, se sont

occupés de la recherche de ces deux points; et presque toutes les contrées du globe qui ont possédé ou qui possèdent encore des mines d'or ou d'argent, ont été indiquées successivement pour être le pays où les flottes de Salomon alloient prendre ces métaux. La plupart ont jugé des connoissances des anciens, d'après celles de leur siècle ; la distance des lieux, les invraisemblances et même l'impossibilité d'une navigation qui embrassoit la circonférence de la terre, dans un temps où la boussole étoit ignorée, où la science de la marine se réduisoit à un cabotage timide, n'ont pas toujours dissipé les illusions qu'on s'est faites sur ces antiques voyages. Parlons de celui d'*Ophir*.

PARMI les différentes conjectures sur l'emplacement de cette ville, nous ne ferons qu'indiquer celles qui la transportent, dans la Colchide sur les bords du Phase (1) ; dans le Bengale, dans le Pégu, à Malaca, à Sumatra (2) ; dans la Taprobane ou Ceilan (3) ; dans la Chersonèse d'Or de l'Inde (4) ; dans l'Inde même (5) ; sur la côte occidentale de l'Afrique (6) ; dans l'île de Saint-Domingue (7), et jusque dans le Pérou (8).

L'OPINION la plus généralement reçue aujourd'hui, sur le lieu où *Ophir* étoit située, place cette ville dans le royaume de Sofala (9) sur la côte orientale de l'Afrique, vers le vingtième degré et demi

---

(1) Don Calmet.

(2) Gasp. Varrérius, Maphée, Pérérius, Riccioli.

(3) Samuel Bochart.

(4) Joseph, Saint-Jérôme, Théodoret, Tzetzès, Marinus Niger, Lipénius, l'abbé de Choisi.

(5) Rabanus Maurus, Nicol. de Lyra, Lucas Holsténius, Joseph d'Acosta, Réland.

(6) Cornelius à Lapide.

(7) Vatable, Génébrard, Robert Étienne.

(8) Arias Montanus, Guill. Postel, Goropius Bécanus.

(9) Juan dos Santos, Raphael de Volterre, Barros, Ortélius, Thomas Lopès, Le Grand, Huet, Pluche, Montesquieu, d'Anville, l'abbé Mignot, Bruce.

de latitude sud. C'est particulièrement sur la ressemblance qu'on a cru trouver entre le nom de Sofala et celui d'*Ophir* ou *Sophir*, comme écrivent les Septante et Joseph, que cette conjecture est fondée ; mais Michaélis (1) a fort bien remarqué qu'il n'existoit aucune analogie entre ces mots, et que *Sofala*, en arabe, ne signifioit autre chose que *le rivage de la mer* (2). D'ailleurs, c'est porter *Ophir* encore beaucoup trop loin, et dans des contrées que ni les Phéniciens, ni les Hébreux, ni les Égyptiens, ni même les Grecs et les Romains, dans des temps bien postérieurs, n'ont jamais fréquentées. Nous en avons réuni les preuves dans deux mémoires auxquels nous renvoyons (3).

QUELQUES auteurs modernes (4) ont entrevu cependant, que les monumens de l'histoire rappeloient *Ophir* dans l'Arabie ; mais ne sachant comment combiner ces traditions avec les rapports de nos voyageurs, ils ont imaginé qu'il y avoit eu deux *Ophir* différentes. D'autres enfin (5) ont remarqué l'inutilité de créer une seconde *Ophir*, et se sont persuadés qu'elle ne pouvoit être qu'en Arabie.

Il n'a manqué à l'appui et au succès de cette dernière opinion, que des preuves plus directes que celles qu'on a employées, et l'indication précise du lieu où *Ophir* étoit située. Nous croyons pouvoir annoncer que cette ville existe encore dans la partie septentrionale de l'Yémen, et que la retraite des eaux sur cette côte, est la cause qui l'a dérobée depuis si long-temps aux recherches

---

(1) Michaelis, *Spicilegium geographiæ Hebræorum exteræ, pars II, pag. 199.*

(2) Les Arabes appellent *Sofalah*, un terrain bas et creux. *Vide* d'Herbelot, Biblioth. orient. *verbo SOFALAH.*

Ces peuples connoissent deux Sofala. Ils nomment celle de l'Afrique, dont nous parlons, *Sofalat oz-Zangi ;* et celle de l'Inde, *Sofalah Indica.* Abulfed. *Geograph. in* Busch. *Magaz. tom. IV, pag. 272 ; tom. V, pag. 355.*

(3) Voyez *suprà, tom. I, pag. 165 et sequent. — pag. 199 et sequent.*

(4) Bochart, Pluche, d'Anville.

(5) Grotius, Niebuhr, Michaélis.

des historiens et des géographes. Il est donc inutile de réfuter les nombreux auteurs que nous venons de citer; il suffira de rapprocher les témoignages qui doivent justifier notre opinion.

OPHIR étoit célèbre parmi les Arabes, dès le temps de Job, qu'on croit avoir vécu environ dix-sept cents ans avant l'ère chrétienne : il parle de l'or d'*Ophir* (1) comme d'une chose très-connue dans l'Arabie Pétrée où il demeuroit. Cet or avoit été apporté par le commerce, qui continua long-temps de l'y répandre avec assez d'abondance, puisque David, après avoir vaincu et pillé à plusieurs reprises, pendant quarante ans, douze à treize petits peuples arabes et syriens, qui refusoient de se soumettre à lui, se glorifie (2) d'avoir rassemblé trois mille talens d'or d'*Ophir*, en le distinguant des autres richesses qu'il leur avoit enlevées.

Après le règne agité de David, Salomoh jouit en paix du fruit de ses victoires. Maître de la Judée, de la Palestine, de la Cœlésyrie, de la Palmyrène jusqu'à l'Euphrate, des tribus arabes qui habitoient à l'orient du Jourdain et de la mer Morte, et possesseur de l'Idumée, qui avoit des ports sur le golfe Arabique, il voulut y établir des flottes pour étendre son commerce jusqu'au pays qui produisoit l'or et les parfums. Les Juifs n'ayant jamais eu de marine, se trouvoient dans l'impossibilité de construire et de conduire des vaisseaux sans le secours des Tyriens. Salomon s'associa Hiram leur roi : celui-ci leur fournit des marins et des navires, qui furent envoyés sur les bords du golfe Arabique, à *Asiongaber* près d'*Ælath* ou *Ælana*, dans l'Idumée; et de là ils allèrent à *Ophir*.

LA PREMIÈRE difficulté qui a arrêté les écrivains modernes, a été de savoir comment ces navires avoient pu passer de la Méditerranée

___

(1) Job, *cap. 28, v. 16.*   (2) Paralipom. *lib. 1, cap. 29, v. 4.*

dans le golfe Arabique : on l'explique en disant (1) que de Tyr on les conduisoit à Péluse, et de Péluse, par le Nil et par des canaux, jusque dans le fond du golfe d'*Heroopolis*.

Nous commencerons par observer qu'il n'y a rien de plus incertain que l'existence de ces canaux au siècle de Salomon, mille ans avant l'ère chrétienne. Hérodote (2), à portée de prendre des renseignemens, sur cet objet, des prêtres mêmes d'*Heliopolis* et de *Memphis*, dit que le premier projet d'un canal qui devoit joindre les deux mers, fut conçu par Néchos, mais qu'il n'avoit pas été entièrement exécuté. Or, Néchos a vécu près de quatre cents ans après Salomon. D'ailleurs, en traçant cet itinéraire, on a oublié de remarquer qu'il ne conduisoit point à *Asiongaber*, mais seulement dans le fond du golfe d'*Heroopolis*, distant d'*Asiongaber* de plus de quarante grandes lieues en ligne droite, à travers le désert, ou de plus de quatre-vingt-dix lieues par mer. Pour soutenir cette hypothèse, il falloit donc ajouter que les navires d'Hiram se rendoient ensuite d'*Heroopolis* à *Asiongaber*, en doublant le promontoire *Pharan*, nommé aujourd'hui cap Mahomet.

Cependant, il est naturel de penser que si les vaisseaux d'Hiram avoient pu se rendre de Tyr dans le golfe Arabique, par eau et tout équipés, ils seroient allés des environs d'*Heroopolis* directement à *Ophir*, sans faire inutilement un grand détour pour toucher à *Asiongaber* où rien ne les appeloit, et qu'à leur retour, ils auroient suivi la même route pour se rendre dans la Méditerranée. Alors, les marchandises qui appartenoient à Salomon, auroient été déposées à Joppé, port de Jérusalem, à quinze lieues de cette ville ; et celles d'Hiram auroient été portées à Tyr. Cette marche eût été bien plus simple et bien plus facile que la route d'*Asiongaber*,

(1) Huet, *De Navigat. Salom. cap. I, S. 6, pag. 129.*

(2) Herodot. *Euterp. lib. II, S. 158, pag. 181, 182.*

puisque cette ville étoit éloignée de Jérusalem de plus de quatre-vingt-dix lieues, et de Tyr de plus de cent trente.

M A I S il faut observer qu'avant le règne de Psammétique, trois siècles après celui de Salomon, les Égyptiens recevoient peu d'étrangers dans leur pays, et avoient sur-tout en horreur la mer et les peuples qui la parcouroient (1). Il n'est donc pas vraisemblable qu'ils eussent permis aux Tyriens de traverser habituellement toute la basse Égypte avec leurs flottes. Si l'on dit qu'il existoit une alliance entre Salomon et le roi d'Égypte dont il avoit épousé la fille (2), on peut répondre que cette alliance momentanée ne put influer sur l'opinion générale des Égyptiens, qui continuèrent par principe de religion, de repousser tous les navigateurs, et de ne leur permettre d'aborder qu'au seul port de *Naucratis* (3), et dans la suite au seul port de *Rhacotis* (4), tous deux situés à l'extrémité occidentale du *Delta*, et bien loin, par conséquent, du prétendu canal qui pouvoit les mener dans le golfe Arabique. D'ailleurs, après la mort de Salomon, Sésac, roi d'Égypte, pilla Jérusalem (5); et l'on ne voit pas comment soixante-quinze ans après, Josaphat auroit pu faire traverser encore toute la basse Égypte à la nouvelle flotte qu'il destinoit pour *Ophir*.

L'Écriture ne parle jamais de l'Égypte lorsqu'il est question de ces voyages. Elle dit, au contraire (6), que Salomon se rendit à *Asiongaber*, au moment où sa flotte alloit en partir. Il y est dit encore (7), que les vaisseaux que Josaphat destinoit à aller à *Ophir*,

(1) Herodot. *Euterp. lib. II, §. 152, 154.* — Strab. *lib. XVII, pag. 792.* — Plutarch. *Symposiac. lib. VIII, quest. 8, pag. 1298.* — Diodor. Sicul. *Biblioth. tom. I, lib. I, §. 67, pag. 78.*

(2) Reg. *lib. III, cap. 7, v. 8.*

(3) Herodot. *lib. II, §. 179, pag. 191.*

(4) Strab. *lib. XVII, pag. 792.*

(5) Reg. *lib. III, cap. 14, v. 25, 26.*

(6) Paralipom. *lib. II, cap. 8, v. 17, 18.*

(7) Reg. *lib. III, cap. 22, v. 49.* — Paralipom. *lib. II, cap. 20, v. 36, 37.*

ne

ne purent sortir du port, parce qu'ils furent brisés par la tempête à *Asiongaber*. Ainsi, il faut en conclure que tous ces navires y avoient été construits, et que les Tyriens n'avoient fait que fournir les matériaux, les ouvriers, les pilotes et les matelots nécessaires aux différentes expéditions.

QUANT au transport des matériaux, il n'a rien qui doive étonner. La multitude de chameaux que les Arabes ont toujours nourris, leur donnoit alors la même facilité qu'ils ont aujourd'hui, pour voiturer à travers leurs déserts des fardeaux énormes. Aléxandre, après avoir fait construire des vaisseaux en Phénicie et en Cypre, les fit porter à Thapsaque sur l'Euphrate (1), par une route de plus de soixante lieues.

L'Égypte et les côtes du golfe Arabique ne produisant ni fer, ni bois de construction, ses peuples ont toujours été obligés de tirer des pays étrangers les objets indispensables à leur marine. Lorsqu'en 1538, Soliman voulut troubler les conquêtes des Portugais dans l'Inde, il fit préparer à Constantinople et à Satalie, tout ce qui étoit nécessaire à la construction d'une flotte de soixante-seize bâtimens; les bois, les fers, les cordages, les canons, les ancres,

---

(1) Arrian. *De exped. Alexand. lib. VII, cap. 19, pag. 522.* — Strab. *lib. XVI, pag. 741.*

Le texte actuel de Strabon semble ne donner que *sept stades* ou un quart de lieue seulement, à la distance de la Méditerranée à Thápsaque : il est certain que c'est une erreur. La différence en longitude entre *Issus* ou la partie la plus orientale de la Méditerranée et Thapsaque, est, selon Ératosthènes et Hipparque, de 1300 stades, et, selon Ptolémée, de 4^d 10' ou 2083 stades $\frac{1}{2}$,

en considérant sa carte comme étant à *projection plate*. Il faut donc réduire cette graduation, d'après notre méthode, à 2^d 58' 34", qui valent, sous le 36.ᵉ parallèle, 1685 stades de 700 au degré : d'où il nous paroît très-probable qu'il faut lire dans Strabon, *dix-sept cents stades*. D'Anville dans ses cartes éloigne Thapsaque de deux mille trois cents stades de la Méditerranée. — Voyez notre Géographie des Grecs analysée, *pag. 15, 120, 121;* Tableaux N.ᵒˢ II, VII; *et suprà, tom. I, pag. 58.*

tout fut transporté sur des vaisseaux à Alexandrie , ensuite au Caire, et du Caire à Suez sur le dos des chameaux (1). Ælius Gallus, sous le règne d'Auguste, dut faire porter également à dos de chameaux tout ce qui lui étoit nécessaire pour construire, à *Cleopatris,* quatre-vingts galères à deux et trois rangs de rames, des brigantins, et cent trente vaisseaux de transport, destinés pour son expédition en Arabie (2). Thévenot (3) accompagna une caravane de deux mille chameaux chargés de bois pour la construction d'un seul vaisseau. « La fabrique des vaisseaux, dit Niebuhr (4), » est encore aujourd'hui très-florissante à Suez, bien qu'il faille y » transporter du Caire, tout le bois, le fer et les autres choses » nécessaires ». La caravane que ce voyageur suivit pour se rendre à Suez, étoit chargée de tous ces objets; et il remarqua qu'il falloit quelquefois quatre chameaux pour porter une seule ancre.

La route du Caire à Suez est de trente-deux à trente-trois grandes lieues selon Niebuhr (5). Mais on vient de voir qu'une distance double n'avoit pas apporté d'obstacle au transport des mêmes matériaux. Ainsi, la flotte d'Hiram a pu être préparée à Tyr, conduite sur des navires jusqu'à Joppé (6), peut-être même jusqu'au port de *Gaza,* et de cette ville, portée sur des chameaux jusqu'à *Asiongaber,* où l'on n'a eu qu'à en assembler les différentes parties, et la mettre en état de tenir la mer. Ce voyage d'environ soixante lieues n'est pas plus extraordinaire que ceux dont nous venons de

(1) Histoire générale des Voyages, *tom. I, pag. 144.*

(2) Strab. *lib. XVI, pag. 780.* – Plin. *lib. VI, cap. 32.*

(3) Thévenot, *Voyag. liv. II, chap. 24, pag. 510.*

(4) Niebuhr, *Voyag. t. I, p. 172, 176.*

(5) Niebuhr, *Voyage, tom. I, pag. 175.*

(6) C'est à Joppé qu'Hiram envoya, sur ses vaisseaux, tous les bois destinés pour la construction du temple de Jérusalem. *Vide* Paralipom. *lib. II, cap. 2, v. 16.*

parler : et nous osons dire qu'il n'a pu s'exécuter autrement, car le passage à travers l'Égypte est inadmissible.

L'EMPLACEMENT d'*Asiongaber* présente quelque incertitude, parce que le golfe Ælanitique n'est point connu. Tout ce que l'antiquité nous apprend, c'est qu'*Asiongaber* n'étoit pas éloignée d'*Ælana* (1), et qu'*Ælana* étoit située à l'extrémité septentrionale de ce golfe. Ce qui reste aujourd'hui de l'ancienne *Ælana* est nommé Ailah, ou Akaba-Ila, comme nous le dirons dans la suite.

Nous ne connoissons d'autre autorité pour déterminer à - peu - près la position d'*Asiongaber*, que le rapport des moines du mont Sinaï. Ils ont dit à Sicart (2), à Shaw (3), et à Pockocke (4), qu'à deux ou trois journées au nord - est de leur couvent, il existoit un havre spacieux appelé *Minah ed - Dahab*, c'est - à - dire *le port de l'Or;* et que suivant la tradition reçue parmi les Arabes de cette contrée, ce nom lui avoit été donné parce que les flottes de Salomon y apportoient l'or qu'elles alloient chercher à *Ophir.* Il en résulteroit donc qu'*Asiongaber* étoit située sur le rivage occidental du golfe Ælanitique, et point sur la côte orientale comme d'Anville l'a placée. Cette opinion est d'autant plus probable, que cette dernière côte appartenoit aux Madianites, que jamais David ni Salomon n'ont pu soumettre.

D'*ASIONGABER*, la flotte se rendoit à *Ophir.* Pour en suivre la marche, et montrer le point de sa destination, nous devons,

1.° Indiquer un lieu dont le nom actuel conserve assez de ressemblance avec le nom ancien, pour qu'on ne puisse pas le méconnoître;

2.° Faire voir que ce lieu appartenoit au pays des Sabéens,

(1) Deuteronom. *cap. 2, v. 8.* — Reg. *lib. III, cap. 9, v. 26.* — Paralipom. *lib. II, cap. 8, v. 17.*

(2) Sicart, *Missions du Levant,* *tom. V, pag. 396.*

(3) Shaw, *Voyages, tom. II, pag. 47.*

(4) Pockocke, *Voyages, tom. I, pag. 411.*

3.° Que la contrée où nous nous arrêterons, a été connue autrefois pour avoir possédé beaucoup d'or,

4.° Que les vaisseaux d'Hiram ne pouvoient y faire qu'un seul voyage par an.

I. LES JUIFS ont varié dans l'orthographe du mot *Ophir*. Les Septante et Joseph (1), en écrivant *Sophir*, autorisent à croire que le nom arabe de ce lieu étoit précédé d'une consonne que l'incertitude de sa prononciation, ou même l'impossibilité d'en rendre le son exact dans une langue étrangère, a pu faire supprimer par les premiers historiens hébreux. Les Arabes ont encore des lettres dont la prononciation varie parmi eux ; telle est la lettre *dhad* qui a la même figure que le *sad ;* de sorte que chez une partie de ces peuples, le *dhad* conserve le son du *z* ou celui de l'*s*, comme parmi les Turcs et les Persans, tandis que d'autres Arabes lui donnent, dans les mêmes mots, le son du *d*. Ainsi, les uns prononceront *Sophir* ou *Soffir*, *Saphar* ou *Saffar*, quand les autres prononceront *Dophir* ou *Doffir*, *Daphar* ou *Daffar*. Il existe dans l'Arabie des lieux qui portent ces différens noms ; la manière de les prononcer est quelquefois si semblable, que Niebuhr avoue (2) qu'il n'a pu toujours en saisir la différence, et qu'il n'a varié leur orthographe que pour qu'on ne les confondît point.

LA VILLE de Dafar près du mont Sumara en Yémen, et celle du même nom sur les côtes du Séger au pied des montagnes qui produisent l'encens, ont été prises quelquefois pour *Ophir* (3). Niebuhr à qui il sembloit réservé d'éclaircir tous les doutes sur cette position, l'a cherchée sur les bords de l'océan entre Aden

(1) Joseph. *Antiquitat. Judaïc. tom. I, lib.* VIII, *cap. 6, pag. 437.*

(2) Niebuhr, *Descript. pag. 206.*

(3) Grotius. — Pluche, *Concorde de la Géographie, pag. 205, 209.* — D'Anville, Mémoire sur le pays d'Ophir, *Mém. de l'Acad. des Belles-Lettres, tom. XXX, pag. 85, 86.*

et Dafar, où il avoue n'avoir trouvé aucun nom ressemblant à celui d'*Ophir*. Cependant il est persuadé qu'il seroit possible de l'y découvrir en visitant le pays avec soin (1). Nous croyons qu'il se trompe, que cette recherche seroit vaine, et que c'est pour avoir été trop préoccupé de cette fausse opinion, qu'il n'a point reconnu *Ophir* dans le lieu où elle existe sous le nom de Doffir. C'est encore une ville considérable, capitale du Bellad Hadsjé, en Yémen, un peu plus au nord que Lohéia, et près d'une autre ville nommée Affar (2).

DOFFIR est maintenant à environ quinze lieues de la mer. Cet éloignement est la cause de l'oubli où elle est tombée, parce que les navigateurs l'ont perdue de vue depuis très-long-temps. Mais, si l'on se rappelle ce que nous avons dit sur l'accroissement successif et rapide du *Téhama,* on concevra que Doffir ne devoit pas être fort éloignée du rivage il y a trois mille ans. Quoique les opérations de la nature soient lentes en général, des circonstances locales peuvent quelquefois en accélérer la marche. Il n'est point douteux que les sables n'aient plus gagné sur la côte de Lohéia, que sur celle de Moka, et que sur celles qui avoisinent la Mekke. Lors donc que le *Téhama* n'existoit pas encore, et que la mer couvroit cette vaste plaine, Doffir pouvoit être ou le principal port, ou seulement le principal marché de ces cantons : car il n'étoit pas nécessaire qu'elle fût sur le bord immédiat du golfe; il suffisoit qu'elle eût un port à quelque distance, pour recevoir les vaisseaux des peuples qui venoient trafiquer chez elle. *Zébid est un port de mer de l'Yémen,* dit Abulféda, *et le vrai port de Zébid est un lieu appelé Alafakah, à quarante milles de distance* (3). Ainsi,

(1) Niebuhr, *Descript. pag.* 25 3.
(2) Niebuhr, *Description, pag.* 206, 219.

(3) Abulfeda, *Descript. Arabiæ,* p. 47. — *Geograph. tab.* XXVII, *in* Busch. *Magaz. tom.* V, *pag.* 354.

les Arabes ont continué de donner le nom de port de mer, à des lieux qui n'étoient plus sur le bord du rivage ; et les navigateurs des siècles passés disoient qu'ils alloient à *Ophir* et à Zébid, comme les nôtres disent qu'ils vont à Valence en Espagne, à Lima dans le Pérou, quoique aucun vaisseau, aucune barque ne puisse aborder à ces villes, situées à deux lieues dans l'intérieur des terres.

II. A ENVIRON vingt lieues au nord-ouest de Doffir, au pied des montagnes, et à l'entrée du *Téhama*, il existe un lieu nommé Sabbéa : ce n'est plus aujourd'hui qu'un grand village. Niebuhr, à qui on en doit la connoissance, dit (1) que c'est peut-être la ville de *Sabe* de Ptolémée. Nous nous le persuadons d'autant plus, que sa position et sa latitude de 16^d 50' sont les mêmes dans ces deux auteurs. Ptolémée (2) la place dans le pays des Sabéens ; et il n'a point connu d'autre peuple ni d'autre ville du même nom dans l'Arabie Heureuse. La *Sabe regia* qu'on trouve plus au midi dans la version latine de ce géographe, est une erreur de copiste qui a trompé plusieurs écrivains ; le texte grec porte *Save*, et ce. nom d'ailleurs est répété par Pline (3), et par l'auteur du Périple de la mer Érythrée (4).

Dans la carte de l'Arabie de d'Anville, la position de Sabbéa ne paroît point, parce que cette carte est antérieure au voyage de Niebuhr : mais d'Anville a été instruit que la contrée environnante conservoit encore le nom de Sabié, qui nous rappelle celui des Sabéens qui la possédoient autrefois.

SI DANS Strabon (5) et dans Pline (6), on lit que la capitale

<hr>

(1) Niebuhr, *Description*, *pag.* 233, 253. Voyez la carte de cet auteur.

(2) Ptolem. *Geograph. lib.* VI, *cap.* 7. *pag.* 180.

(3) Plin. *lib.* VI, *cap.* 26.

(4) Peripl. maris Erythr. *pag.* 13.

(5) Strab. *lib.* XVI, *pag.* 768.

(6) Plin. *lib.* VI, *cap.* 32.

des Sabéens se nommoit *Mariaba*, il faut faire attention que ce nom prononcé *Marib* ou *Mareb* par les Arabes, ne signifioit autre chose que *Métropole*. Les anciens ne l'ont point ignoré (1). Ainsi, il n'a jamais été un nom propre de ville, mais seulement un titre qu'elles acquéroient par le séjour des souverains. Les principaux peuples de l'Arabie, tels que les Sabéens, les Minéens, les *Calingii*, avoient une ville surnommée *Mariaba* (2) ; et l'on retrouve dans Ptolémée la *Mariaba* des Minéens, une *Mariama* chez les *Mocritæ*, et une *Marimatha* chez les *Iobaritæ* (3). Ces différens noms ne sont encore qu'une altération du mot primitif *Marib*.

Il existoit autrefois près de Lohéia, une ville nommée Marabéa (4). Il y a un canton de Maribba dans le pays d'Haschid u-Békil, et tout auprès une ville considérable appelée Dofar, et un grand village nommé Sabbia (5). Nous en parlons pour faire voir combien ces différentes dénominations se trouvent répétées souvent dans cette portion de l'Arabie, où il est impossible de rapporter les Sabéens de l'Écriture, et ceux de Ptolémée, puisque les lieux dont nous parlons sont situés sur le revers oriental de la crête des montagnes de l'Yémen, et beaucoup trop loin du golfe Arabique.

Aujourd'hui la ville de Mareb la plus connue en Europe et la plus renommée parmi les Arabes, est celle que l'on trouve dans le pays de Dsjof, sur les confins de l'Yémen et de l'Hadramaüt. Sa célébrité lui vient de ce qu'elle étoit autrefois la capitale des peuples Hémiarites et le séjour ordinaire de leurs rois. Elle est maintenant presque entièrement détruite. Si l'on en croit les Arabes, Mareb a été bâtie par Saba, arrière petit-fils de Joctan, ou

(1) *Mariaba oppidum significat dominos omnium.* Plin. *lib.* VI, *cap.* 32.

(2) Plin. *lib.* VI, *cap.* 32.

(3) Ptolemæi *Geographia*, *lib.* VI,

cap. 7, *pag.* 180.

(4) Niebuhr, *Descript. pag.* 200.

(5) Niebuhr, *Descript. pag.* 228.

plutôt par Hémiar, fils de Saba. Suivant Abulféda (1), Hamza
d'Ispahan (2), l'Édrisi (3), Ebn al-Ouardi (4), et d'autres,
Mareb est la ville de *Saba* où étoit née Belkis, femme de Salomon.
Niebuhr (5) doute que Mareb ait porté le nom de *Saba :* il est
possible néanmoins que cela soit, sans que Mareb ait jamais été
une ville des Sabéens proprement dits, et sans que Belkis, que
l'Écriture appelle la reine de *Saba* (6), soit sortie de cette ville
pour aller visiter Salomon.

Cependant, comme ces faits se trouvent rapportés par la plupart
des historiens arabes, et qu'ils sont intimement liés avec l'objet
de nos recherches, nous croyons devoir examiner le degré de
confiance qu'ils méritent.

Les Arabes, tels qu'Hamza d'Ispahan, Mésoudi, Abulféda,
Nuweiri, qui ont publié des listes chronologiques des rois Hémiarites, diffèrent si prodigieusement entre eux, sur le nombre, la
succession et la durée des règnes, quoiqu'ils commencent et finissent
par les mêmes personnages, que ces listes doivent paroître au moins
très-suspectes pour la quantité d'années qu'elles renferment.

Selon Mésoudi (7), il y eut trente-neuf rois de la race
d'Hémiar, et ils régnèrent pendant trois mille cent quatre-vingt-
dix ans : chaque règne, par conséquent, seroit évalué à quatre-
vingt-deux ans. Selon Hamza (8), il n'y eut que vingt-six rois

---

(1) *Historia imperii vetustissimi Jocta-*
nidarum, ex Abulfedâ, *pag. 5.*

(2) *Hist. imper. vetust. Joct, ex* Hamzâ
Ispahanensi, *pag. 25.*

(3) L'Édrisi, *Pars VI Climat. 1, p. 26.*

(4) Ebn al-Ouardi, *Notic. des M.ss du*
Roi, tom. II, pag. 44. — Cet auteur
semble, cependant, faire deux villes

différentes de Mareb et de Saba.

(5) Niebuhr, *Descript. pag. 242.*

(6) Reg. *lib. III, cap. 10.* — Paralipom. *lib. II, cap. 9.*

(7) *Histor. imper. vetust. Joctanid. ex*
Mesoudio, *pag. 157.*

(8) *Histor. imper. vetust. Joctanid. ex*
Hamzâ, *pag 39.*

Hémiarites

Hémiarites dans l'espace de deux mille vingt ans : ainsi , les règnes y seroient portés encore à près de soixante-dix-huit ans. Ces supputations sont si absurdes, qu'il est inutile de les réfuter. Aussi Hamza convient-il (1) que de toutes les chroniques, il n'y en a point qui soit remplie de plus de difficultés que celle des rois Hémiarites, parce qu'il n'y en a point qui offre un si petit nombre de règnes dans un si long espace de temps.

Cependant Hamza et Nuweiri s'efforcent d'établir quelques synchronismes entre l'histoire des rois Hémiarites et celle des rois de Perse. Cette méthode jetteroit un grand jour sur leurs chroniques, s'ils étoient d'accord entre eux, ou si les rapprochemens qu'ils font ne laissoient apercevoir des disparates révoltantes. Nous allons en donner quelques exemples.

Hamza dit (2) qu'Amrou-Dsulawaad étoit contemporain de Sapor, fils d'Ardsjir ; ainsi , il le place vers l'an 255 de l'ère chrétienne, tandis que Nuweiri (3) fait vivre cet Amrou en même temps que Kobad, fils de Phirouz, c'est-à-dire vers l'an 510. Ils diffèrent donc entre eux de 255 ans sur une époque qui cependant n'est pas fort ancienne.

Nuweiri (4) fait régner Assaad, fils de Mali-Cerb , en même temps que le fils de Porus tué par Alexandre : ensuite il dit qu'Hassan, fils du même Assaad, régnoit lors de la naissance de Sapor Dsulectaf. Le fils de Porus vivoit environ 315 ans avant J. C.; et comme la naissance de Dsulectaf ou Sapor II est de 310 ans après la même époque, il s'ensuit que Nuweiri met un intervalle de 625 ans entre le règne d'Assaad et celui d'Hassan son fils.

---

(1) *Histor. imper. vetust. Joctanid. ex* Hamzâ, *pag.* 41.

(2) *Histor. imper. vetust. Joctanid. ex* Hamzâ, *pag.* 33.

(3) *Histor. imper. vetust. Joctanid. ex* Nuweirio , *pag.* 67.

(4) *Histor. imper. vetust. Joctanid. ex* Nuweirio , *pag.* 65, 67.

HAMZA (1) et Nuweiri (2) font Abu-Carb-Shamar-Iaraash contemporain de Gjustaspès, ou Darius fils d'Hystaspès. Hamza ajoute qu'Al-Akran, fils d'Abu-Malich, régnoit en même temps que Béhman, que nous nommons Artaxerxès Longue-main; et que Dsu-Habshan, fils d'Al-Akran, vivoit sous Dara, fils de Dara, c'est-à-dire Darius Ochus. Ces différens synchronismes peuvent s'arranger avec les données d'Hamza, en observant qu'il fait régner,

> Abu-Carb-Shamar . . . . 37 ans.
> Abu-Malich, fils de Shamar . . . . . . 55.
> Al-Akran, fils d'Abu-Malich . . . . . 53.
> Dsu-Habshan, fils d'Al-Akran . . . . 70.

Alors, en se rappelant que Darius, fils d'Hystaspès, est monté sur le trône des Perses 522 ans avant l'ère chrétienne, et qu'il a régné 36 ans;

Que Xerxès, qui lui a succédé, a régné pendant 21 ans, depuis 486 jusqu'en 465;

Qu'Artaxerxès Longue-main a régné 41 ans, depuis 465 jusqu'en 424;

Et que, sans parler de Xerxès II, et de Sogdian, qui n'ont régné entre eux que neuf mois, Darius Ochus, leur successeur, a régné pendant 19 ans, depuis 424 jusqu'en 405,

On trouvera qu'en plaçant le commencement du règne d'Abu-Carb-Shamar 553 ans avant J. C., il auroit vécu jusqu'en 516, et que pendant six ans il auroit été contemporain de Darius, fils d'Hystaspès;

Qu'Al-Akran seroit monté sur le trône dans la quatrième année du règne d'Artaxerxès Longue-main, et qu'il seroit mort en 408;

(1) *Histor. imper. vetust. Joctanid. ex* Hamzâ, *pag. 27, 29.*

(2) *Histor. imper. vetust. Joctanid. ex* Nuweirio, *pag. 57.*

Et que Dsu-Habshan seroit parvenu à la couronne dans la seizième année du règne de Darius Ochus, et qu'il seroit mort en 338.

LA JUSTESSE de ces derniers rapprochemens, qui ne laissent pas plus de deux ans d'incertitude sur les dates que nous venons de fixer, sembleroit donner quelque confiance dans la chronique d'Hamza; et il seroit peut-être difficile de s'y refuser, si ces dates pouvoient se lier ou avec quelques-unes de celles qui les précèdent, ou avec celles qui les suivent. Mais on va voir qu'il est absolument impossible de les en rapprocher, et que l'espèce d'exactitude qu'elles présentent, n'est qu'une combinaison faite après coup de trois époques isolées.

NOUS venons de dire que la fin du règne de Dsu-Habshan tomberoit dans l'année 338 avant l'ère chrétienne. Hamza nomme les cinq rois qui lui ont succédé : selon lui,

Tobbaa, fils d'Al-Akran, a régné........ 163 ans.

Colaïcarb, fils de Tobbaa.............. 35.

Assaad-Abu-Carb, fils d'Amrou........ 20.

Hassan, fils d'Assaad................. 70.

Amrou-Dsulawaad, autre fils d'Assaad.... 63.

La totalité de ces règnes est de 351 ans; ainsi la fin de celui d'Amrou-Dsulawaad répondroit, dans cette combinaison d'Hamza, à la treizième année de l'ère chrétienne : cependant il fait Dsulawaad contemporain de Sapor, fils d'Ardsjir, qui vivoit, comme nous l'avons dit, en 255. Il y a par conséquent, soit d'un côté soit de l'autre, une erreur de 240 ans : encore faut-il pour ne trouver que cette différence, admettre un règne de 163 ans, qui, d'après les filiations données, supposeroit que Tobbaa, second fils d'Al-Akran, auroit vécu au moins 233 ans; et supposer également que Dsulawaad auroit vécu 133 ans au moins.

Si l'on veut essayer de lier l'époque d'Abu - Carb - Shamar, qu'Hamza fait contemporain de Darius, fils d'Hystaspès, avec un règne antérieur, tel que celui de Belkis qu'Hamza et tous les Arabes font épouser à Salomon, on trouvera une erreur plus grande encore que celle que nous venons de faire apercevoir.

Entre le commencement du règne d'Abu-Carb-Shamar, et le commencement de celui de Belkis, Hamza compte 105 ans; d'où il résulteroit que cette femme ne seroit montée sur le trône que 658 ans avant J. C., et que loin d'avoir été contemporaine de Salomon, elle n'auroit vécu que 322 ans après lui. Encore faut-il supposer que le successeur de Belkis, qu'Hamza fait régner 85 ans, en auroit vécu au-delà de 180, sans quoi l'anachronisme seroit bien plus considérable.

CES OBSERVATIONS suffisent, sans doute, pour démontrer que les dates et les synchronismes rapportés dans l'histoire d'Hamza, ne peuvent mériter aucune confiance. On doit porter le même jugement des annales de Nuweiri, qui sont moins complètes, et probablement de toutes celles que les Arabes ont publiées. Ces peuples ne possédant aucun mémoire, aucun monument authentique antérieur à Mahomet, tous les temps qui précèdent sa naissance d'un siècle ou d'un siècle et demi, sont couverts pour eux d'une obscurité impénétrable; et ils sont réduits à y placer au hasard les événemens dont le souvenir confus a pu leur parvenir.

IL NOUS paroît d'autant moins naturel de vouloir expliquer ces erreurs de leurs chronologistes, en supposant des lacunes énormes dans la liste des rois Hémiarites (1), que les Arabes, si jaloux de

---

(1) Mémoire adressé au nom de l'Académie des Inscriptions et Belles-Lettres de France, à M.^{rs} les académiciens danois qui se disposent à faire le voyage de l'Arabie Heureuse. Voyez le Recueil de Questions proposées par Michaélis, *pag. 242-245; à la suite de la Description de l'Arabie de Niebuhr.*

répandre un air de vérité sur leurs annales, n'en ont jamais eu la pensée, quoiqu'ils connussent toutes les invraisemblances qu'elles renfermoient : et quand on sait jusqu'où ces peuples portent l'orgueil de leur antiquité, on se persuade facilement que loin de chercher à accroître les preuves qu'ils en offrent, il convient, au contraire, de se tenir en garde contre leurs prétentions exagérées. Nous allons voir à quoi elles se réduisent dans l'objet de cette discussion.

ABULFÉDA, jugeant impossible d'accorder entre elles les différentes chroniques des rois Hémiarites, dit (1) qu'il se contentera de donner la liste de leurs noms, sans y joindre la durée des règnes, parce qu'il n'a rien trouvé de certain à cet égard. Cette liste présente quarante-sept noms de souverains ; mais, en la rapprochant de celles d'Hamza et de Nuweiri, il paroît clairement que les règnes d'Al-Akran et d'Hassan ont été oubliés ; et pour embrasser le plus d'espace possible, il faut les y ajouter, comme l'a fait Pocock (2). Alors on aura quarante-neuf règnes, et ce nombre sera encore très-insuffisant, pour porter le premier établissement des Hémiarites aussi loin qu'ils le prétendoient.

De ces quarante-neuf règnes, on peut abandonner les quatre premiers, pour ne commencer qu'à Hémiar, le chef des peuples dont nous nous occupons. Nous abandonnerons de même le dernier, celui de Séiph, parce que l'époque de sa mort est incertaine : nous prendrons celle où Séiph, aidé par Wéhraz, lieutenant de Cosroès Anushirwan, remonta sur le trône de ses pères en achevant la conquête de l'Yémen ; et nous ne compterons que quarante-quatre rois.

D'APRÈS la combinaison de plusieurs dates voisines du temps

____

(1) *Histor. imper. vetust. Joctanid. ex* **Abulfedâ**, *pag. 11.*

(2) Pocock, *Specimen Historiæ Arabum, pag. 55-66.*

de Mahomet, et données par Hamza (1), nous trouvons que la mort de Masruk, le dernier des quatre rois abissins qui ont possédé l'Yémen, et à qui Séiph a succédé, répond à l'an 594 de l'ère chrétienne.

Alors, en portant ces quarante - quatre règnes à vingt et un ou même à vingt-deux ans chacun , pour ne point risquer de trop rapprocher les temps, on auroit pour leur durée 968 ans, et le commencement du règne d'Hémiar tomberoit vers l'an 374 avant la même ère.

LE SOIN que prennent les Arabes de joindre presque toujours au nom des personnages dont ils parlent, celui de leur père, fait que l'on peut réduire en générations leurs listes chronologiques. Or, en faisant attention que suivant Abulféda (2), Hamran , fils d'Amir-Asd de la postérité de Kahlan, étoit le treizième descendant de Saba, père d'Hémiar ; et que, depuis Hamran jusqu'au règne de Séiph, il y eut encore seize générations, on trouvera que les quarante - quatre règnes ci-dessus, se réduisent à vingt-neuf générations. Si donc on les compte à raison de trente-trois ans et un tiers, comme c'est l'usage parmi les chronologistes anciens et modernes,

---

(1) *Histor. imper. vetust. Joctanid. ex* Hamzâ, *pag. 41 — 43.*

Depuis l'arrivée de Wéhraz dans l'Yémen, dit Hamza, jusqu'à l'instauration de la *Caaba*, il s'est écoulé cinq ans. Lors de cette instauration, Mahomet étoit dans sa trentième année. Sa naissance tombe cinquante-cinq jours après la défaite du Maître de l'Éléphant, et dans la quarante et unième année du règne de Cosroès Anushirwan, fils de Cobad.

La naissance de Mahomet, d'après Abulféda , suivi par les auteurs de l'Art de vérifier les dates, répond au 11 novembre de l'an 569 de J. C. L'instauration de la *Caaba* est donc de l'an 599 , et l'arrivée de Wéhraz dans l'Yémen de l'an 594.

C'est, par conséquent, à la trente-huitième année du règne de Cosroès, et non à la quarante et unième, comme le dit Hamza, que correspond la naissance de Mahomet.

(2) *Histor. imper. vetust. Joctanid. ex* Abulfedâ, *pag. 9.*

on aura pour leur durée 967 ans. C'est à un an près le même résultat que dans la supputation précédente, et Hémiar ne seroit monté sur le trône que 373 ans avant J. C.

Il en résulte donc qu'Hémiar seroit bien loin d'avoir été contemporain de Saba, fils de Joctan, arrière-petit-fils de Noé, comme les Arabes le prétendent. Nous croyons en général que chez ces peuples, les premiers degrés de leurs généalogies n'indiquent que l'extraction, la filiation des tribus sorties de peuplades plus anciennes; et que souvent ils ont appliqué au chef d'une dynastie, ce qui n'étoit applicable qu'à la dynastie entière, ou à quelqu'un de ses derniers membres connu sous le même nom que celui de son chef. De là il est résulté que des peuples ont prétendu avoir été fondés par celui-ci, tandis qu'ils ne devoient leur origine qu'à quelqu'un de ses successeurs.

Ainsi, la généalogie dont il est question, nous paroît ne signifier autre chose, sinon que les Sabéens ont été une colonie de Joctanides, et les Hémiarites une colonie de Sabéens. Ce ne fut sans doute que pour en conserver le souvenir, que les descendans d'Hémiar donnèrent, comme on l'a vu, le surnom de *Saba* à leur ville capitale.

Si d'après la méthode précédente, on cherche l'époque du règne de Belkis, on trouvera qu'il répond à la dix-neuvième génération avant Séiph, vers la trente-troisième année avant J. C. Ainsi, loin d'avoir pu être jamais l'épouse de Salomon, elle n'auroit vécu qu'environ 947 ans après lui.

Un des événemens les plus fameux parmi les Arabes modernes, est la destruction de Mareb. Elle fut causée par la rupture des digues qui retenoient les eaux d'un immense réservoir, ou plutôt d'un lac artificiel placé dans les montagnes qui dominoient cette ville; ces eaux, en se précipitant, l'ont tellement bouleversée et ruinée, qu'elle a cessé d'être la capitale de l'Yémen, et qu'elle ne s'est jamais relevée de sa chute. On peut en lire l'histoire dans Mésoudi, quoiqu'elle soit remplie de fables. Cet auteur (1) place l'époque du *Déluge des digues*, ou de cette inondation, sous le règne d'Amrou - Mazikia ; et Hamédoun, cité par Nuweiri (2), la met sous Al - Akran. La différence de ces noms ne doit point arrêter ; elle ne fait aucune difficulté pour les temps, parce qu'Amrou - Mazikia, dans la liste d'Abulféda (3), est de la génération qui a suivi celle d'Abu-Malich, et qu'Al-Akran, dans Hamza (4) et Nuweiri (5), est fils du même Abu - Malich. Or Amrou-Mazikia est de la dix - septième génération avant Séiph : il s'ensuit donc qu'il a dû vivre vers l'an trente - trois de l'ère chrétienne, et que l'inondation de Mareb, que les Arabes croient très-ancienne, ne peut pas s'éloigner beaucoup de cette date.

CES DIVERS résultats sont bien moins incertains qu'on ne seroit peut-être tenté de le croire. Il est possible de faire voir qu'ils s'accordent avec les connoissances que les anciens ont eues des peuples de l'Arabie.

LES HÉMIARITES sont les mêmes peuples que les Grecs ont nommés Homérites, dans la partie méridionale de l'Arabie Heureuse, sur les bords de l'océan. On vient de voir que le temps d'Hémiar, ou celui de leur établissement, ne remontoit qu'à environ trois cent soixante - dix ans avant l'ère chrétienne. A cette époque, et jusqu'à ce qu'ils se fussent multipliés, ils ne pouvoient former qu'une peuplade médiocre et presque inconnue. Aussi remarquons - nous

(1) Mesoudi, *Historia Diluvii el-Arim. Apud Hist. imper. vetust. Joct. pag. 1 6 1.*

(2) *Histor. imper. vetust. Joctanid. ex* Nuweirio, *pag. 6 0, 6 1.*

(3) *Histor. imper. vetust. Joctanidar.* ex Abulfedà, *pag. 9.*

(4) *Histor. imper. vetust. Joctanid. ex* Hamzâ, *pag. 2 9.*

(5) *Histor. imper. vetust. Joctanid. ex* Nuweirio, *pag. 5 9.*

qu'Ératosthènes

qu'Ératosthènes (1), environ cent quinze ans après, en faisant l'énumération des peuples qui occupoient l'Arabie aromatifère, nomme les Sabéens, les Minéens, les Cattabaniens, les Chatramotitès, et ne parle point des Homérites. C'est donc une preuve que leur établissement ne faisoit que commencer, ou qu'ils n'étoient pas encore sortis de leur première obscurité, puisqu'on ne les distinguoit point parmi les nations qui se partageoient l'Yémen.

LE NOM des Homérites ne commence à paroître dans l'histoire que vers la vingt-quatrième année avant l'ère chrétienne, sous le dixième consulat d'Auguste (2), lorsqu'Ælius Gallus, au retour de son expédition, rapporta que ces peuples étoient devenus les plus nombreux de tous ceux de l'Arabie (3). Mais il s'en faut beaucoup que Gallus ait pénétré jusque dans leur territoire, comme plusieurs écrivains l'ont imaginé ; et pour se convaincre que la ville de *Mariaba* qu'il a assiégée, ne peut avoir aucun rapport avec celle de Mareb, il suffira de rapprocher ce que Strabon (4) et Pline (5) ont dit de cette incursion.

On verra que les Romains avoient alors si peu de connoissance de l'Arabie, qu'on leur persuada qu'il étoit impossible de s'y rendre de l'Égypte sans traverser le golfe. Syllæus, général des Nabatéens, qui accompagnoit Gallus et lui servoit de guide, profita de son ignorance pour faire périr la plus grande partie de ses troupes, en les conduisant d'abord d'écueils en écueils pendant leur navigation, depuis *Cleopatris* jusqu'à *Leuce* ; ensuite de déserts en déserts par des marches forcées, des détours inutiles ou rétrogrades, durant lesquels elles manquèrent souvent d'eau et de

(1) Eratosthen. *apud* Strab. *lib. XVI,* pag. *768.*

(2) Dio Cassius, *Historia Romana,* tom. *I*, *lib. LIII, §. 29, pag. 723.*

(3) Plin. *lib. VI, cap. 32.*

(4) Strab. *lib. XVI, pag. 780-782.*

(5) Plin. *lib. VI, cap. 32.*

vivres. Il ne faut donc pas juger de l'éloignement des lieux où l'armée romaine est parvenue, par le temps qu'elle a mis pour y arriver ; puisqu'à son retour, et malgré l'excès des fatigues qui l'avoient épuisée, elle traversa en soixante jours les mêmes contrées où précédemment elle avoit erré pendant six mois.

A U S S I croyons - nous qu'elle n'est point sortie de l'Arabie Déserte et de l'Hedjas qui en fait partie. Strabon et Pline nomment entre eux neuf villes prises ou simplement assiégées par Gallus, et nous en retrouvons sept dans la contrée précédente.

Celle de *Negra* est la même que Ptolémée appelle *Negran* (1), et que l'on connoît aujourd'hui sous le nom de Nokra. Comme cette ville possède des mines dans son territoire, les Arabes la nomment communément *Maaden an - Nokra,* ou la Mine de Nokra (2) ; et c'est de ce surnom, que les Grecs du Bas-Empire (3) appelèrent les habitans de ce canton, *Maadeni,* les Mineurs.

Magusa paroît répondre aujourd'hui à Mégarish Uzzir.

Tammacum, Thæma dans Ptolémée, est nommé maintenant Tima.

Labecia est appelée *Laba* dans Ptolémée.

Athrulla nous paroît être la même ville qu'*Iathrippa* dans Ptolémée. On sait qu'*Iathrib* étoit l'ancien nom de Médine (4), avant que les Arabes l'eussent appelée *Médinet an - Nébi,* la Ville du Prophète, parce que Mahomet y est enterré.

---

(1) La plupart de nos éditions de Ptolémée portent *Egra;* mais l'ancienne version latine et le manuscrit grec de Coislin portent *Negran.* Voyez *Biblioth. Coislinian. pag. 724.*

L'orthographe de ce nom est corrompue aussi dans nos éditions de Strabon, et doit être rétablie d'après la leçon d'un manuscrit cité par Casaubon à la *page 781.*

(2) Le mot *Nokra* signifie de l'or ou de l'argent qui a été fondu, et des pièces de monnoie.

(3) Procop. *Persicor. lib. 1, cap. 19.* — Nonnosus *apud* Photium, *cod. III, pag. 6.*

(4) L'Édrisi, *Geogr. Nub. pag. 45.*

Mariaba dans Pline, ou *Marsyabæ* dans Strabon, répond à *Macoraba* dans Ptolémée. C'est aujourd'hui la Mekke (1).

Enfin *Caripeta*, le terme le plus éloigné de l'expédition de Gallus dans l'intérieur des terres, est Cariataïn dans le Nedjed el - Ared (2), que Strabon nomme *Ararene*.

CET AUTEUR, en parlant de *Marsyabæ*, ajoute deux circons- tances propres à justifier la position que nous lui donnons.

1.º Il dit que Gallus assiégea cette ville pendant six jours, et qu'il fut obligé d'abandonner son entreprise parce que l'eau manquoit à son armée. Il falloit donc que *Marsyabæ* fût située au milieu des sables arides, tels que ceux qui environnent la Mekke, où l'on ne trouve ni puits, ni rivières (3) ; et point dans l'em- placement de la Mareb des Homérites, puisque son territoire, selon les Arabes (4), étoit arrosé par des sources et des ruisseaux abondans.

2.º Il dit encore, que Gallus, étant devant *Marsyabæ*, apprit par les prisonniers qu'il avoit faits, qu'il n'étoit qu'à deux journées du pays qui produit les aromates ; mais qu'il n'y alla point, et qu'il revint sur ses pas. Parmi les contrées aromatifères de l'Arabie, la plus septentrionale de l'aveu des anciens, et par conséquent la première que Gallus auroit rencontrée s'il avoit passé au-delà de

<hr>

(1) *Macoraba*, id est *Mecca rabba*, seu *Mecca magna*. Bochart, *Phaleg, lib. IV, cap. 2 ; Chanaan, lib. I, cap. 44.*

(2) *El-Ared*, id est *Mons transversus*. Le nom d'*el-Ared* est appliqué à une longue chaîne de montagnes escarpées d'un côté et sablonneuses de l'autre, qui tra- verse cette partie de l'Arabie Déserte à laquelle elle a donné son nom. *Caripeta* paroît être la même ville que Pline

nomme *Carriata* dans le même chapitre, d'après une autre description de l'Ara- bie, qu'il consultoit.

(3) Bakoui, *Notices des Manuscrits du Roi*, tom. *II*, *pag. 417*. — Gabr. Sionita *et* Joann. Hesronita, *De non- nullis Orientalium urbibus*, *cap. 7*, *p. 37*. — Niebuhr, *Descript. pag. 309*.

(4) Mesoudi, *Hist. Diluvii el-Arim*, *pag. 161*.

la Mekke, étoit celle qu'occupoient les Minéens, et dont *Carna* étoit la capitale. Cette ville ne peut être celle d'Almakarana comme d'Anville l'a pensé (1), puisque sa position vers l'extrémité de l'Yémen, relégueroit les Minéens dans la partie la plus méridionale de l'Arabie. C'est bien plutôt Carn al-manazil, comme l'a dit Bochart (2), et que l'Édrisi (3) place à deux journées de la Mekke, sur la route de cette ville à Sanaa.

Ainsi, ces diverses remarques s'accordent pour faire voir que la *Mariaba* que Pline met chez les *Calingii*, et la *Marsyabæ* que Strabon place chez les *Rhamanitæ*, représentent toutes deux la ville de la Mekke, ou *Macoraba* dont Ptolémée fait la principale ville des peuples *Manitæ*. Ceux qui ont cru que les *Rhamanitæ* de Strabon étoient les *Arabanitæ* de Ptolémée (4), n'ont pas fait attention que ces derniers sont placés près du mont *Climax*, le Sumara d'aujourd'hui, et par conséquent dans l'Yémen, où jamais Gallus n'est entré. D'ailleurs les noms de *Rhamanitæ* et de *Manitæ* sont les mêmes, et ne diffèrent que par la première syllabe qui surabonde ou qui manque dans le texte de l'un des deux auteurs.

Au temps de Gallus, les Sabéens, anciens dominateurs de l'Arabie, n'y tenoient plus que le second rang par les richesses qu'ils possédoient encore ; et les Homérites s'étoient élevés au

---

(1) D'Anville, *Géogr. ancienne abrég.* tom. *II*, *pag.* *2 2 1*. Ce qui paroît avoir trompé d'Anville dans tout ceci, c'est qu'il existoit dans l'Arabie plusieurs villes dont les noms se ressembloient, et qui étoient placées à des distances fort éloignées les unes des autres, telles que *Negran* et *Nagara*, *Thæma* et *Thumna*, &c. Cet auteur ayant pris les secondes de ces villes pour les premières, a transporté beaucoup trop loin le théâtre de l'expédition de Gallus.

(2) Bochart, *Phaleg*, *lib.* *II*, *cap.* *2 2*.

(3) L'Édrisi, *Geographia Nubiensis*, *pag.* *47*, *48*.

(4) Quelques éditions portent *Rhabanitæ*; mais l'ancien interprète, les anciennes éditions et le manuscrit grec de Coislin portent *Arabanitæ*.

plus haut degré de prospérité. Peu de temps après ils vainquirent et soumirent les Sabéens : mais nous ne voulons que faire observer qu'à l'époque où nous en sommes, il est très-probable que Mareb subsistoit encore, et que les descendans d'Hémiar ne s'en étoient pas éloignés, puisqu'ils continuoient de former une nation séparée et distinguée de toutes les autres.

IL N'EN est plus de même vers l'an soixante et dix de l'ère chrétienne. Alors Mareb paroît détruite, puisque Pline (1) nomme *Massala* pour la principale ville des Homérites. Le siége de leur empire y avoit donc été transporté ; et la cause de cette translation, dans l'instant de leur plus grande puissance, ne peut guères s'expliquer que par l'inondation et le renversement de leur ancienne métropole. Aussi, est-ce vers l'an trente-trois de J. C., entre le temps de l'expédition de Gallus et celui de la mort de Pline, que nous avons trouvé l'époque où cet événement doit avoir eu lieu. Ces différentes combinaisons de dates, entièrement indépendantes les unes des autres, et qui se réunissent néanmoins pour offrir un même résultat, nous semblent faites pour se fortifier mutuellement, et pour donner un grand degré de probabilité à ce que nous n'avions présenté d'abord que comme une supputation approximative.

SI L'ON se porte vers la centième année de l'ère chrétienne, temps où le Périple de la mer Érythrée paroît avoir été écrit, on trouvera (2) que Charibaël, l'ami et l'allié des Romains, régnoit à-la-fois sur les Homérites et sur les Sabéens, et que le chef-lieu de sa domination étoit *Aphar,* ou *Saphar* comme on le trouve écrit dans Pline (3) et dans Ptolémée (4). Cette ville dont il ne

---

(1) Plin. *lib. VI, cap. 3 2.* Cette ville est nommée *Maccala* dans Ptolémée, *Geograph. lib. VI, cap. 7, pag. 1 8 0.*

(2) Periplus maris Erythræi, *pag. 1 3.*

(3) Plin. *lib. VI, cap. 2 6.*

(4) Ptolem. *Geograph. lib. VI, cap. 7, pag. 1 8 0.* Le texte porte *Sapphar,* et même *Sapphara.*

reste que des vestiges, est encore connue aujourd'hui sous le nom de Dafar. Nous remarquerons en passant, que ce nom a subi les mêmes variations que celui d'*Ophir :* on a dit successivement *Aphar, Saphar, Dafar,* comme on a prononcé à différentes époques *Ophir, Sophir, Doffir.* Les ruines de Dafar se voient au pied du mont Sumara , et à quelques minutes près , sous la même latitude que Ptolémée (1) a donnée à *Saphar.* Le passage du Périple est donc un nouveau témoignage, et un témoignage irrécusable, que Mareb n'existoit plus lorsque ce Périple a été rédigé ; puisque les Arabes conviennent (2) que les rois Hémiarites n'ont abandonné cette ville qu'à l'instant de sa ruine.

CE DERNIER changement de métropole étoit la suite des conquêtes que les Homérites avoient entreprises, et qui leur avoient soumis les Sabéens comme on vient de le voir. Depuis ce moment, ces derniers peuples leur restèrent assujettis , et finirent par être tellement confondus avec leurs vainqueurs, qu'on ne les distingua plus parmi les nations de l'Arabie. Déjà l'auteur du Périple de la mer Érythrée ne fait plus mention des Sabéens en décrivant les côtes qu'ils occupoient autrefois sur le golfe. Si Ptolémée (3) les y place encore, c'est qu'il a réuni dans ses cartes les connoissances des différens siècles , comme il a placé dans le Péloponnèse, dans la Grèce , et par-tout ailleurs, un grand nombre de villes et de peuples qui n'existoient plus de son temps. Sous Justinien , les Homérites possédoient presque toute l'Arabie. Ils occupoient les rivages du golfe, dit Procope (4), et s'étoient emparés du pays des Sarazins jusqu'aux frontières de la Palestine. Aussi formoient-ils

---

(1) Ptolem. *Geograph. lib. VI, cap. 7,* pag. *180.*

(2) Mesoudi, *Histor. Diluv. el-Arim,* pag. *177–181.*

(3) Ptolem. *Geograph. lib. VI, cap. 7,* pag. *178.*

(4) Procop. *Persicor. lib. I, cap. 19.*

une puissance assez redoutable, pour que Justinien cherchât à se liguer avec eux lorsqu'il voulut attaquer les Perses.

Les Homérites, en faisant oublier et disparoître le nom des Sabéens, se substituèrent bientôt à leur antique célébrité, et s'approprièrent les principaux événemens de leur histoire. Vers l'an 535 de J. C., ils persuadèrent à Cosmas (1), qui voyageoit dans ces contrées, que la reine de *Saba* dont il est parlé dans l'Écriture, avoit régné chez les Homérites; et depuis, les Arabes n'ont cessé de le répéter. Mais leurs témoignages réunis n'en acquièrent pas plus d'autorité. Nous avons fait voir combien les traditions de ces peuples sont suspectes, et prouvé que leur prétendue reine Belkis, à qui ils donnent jusqu'à cent vingt ans de règne (2), n'a pu vivre que plus de neuf siècles après Salomon, en supposant toutefois qu'elle ait jamais existé.

Les Arabes de Sofala et les Abissins réclament aussi la gloire d'avoir possédé *Ophir* et la reine de *Saba :* mais leurs prétentions ne peuvent mériter une réfutation sérieuse.

Chez les premiers, elles ne doivent leur origine qu'à la rencontre de quelques mines d'or, que les Arabes trouvèrent dans les montagnes de Fura, situées à quelque distance de Sofala, lorsqu'ils en firent la conquête vers la fin du septième siècle, ou au commencement du huitième. Dans la suite, ils appliquèrent à ce lieu une portion de l'ancienne histoire de leur patrie, où ils ne trouvoient plus de semblables richesses; et nos premiers voyageurs se sont empressés de recueillir ces traditions en les appuyant de la conformité apparente du mot Sofala avec celui d'*Ophir* ou de *Sophir*. Mais nous avons déjà dit qu'il n'existoit aucune analogie entre

(1) Cosmas Indicopl. *Topograph.* *Christian. Inter Patr. græc.* Montfauc. *tom. II, pag. 139.*

(2) *Histor. imper. vetust. Joctanid. ex* Nuweirio, *pag. 57.*

ces noms ; et ceux qui ont eu recours à leur vaine ressemblance pour étayer leurs conjectures, en ont décelé toute la foiblesse.

Chez les seconds, cette prétention n'est qu'une fable aussi mal combinée que celle des Hémiarites ; puisque d'après la liste des rois abissins rapportée par Bruce (1), le fils de leur reine de *Saba* et de Salomon, ne seroit monté sur le trône que deux cent quinze ans avant l'ère chrétienne, et par conséquent sept cent soixante-cinq ans après la mort de son père.

ASSURÉMENT on n'accusera pas Bruce, le plus crédule et le plus enthousiaste des hommes sur ce qui concerne l'histoire d'Abissinie, et sur celle de ses rois qu'il dit descendre encore du sang de Salomon, d'avoir négligé de recueillir sur les lieux toutes les preuves qui pouvoient exister à l'appui d'un fait si étrange, et dont les missionnaires (2) nous entretenoient depuis long-temps. Ce voyageur, en convenant que les annales abissiniennes sont pleines de contradictions et absolument insuffisantes pour attester ce fait, assure cependant qu'il est incontestable. Mais il est permis sans doute de ne pas s'en rapporter sur cet article au témoignage de Bruce, bien plus occupé à jouer un rôle dans les dissensions politiques de l'Abissinie, qu'à rassembler des connoissances nouvelles ; et qui d'ailleurs n'a guères fait que s'approprier les découvertes que les Jésuites (3) avoient publiées plus de cent cinquante ans avant lui.

AU RESTE, si l'on excepte l'historien Joseph (4) que personne ne croit sur cet article comme sur beaucoup d'autres, jamais les

---

(1) Bruce, *Voyage aux sources du Nil,* *tom. I, pag. 551.*

(2) Jérôme Lobo, *Voyage historique d'Abissinie, pag. 64, 247.* — Nouvelle Histoire d'Abissinie, tirée de Ludolf, *pag. 91 - 110.*

(3) Dissertation touchant l'origine du Nil, par Is. Vossius, avec une relation du père Païs. *Paris, 1667.* — Jérôme Lobo, *Voyage historique d'Abissinie,* fait en 1633.

(4) Flav. Joseph. *Antiquitat. Judaïc. tom. I, lib. II, cap. 10, S. 2, pag. 103; lib. VIII, cap. 6, S. 5, pag. 437.*

anciens

anciens n'ont placé de peuples sabéens en Afrique ; jamais ils n'ont connu chez les Homérites de ville nommée *Saba*, ni de ville du nom de *Mariaba*, quoi qu'en disent Golius (1) et d'Anville (2), qui n'ont point distingué les temps ; jamais il n'a existé dans ces lieux de Sabéens proprement dits, et c'est plus à l'occident, sur les bords du golfe Arabique , qu'il faut les chercher, comme tous les monumens nous l'indiquent. C'est là que les ont placés Ératosthènes, Agatharchides, Artémidore, Strabon, Diodore, Pline, Ptolémée, tous les auteurs antérieurs au troisième siècle de l'ère chrétienne ; et c'est au même endroit que nous retrouvons des témoignages de leur existence dans le nom de Sabiê que conserve le pays, et dans les positions de Sabbéa et de Doffir, qui ne pouvoient pas être éloignées l'une de l'autre.

En effet, quel que soit le motif qu'on veuille donner au départ de la reine de *Saba* pour Jérusalem, il nous paroît incontestable que le voyage d'*Ophir* y a donné lieu. Dans la Bible (3), ces deux faits sont racontés de suite, sans intermédiaire, et de manière à faire voir que l'un a été une suite de l'autre.

Il est possible que les conquêtes multipliées de David, particulièrement celle de l'Idumée qui lui ouvroit le golfe Arabique, et les flottes que Salomon y entretenoit, aient fait naître quelques inquiétudes aux peuples qui en occupoient les bords ; et le voyage de la reine des Sabéens peut avoir eu pour objet, ou un traité de paix, ou un traité de commerce ; ou peut-être, comme le disent les Arabes (4), s'agissoit-il de demander à Salomon des secours

(1) Golius , *Notæ in Alferganum*, *pag. 86 - 88.*

(2) D'Anville, *Geographie ancienne*, *tom. I I, pag. 221, 222.*

(3) Reg. *lib. III, cap. 9, 10.* —

Paralipom. *lib. II, cap. 8, 9.*

(4) Albert. Schultens , *Monumenta vetustiora Arabiæ, pag. 6.*

En admettant ce fait, il prouveroit encore que la reine de *Saba* demeuroit

pour reconquérir l'Hedjas qui s'étoit révoltée. Dans tous les cas, comme le but principal des flottes d'*Asiongaber* étoit d'aller à *Ophir*, il falloit bien que cette ville fût dans la dépendance des Sabéens, pour que des liaisons déjà établies, eussent présenté ou une espérance ou un intérêt capable de décider leur souveraine à une démarche si opposée aux mœurs des orientaux. Or Sabbéa et Doffir n'étant qu'à une vingtaine de lieues de distance l'une de l'autre, réunissent les conditions de proximité que cette remarque pourroit exiger.

Nous ajouterons que, suivant Agatharchides (1) et Diodore (2), la ville de *Saba* étoit bâtie sur une petite éminence, et que Sabbéa est située sur une des dernières collines dépendantes de la chaîne de l'Yémen, à l'entrée du *Téhama* (3).

III. UNE DES principales causes de la célébrité des Sabéens a été l'abondance de l'or qu'ils possédoient. Aujourd'hui, on ne connoît plus de mines de ce métal en Arabie : mais trop de monumens attestent qu'il en a existé autrefois pour qu'il soit permis d'en douter ; et sans rappeler l'or de *Saba*, que l'Écriture cite en plusieurs circonstances, nous pouvons dire que les anciens n'ont presque jamais parlé de l'Arabie, sans faire mention de l'or qu'elle produisoit. Agatharchides (4), Artémidore (5) et Diodore de

dans les lieux où nous la plaçons, près des limites de l'Hedjas qu'elle tenoit dans sa dépendance. Si elle avoit habité Mareb, il n'est pas vraisemblable qu'elle eût étendu sa domination assez loin pour que l'Hedjas y fût comprise.

(1) Agatharchides, *De mari Rubro,* pag. 63.

(2) Diodor. Sicul. *Biblioth. tom. I,* lib. *III, S. 47, pag. 215.*

(3) Voyez la carte de l'Yémen par Niebuhr.

(4) Agatharchides, *De mari Rubro,* pag. 59, 60.

(5) Artemidor. *apud* Strab. *lib. XVI,* pag. 777, 778.

Sicile (1), en nous conservant la plus ancienne description connue du golfe Arabique, nomment trois peuples, les *Debæ*, les *Alilæi* et les *Gasandi*, chez lesquels on ramassoit l'or vierge ou natif, soit dans le lit des torrens, soit dans le creux des rochers, soit à la surface de la terre. Chez les premiers, il étoit répandu dans le sable et en très-petites paillettes; chez les autres, on le trouvoit en grains de différens volumes jusqu'à la grosseur d'une noix.

Tous ces peuples étoient limitrophes; les *Gasandi* confinoient immédiatement au pays des Sabéens, où ils apportoient leur or et l'y échangeoient à vil prix, contre des outils de fer et de cuivre, plus utiles pour eux, et plus appropriés au genre de vie demi-sauvage qu'ils menoient. Cet or, rassemblé à *Ophir*, le principal lieu de commerce des Sabéens, pouvoit prendre le nom d'or d'*Ophir*, comme tout le café de l'Yémen prend parmi nous le nom de café de Moka, quoiqu'il n'en croisse pas un grain à vingt lieues à la ronde de cette ville, mais seulement parce que Moka est le port le plus connu par où nous l'exportons.

LES ARABES un peu instruits n'ignorent point que leur pays a fourni jadis beaucoup de richesses. A Lohéia, un fakih dit à Niebuhr (2) qu'il connoissoit quelques endroits où l'on avoit exploité autrefois des mines d'or. Nos voyageurs, comme nous l'avons dit, ne pénètrent plus dans l'intérieur de l'Hedjas, où habitoient les nations dont nous venons de parler; peut-être y trouveroit-on encore des vestiges de leurs anciens travaux.

Au reste, l'épuisement actuel de leurs mines n'a rien qui puisse étonner. On sait par Aristote (3), et par Diodore (4),

(1) Diodor. Sicul. *Biblioth. tom. I, lib. II, §. 50, pag. 161, 162; lib. III, §. 45, pag. 212, 213.*

(2) Niebuhr, *Descript. pag. 124.*

(3) Aristot. *de Mirabilib. auscultat. tom. I, pag. 1165.*

(4) Diodor. Sicul. *Biblioth. tom. I, lib. V, §. 35, pag. 358.*

qu'anciennement l'Espagne étoit tellement abondante en argent, que les Phéniciens dans un premier voyage, ne surent comment emporter l'immense quantité qu'ils s'en procurèrent, et que pour éviter la surcharge de leurs navires, ils furent obligés de substituer des masses d'argent aux masses de plomb qui garnissoient leurs ancres. Polybe (1) vit encore près de Carthagène des mines d'argent assez considérables, pour occuper quarante mille ouvriers, et pour rapporter au peuple romain vingt-cinq mille drachmes par jour. Maintenant il n'existe plus dans ces cantons le moindre vestige de ce métal; et c'est ainsi qu'il disparoîtra successivement par-tout où les hommes en ont découvert.

I V. DANS le livre des Rois (2) et dans celui des Paralipomènes (3), où il est parlé d'*Ophir* et de la reine de *Saba*, il est dit que chaque année on apportoit à Salomon six cent soixante-six talens d'or : et comme cet or est distingué de celui qu'il recevoit en présent de différens souverains, et des tributs qu'il levoit sur ses peuples, il est visible que les mots *chaque année* ne peuvent se rapporter qu'au temps employé à la navigation d'*Ophir,* et qu'ils annoncent qu'on n'y faisoit qu'un seul voyage par an.

NOUS trouvons que la distance d'*Asiongaber* à *Ophir* ou *Doffir,* pouvoit être de trois cent quatre-vingts lieues, et que l'allée et le retour doivent s'évaluer à environ sept cent soixante lieues.

Peut-être seroit-on tenté de croire que cet éloignement n'étoit pas assez considérable, pour que des vaisseaux fussent employés pendant une année entière. Mais la durée d'une expédition maritime n'est pas toujours proportionnée à l'éloignement des lieux : les dangers de la navigation, la direction des vents, la construction des

(1) Polyb. *apud* Strabonem, *lib. III,* *pag. 147, 148.*

(2) Reg. *lib. III, cap. 1 0, v. 14.*
(3) Paralipom. *lib. II, cap. 9, v. 13.*

navires, et sur-tout les moyens et l'habileté des pilotes, décident aussi du temps que l'on peut y employer. D'ailleurs, il est possible qu'un voyage demande un an pour son exécution, sans qu'il soit nécessaire d'être toujours en marche; et c'est ce qui arrive particulièrement dans le golfe Arabique, où il règne alternativement, pendant six mois, deux moussons diamétralement opposées. Depuis le mois de mai jusqu'en octobre, le vent souffle du nord-ouest; depuis le mois de novembre jusqu'en avril, il souffle du sud-est; et les navigateurs sont forcés d'attendre dans l'inaction la mousson favorable qui doit les porter au lieu où ils veulent se rendre.

Nous savons qu'avec de bons navires, nos marins parviennent quelquefois à vaincre la contrariété des vents; mais c'est en tenant la haute mer, et par des manœuvres dont les vaisseaux des anciens n'étoient pas susceptibles. Quelque perfection que l'on veuille accorder à la marine des Phéniciens, mille ans avant J. C., elle sera nécessairement inférieure à celle des Romains dans le quatrième siècle de l'ère chrétienne, et à celle des Turcs et des Arabes modernes de Suez, qui jouissent d'une portion de nos arts. Cependant, du temps de Saint-Jérôme, il falloit une navigation fort heureuse pour parcourir en six mois la longueur du golfe (1); et aujourd'hui même, les meilleurs pilotes de cette mer ne font encore qu'un seul voyage par an de Suez à Giddah. « Ils partent de Suez, dit Niebuhr (2), dans la saison où le vent » est au nord, et arrivent à Dsjidda en dix-sept ou vingt jours, » après avoir jeté l'ancre chaque soir, excepté dans le court trajet » de Ras Mohammet à l'île Hassane. Pour revenir, il leur faut au

(1) *Felix cursus est, si post sex menses supradictæ urbis [Ailath] portum teneant, à quo se incipit aperire oceanus. . . . .* Sanct. Hieronym. *Epistol. X C V, ad Rusticum ; tom. I V , pag. 770.*

(2) Niebuhr, *Descript. pag. 304.*
— Irwin, *Voyage à la mer Rouge, tom. I , pag. 172.*

» moins deux mois, et ils ne vont point de nuit. Le reste de
» l'année, ces vaisseaux sont à Suez ou à Dsjidda ».

Il faut remarquer que ce voyage est près de moitié moins
long que celui qui conduiroit à *Ophir*. Aussi Niebuhr (1) a-t-il
employé trente-quatre jours de navigation, pour se rendre de Suez
à Lohéia, située vers la même hauteur où nous trouvons la ville
de Doffir; et si l'on évalue le retour dans la proportion précédente, il s'ensuivra que les Arabes d'aujourd'hui seroient forcés
de tenir la mer pendant près de six mois, pour suivre la même
route que les Phéniciens et les Hébreux parcouroient autrefois.
Que l'on ajoute le temps dont ceux-ci avoient besoin pour vendre
leurs marchandises, pour compléter leurs cargaisons de retour, ou
pour attendre la nouvelle mousson, et l'on sera forcé de convenir
qu'en les supposant même aussi habiles que les pilotes de Suez, il
leur étoit impossible de faire plus d'une expédition par an à *Ophir*.

Nous n'avons pu nous dispenser d'entrer dans ces différens
détails, pour développer et affermir l'opinion que nous avons
embrassée sur l'emplacement d'*Ophir*. Il nous semble avoir satisfait
aux principales conditions qu'exigeoit cette espèce de problème
géographique. Passons à celui de *Tharsis*, et cherchons à l'éclaircir
à son tour.

§. II.

DES VOYAGES DE THARSIS.

Les opinions ne sont guères moins divisées sur l'emplacement
de *Tharsis* que sur celui d'*Ophir*. Cette question est restée dans une
obscurité d'autant plus grande, que les interprètes ne conviennent
point entre eux de la signification propre des mots *Tharsis* et *navires*

____

(1) Niebuhr, *Voyage*, tom. I, pag. 207-235.

de Tharsis, qui se trouvent répétés plusieurs fois dans l'Écriture. Chacun les explique d'après ses idées particulières ; et comme il est dit que les vaisseaux de Tyr (1) et ceux d'*Asiongaber* (2) participoient à cette navigation, quelques auteurs ont pensé qu'il y avoit eu deux *Tharsis* ; une première, située dans la Méditerranée ou vers son embouchure sur les côtes de l'océan, une seconde dans la mer des Indes. D'autres ont prétendu qu'il n'en a jamais existé qu'une seule : et c'est dans le choc de ces diverses conjectures, que *Tharsis* a été indiquée successivement, sur les côtes méridionales de l'Arabie (3), sur les côtes orientales de l'Afrique (4), dans l'Inde (5), à Ceilan (6), dans la mer Noire et dans la Thrace (7), à Tarse en Cilicie (8), à Tunis (9), à Carthage (10), à Tartesse en Espagne (11), et même sur les côtes occidentales de l'Afrique (12).

MAIS aucune de ces opinions ne nous paroît admissible ; elles pèchent toutes par des invraisemblances plus ou moins grandes. Les auteurs qui ont créé deux *Tharsis*, n'ont aucune autorité sur laquelle ils puissent asseoir leur sentiment. Ceux qui placent *Tharsis* dans l'Inde, font parcourir quinze à seize cents lieues aux Phéniciens et aux Juifs, dans des mers et le long de contrées qu'ils n'ont jamais connues ; et ceux qui prétendent que *Tharsis*

(1) Isaïas, *cap. 23, vers. 1, 6, 14.* — Ezechiel, *cap. 27, vers. 12, 25.*

(2) Reg. *lib. III, cap. 22, v. 49.* — Paralip. *lib. II, cap. 20, v. 36, 37.*

(3) Le Grand.

(4) Bruce.

(5) Saint-Jérôme, Théodoret, Robert Étienne, le Clerc, l'abbé Mignot.

(6) Bochart.

(7) Joseph.

(8) Joseph, Saint-Augustin, Vatable, Don Calmet, l'abbé Belley.

(9) L'Édrisi.

(10) Les Septante, St.-Jérôme, Théodoret, Robert Étienne, l'abbé Belley.

(11) Eusèbe, Pinéda, Bochart, Riccioli, Pluche, Michaélis.

(12) Huet.

étoit dans la Tartesside de l'Espagne, font entreprendre aux flottes juives une navigation bien plus longue et bien plus difficile encore en leur faisant faire deux fois le toŭr de l'Afrique.

Cependant, rien ne paroît ni plus facile, ni mieux prouvé à Huet (1) et à Pluche (2), que cet énorme voyage ; parce que, disent-ils, pendant sa durée, on ne perdoit point la terre de vue. Avec un semblable raisonnement, rien n'empêcheroit de soutenir que les anciens avoient fait le tour entier du continent, puisqu'ils auroient pu ne jamais s'éloigner des côtes dans une navigation qui auroit embrassé la circonférence de l'Europe, de l'Asie et de l'Afrique.

Les Phéniciens, dit Pluche, se conduisoient par le moyen de l'étoile Polaire ; et il parle de celle que nous connoissons aujourd'hui à l'extrémité de la queue de la petite Ourse. Mais, n'auroit-il pas dû savoir que cette étoile, qui maintenant est près du pôle, en étoit éloignée au temps de Salomon d'environ dix-sept degrés et un quart ! D'ailleurs, n'auroit-il pas dû faire attention que pendant la moitié du voyage, le pôle arctique et les constellations circonvoisines auroient disparu nécessairement aux yeux de ces navigateurs ! Il falloit donc expliquer comment ils se seroient conduits sous un ciel nouveau, dont tous les points étoient ou mobiles ou inconnus pour eux.

Ces auteurs s'appuient encore sur ce que les Phéniciens ayant fait le tour de l'Afrique sous Néchos, ont pu le faire également sous Salomon. On est fâché de voir Michaélis (3) employer à son tour un argument si foible : car, en supposant que les Phéniciens

(1) Huet , *De Navigat. Salomonis ,* *cap. III , §. 5, pag. 146.*

(2) Pluche , *Spectacle de la Nature , tom. IV, pag. 319 et suiv. — Concorde* de la Géographie , pag. 330 et suiv.

(3) Michaelis , *Spicileg. Geograph. Hebræor. exter. pars prima , pag. 98-101.*

cussent

eussent fait ce voyage sous Néchos, il ne s'ensuivroit point qu'ils eussent été en état de l'exécuter quatre cents ans auparavant; et cela, par la même raison que nous faisons aujourd'hui le tour de l'Afrique, et qu'on étoit dans l'impossibilité de le faire il y a quatre siècles. Au surplus, ce prétendu voyage sous Néchos, et celui d'Eudoxe sous Ptolémée Lathure, sont des fables grossières et mal combinées, dont nous croyons avoir démontré l'absurdité (1).

Un raisonnement simple devoit suffire pour faire voir combien il est peu vraisemblable d'imaginer que les flottes d'Hiram et de Salomon fissent le tour de l'Afrique, pour aller de Tyr à Tartesse dans la Bætique.

En effet, ces deux princes vivant en paix, s'associèrent, dit-on, pour une expédition maritime et commerciale : Salomon n'avoit ni navires, ni matelots; Hiram lui en fournit, et ce fut certainement sous la condition de partager les bénéfices qui en résulteroient. Leur intérêt réciproque étoit donc d'économiser à-la-fois, sur les frais de l'armement, sur la durée du voyage, et sur les risques de la mer. Pour réunir ces avantages, il étoit nécessaire que leurs flottes partissent du port le plus voisin du lieu de leurs destinations. Aussi a-t-on vu que lorsqu'il a été question d'aller à *Ophir,* loin de penser à tenter le tour de l'Afrique, on a transporté les vaisseaux à travers le continent, depuis les bords de la Méditerranée jusque sur les bords du golfe Arabique, parce qu'il n'existoit pas de moyen plus prompt pour exécuter ce voyage. Mais s'il avoit été question d'aller en Espagne, où l'on prétend que *Tharsis* se trouvoit, c'eût été la combinaison la plus extravagante, que d'envoyer des vaisseaux à *Asiongaber,* pour leur faire prendre une route dont l'allée et le retour eussent été de plus de huit mille

(1) Voyez *suprà, tom. I, pag. 2 0 4 et sequent.*

TOME II.   R

grandes lieues; tandis qu'en partant de Tyr, en parcourant toute la longueur de la Méditerranée, et en suivant même les côtes septentrionales de l'Afrique, ils auroient pu se rendre à Tartesse et en revenir, par un chemin cinq fois moins long que le précédent, et dans lequel le temps, les frais et les risques eussent été épargnés dans une proportion toujours décroissante.

Ajoutons qu'en suivant la route de la Méditerranée, les Phéniciens parcouroient une mer qu'ils connoissoient depuis long-temps, et pouvoient aborder, en cas de besoin, dans une multitude de ports où ils avoient fondé des colonies; au lieu qu'en faisant le tour de l'Afrique, ils se trouvoient dans des mers orageuses, absolument inconnues, et forcés, par le défaut de boussole, de naviguer le long de côtes, ou désertes, comme elles le sont encore aujourd'hui, ou peuplées de nations sauvages et féroces, dont ils avoient tout à craindre, et pas le moindre secours à espérer. Remarquons encore, que les Phéniciens étoient trop jaloux de leur commerce, pour le partager avec qui que ce fût, lorsqu'ils pouvoient le faire par eux-mêmes; et que Salomon, qui ne possédoit dans son aride royaume, ni bois de construction, ni matelots expérimentés, eût été l'associé le plus inutile qu'ils pussent choisir pour les aider dans le commerce de l'Espagne : celui d'*Ophir* étoit très-différent; les Phéniciens n'y alloient point avant Salomon, et n'auroient pu y aller sans son agrément, puisqu'ils n'avoient aucun port dans le golfe Arabique : ainsi, ils ont été forcés de consentir à partager les bénéfices que promettoit la nouvelle branche de commerce qu'on leur offroit, parce qu'ils ne pouvoient l'entreprendre sans se soumettre à cette condition.

Les anciennes richesses que les Phéniciens ont tirées de l'Espagne, et le nom de Tartesside qu'une portion de la Bætique a porté autrefois, sont la seule raison qui a fait jeter les yeux sur cette extrémité de l'Europe, pour y envoyer les flottes de Salomon. L'argent, le fer, le plomb, et sur-tout l'étain que fournissoit la navigation de *Tharsis*, ont paru indiquer un lieu sur la route de l'Angleterre, d'où ce dernier métal s'est tiré de temps immémorial. Mais, à cet égard, les auteurs se sont encore trompés, en ne distinguant point les différentes époques où le nom de *Tharsis* est employé dans l'Écriture, et en faisant rapporter par les flottes de Salomon, des marchandises absolument étrangères à celles dont il est parlé dans le récit de ces voyages.

Nous ne nous sommes arrêtés à relever quelques-unes des principales invraisemblances de l'opinion de ceux qui placent *Tharsis* dans l'Espagne, que parce qu'elle est aujourd'hui la plus généralement adoptée. On doit la regarder comme inadmissible, ainsi que toutes celles que nous avons citées sans les combattre, attendu qu'elles présentent dans leur examen des difficultés à-peu-près semblables à résoudre.

Nous avons dit que les interprètes avoient varié sur la vraie signification que le mot *Tharsis* pouvoit avoir eue chez les Hébreux. Quelquefois ils l'ont rendu par le mot *Carthaginois ;* d'autres fois par le mot *Mer,* et le plus souvent ils l'ont laissé subsister faute de savoir par quel nom connu il pouvoit être remplacé. Il est impossible cependant de laisser de semblables variantes dans une traduction, quand le texte peut offrir un sens fixe et déterminé, comme nous croyons que le mot *Tharsis* le présente dans tous les passages de la Bible où il est employé.

Nous devons observer encore, que si le mot *Tharsis* n'avoit dû désigner qu'une ville ou un port quelconque, visité par les flottes des Juifs, l'emploi de ce nom se trouveroit borné dans leur histoire, entre le temps où Salomon a commencé à régner, et la fin du règne de Josaphat, puisqu'il n'est fait aucune mention d'expédition maritime chez les Hébreux avant et après ces époques. Néanmoins, comme le mot *Tharsis* paroît dans leurs livres, long-temps avant Salomon, avant même que les Juifs possédassent un seul vaisseau, et long-temps après qu'ils n'en eurent plus ; on doit se convaincre que sa signification ne se borne point aux voyages entrepris par la route d'*Asiongaber*, et qu'il est indispensable de lui donner une acception assez étendue, pour qu'elle puisse s'appliquer à tous les passages où le mot *Tharsis* se rencontre. Or, ce nom ne peut être que celui de *Mer*, ou quelques-uns de ses dérivés.

Il existe, à l'appui de cette opinion, une autorité qui nous semble faite pour trancher la difficulté, de la manière la plus précise et la plus formelle. La voici :

« Au lieu du mot *Tharsis*, dit Saint-Jérôme (1), que tous les » traducteurs ont laissé subsister dans leurs versions, les Septante » sont les seuls qui l'aient rendu par le mot *Mer.* Les Hébreux » pensent que dans leur langue, le nom propre de la mer est » *Tharsis*, et que le mot *Iam* dont ils se servent quelquefois pour » la désigner, est un terme emprunté du syriaque et non de » l'hébreu. . . . Il convient donc de prendre le mot *Tharsis* dans » le sens absolu du mot *Mer* ».

Le sentiment des Septante et celui de Saint-Jérôme, les uns Juifs hellénistes, l'autre le plus habile homme de son siècle dans la connoissance de l'hébreu, et qui tous faisoient leur principale étude du livre qu'ils ont traduit, nous semblent démontrer,

(1) *Pro* Tharsis, *quod omnes simi-liter transtulerunt, soli LXX* mare *interpretati sunt. Hebræi putant linguâ propriè suâ* mare Tharsis *appellari ; quando autem dicitur* Iam, *non hebraïco* sermone *appellari, sed syriaco. . . . Melius autem est* Tharsis, *vel* mare, *vel* pelagus *absolutè accipere. . . . . .* S. Hieronym. *Commentarior. in Esaïam, cap. 16, v. 2, tom. III, pag. 29, 30.*

contre l'opinion de quelques critiques modernes, qu'on n'est plus autorisé aujourd'hui à révoquer en doute que *Tharsis*, chez les Juifs, n'ait signifié autrefois la *Mer*, prise dans l'acception la plus étendue. Si le mot *Iam* a prévalu depuis, ce n'est que par une inconstance très - ordinaire dans toutes les langues vivantes, où l'on substitue aux mots anciens, des termes nouveaux pris dans l'idiome des contrées environnantes.

ON NE peut nous opposer les leçons du Pentateuque, d'après lesquelles il sembleroit que dès le temps de Moïse, le terme *Iam* étoit reçu parmi les Hébreux pour signifier la *Mer*. Nous répondrions qu'il n'est pas impossible que ce mot fût introduit, à cette époque, dans la langue de ces peuples, puisqu'ils communiquèrent nécessairement avec les Syriens dès l'instant de leur arrivée dans la Palestine; et leurs écrivains, trouvant deux expressions pour peindre le même objet, ont pu employer l'une ou l'autre indifféremment. D'ailleurs, on convient que les livres juifs, dont quelques - uns s'étoient ou perdus ou altérés pendant les nombreuses captivités de ce peuple indocile, ont été renouvelés sous Esdras (1) ; et que l'on y fit quelques changemens, entre autres dans les anciens noms de lieux, auxquels on substitua, autant qu'on le put, les noms qu'ils avoient reçus depuis.

On voit aussi dans Esdras (2), que de son temps, le séjour des Juifs parmi les différentes nations, avoit corrompu beaucoup leur idiome primitif, et que le syriaque dominoit dans la Judée. Il est donc très - naturel de croire que pour rendre ces livres plus intelligibles à la multitude, on aura abandonné dans la nouvelle rédaction, le mot *Tharsis,* qui n'étoit plus d'usage, pour lui substituer celui de *Iam*, que tout le monde entendoit. Si on l'a conservé

(1) Esdras, *lib. I, cap. 7, v. 1 0 ;*   (2) Esdras, *lib. I, cap. 4, v. 7 ;*
lib. IV, cap. 1 4, v. 2 4 - 4 7.   *lib. II, cap. 1 3, v. 2 4.*

en quelques endroits, c'est parce que l'emploi de cet ancien mot pouvoit convenir au rhythme et à l'harmonie du style figuré qu'avoient employé les prophètes; c'est parce que dans le récit des navigations de Salomon, et de celle qui fut tentée sous Josaphat, on n'a point osé changer les termes, faute de connoissances positives sur la destination des vaisseaux qu'ils avoient équipés.

Observons qu'au temps d'Esdras, il y avoit quatre cent soixante ans que les Juifs n'avoient fait d'entreprises maritimes, et près de deux siècles que les Iduméens, en se soulevant contre Achaz (1), ne leur avoient laissé aucun port sur le golfe Arabique. C'est d'ailleurs entre cette époque et celle d'Esdras, que les Juifs essuyèrent les plus grands malheurs. La Judée fut bouleversée à six reprises différentes par les Égyptiens et les Babyloniens : Jérusalem et son temple furent saccagés, brûlés, détruits de fond en comble, et les rois et les peuples transportés dans des contrées étrangères. On conçoit qu'au milieu de ces désastres, les livres, les monumens historiques se perdirent en partie, que les traditions s'altérèrent, et qu'il ne put rester que des notions très-vagues sur les pays que les flottes juives avoient fréquentés autrefois.

Esdras, ou ses coopérateurs, ne purent donc hasarder aucun changement dans les termes de la narration de ces voyages. Ils les copièrent tels qu'ils les trouvèrent dans les anciens mémoires, et cette exactitude leur a évité les embarras et les contradictions où sont tombés les interprètes postérieurs. Saint-Jérôme lui-même, malgré le passage que nous en avons cité, varie dans sa traduction et se laisse entraîner quelquefois par l'exemple des Septante. Aussi a-t-il appliqué comme eux l'expression indéterminée de *Tharsis,* tantôt à la *mer,* tantôt aux *Carthaginois,* dans des circonstances cependant où elle ne signifioit absolument que la même chose.

(1) Reg. *lib. IV, cap. 16, v. 6.*

IL EST probable que quelques-unes de ces réflexions ont été faites avant nous, et qu'elles ont décidé Mathieu Béroalde (1), Joseph d'Acosta (2), Leight (3), et Grotius (4), à croire que le mot *Tharsis*, dans la plupart des circonstances, ne pouvoit désigner que l'*Océan*. Mais, comme ces auteurs n'ont étayé leurs opinions d'aucun raisonnement, d'aucune preuve, et que d'ailleurs elles se trouvent mêlées de conséquences fausses, nous devons nous arrêter à l'examen des principaux passages de la Bible, où le mot *Tharsis* est employé, pour faire voir qu'il ne se rapporte pas seulement à l'océan, que probablement les Hébreux n'avoient jamais vu avant l'ère chrétienne, mais encore à la Méditerranée, au golfe Arabique, en un mot à la *Mer*, prise dans l'acception la plus générale.

(1) *Quòd ergo in hâc historiâ Salomonicâ dicantur naves regis ivisse in Tharsis, id ita est accipiendum, ut intelligantur illæ naves petivisse oceanum, et ipsum mare sulcasse : eo sensu quo nos dicimus,* les nefs de Salomon allèrent sur mer... *Vid.* Math. Beroaldi *Chronic. Script. Sacr. auctorit. constitut. lib. IV, cap. 6, pag. 231.*

Béroalde a tort de borner à l'océan la signification du mot *Tharsis*. On a vu précédemment qu'il devoit s'appliquer à toute l'étendue de la mer.

(2) *Sed ut dixi, hæc mea sententia est, Tharsis nomine aut immensum mare, aut regiones semotissimas et valdè peregrinas accipi solere....* Joseph. Acosta, *De Natur. novi Orbis, lib. I, cap. 14, pag. 36.*

Mêmes observations qu'à l'article ci-dessus. D'ailleurs, ni les Phéniciens, ni les Juifs n'ont jamais été en Amérique, comme d'Acosta cherche à le faire croire.

(3) Leight, *Critica Sacra, pag. 266.* Cet auteur varie dans le sens qu'il donne au mot *Tharsis* : selon lui, il ne se rapporte à l'océan que dans les passages des Rois, des Paralipomènes, et des Pseaumes.

(4) Quia classis regis... *In hebræo, navis Tharsisch, id autem est navis oceanica : nam oceanum sic vocant Hebræi, ab urbe antiquissimâ Tartesso ad oceanum frequentatâ jam olim Phœnicum commercio....* Hugon. Grotii, *Opera omnia Theologica, tom. I, pag. 149.*

Mêmes observations qu'à l'article de Béroalde. On voit que Grotius étoit préoccupé de l'opinion qui place *Tharsis* dans l'Espagne. Mais la ville de Tartesse n'a jamais communiqué son nom à l'océan.

Dans l'Exode (1), *Tharsis* est le nom d'une pierre précieuse qui ornoit le pectoral du grand prêtre, et que l'on croit être ou la chrysolite, ou l'aigue-marine, ou simplement un jaspe vert, car on est hors d'état de rien décider de positif. Il nous paroît assez probable, comme d'autres l'ont soupçonné, que c'est par l'habitude des métaphores dont les orientaux ont toujours aimé à faire usage, que le nom de *Tharsis* a été donné à cette pierre, parce que sa couleur offroit quelque ressemblance avec les eaux verdâtres de la mer.

Dans le huitième verset du quarante-septième pseaume, qui paroît être une action de grâce pour une victoire remportée sur quelques rois ligués contre Jérusalem, il est dit : *Ils ont tremblé devant vous, comme les pilotes tremblent à l'approche des vents impétueux qui brisent les vaisseaux de Tharsis.*

S'il n'étoit prouvé que les Pseaumes sont antérieurs au règne de Josaphat, on pourroit croire que ce passage seroit une allusion à la tempête qui détruisit sa flotte dans le port d'*Asiongaber* (2). Mais comme ce pseaume est mis au rang de ceux que David a composés (3), il s'ensuit qu'il doit être antérieur au temps de Salomon, et qu'il a précédé les premières entreprises maritimes des Hébreux. Ainsi, en supposant même que dans une époque postérieure, les Juifs eussent visité une ville ou une contrée nommée *Tharsis,* il ne pourroit pas en être question dans le texte que nous venons de rapporter, puisqu'ils ne la connoissoient pas encore, ou n'y avoient pas encore été. Ils devoient donc ignorer si les vaisseaux couroient plus de risques dans cette navigation que dans toutes les autres ; et David ne se seroit point servi d'une comparaison qu'aucun de ses sujets ne pouvoit entendre. Le mot *Tharsis*

____

(1) Exod. *c. 28, v. 20; c. 39, v. 13.*   (3) Voyez le dernier verset du
(2) Reg. *lib. III, cap. 22, v. 49.*   LXXI.ᵉ pseaume.

ne

ne peut donc désigner ici que la *Mer* en général ; et pour que ce passage ait un sens déterminé, il faut traduire : *Ils ont tremblé devant vous, comme les pilotes tremblent à l'approche des vents impétueux qui brisent les vaisseaux de la mer.*

DANS le soixante et onzième pseaume (1), que le texte même attribue à David, et dans lequel il prie pour que la justice et l'équité dirigent toutes les actions du roi, et celles de Salomon son fils, il dit : *Alors.... sa puissance s'étendra depuis une mer jusqu'à l'autre, et depuis le fleuve jusqu'aux extrémités de la terre. Les habitans du Désert se prosterneront devant lui, ... les rois de Tharsis et des îles lui offriront des présens, les rois de Séba et de Saba lui apporteront des offrandes.*

Ici, *Tharsis* paroîtroit être un vaste pays partagé en différens états, et soumis à différens souverains. C'est peut-être ce qui a fait croire à Huet (2), que toute la côte occidentale de l'Afrique avoit porté le nom de *Tharsis.* Mais, quand cette étrange assertion seroit vraie, ne faudroit-il pas expliquer comment David, ne possédant pas encore de marine, auroit pu ambitionner les hommages des rois qui habitoient au-delà du détroit de Gibraltar ! D'ailleurs de son temps, ni les Juifs, ni les Tyriens ne pouvoient soupçonner l'existence de ces rois, puisque dans le fait, ils n'existoient pas encore. Rappelons-nous (3) que David étoit à-peu-près contemporain d'Hannon que les Carthaginois envoyèrent établir des colonies sur les côtes occidentales de l'Afrique, et que ce navigateur, après avoir dépassé le détroit de quinze à vingt lieues seulement, ne trouva plus que des peuples entièrement sauvages, et pas une seule habitation qui ressemblât à une ville, pas une seule peuplade qui eût la moindre apparence d'un royaume.

(1) Psalm. *LXXI, vers. 8, 9, 10.*   *cap. III, pag. 144 et sequent.*
(2) Huet, *De Navigat. Salomonis,*   (3) *Suprà, tom. I, pag. 74, 136-139.*

          S

Il suffit de lire ce pseaume avec un peu d'attention, pour s'apercevoir qu'il n'embrasse dans sa nomenclature, ni autant de contrées, ni autant de peuples qu'on pourroit se l'imaginer. Il y est question, entre autres choses, des vœux perpétuels que David formoit pour la conquête de l'Idumée. Cette conquête devoit étendre son empire depuis Joppé qu'il possédoit sur les bords de la Méditerranée, jusqu'à ceux du golfe Arabique; et depuis l'Euphrate, où il avoit enlevé quelques villes aux Assyriens, jusqu'aux rivages des mêmes mers. On peut voir que c'est à quoi se bornoit sa principale ambition (1). Ainsi, *les rois de Tharsis et des îles* ne représentent ici que les Tyriens et les Aradiens, habitans de deux petites îles contiguës à la Palestine et à la Syrie, et qui s'étoient rendus les maîtres de la mer et de quelques autres îles, au moyen des flottes qu'ils y entretenoient. Les rois de *Séba* ne sont encore que les chefs des habitans du Désert, dont il est parlé dans le verset précédent; et ceux de *Saba,* les souverains de l'Hedjas et des Sabéens. Ces sortes de répétitions emphatiques sont fréquentes dans le style oriental, où il est nécessaire de ne pas les confondre avec le fond de la narration, si l'on veut éviter de faire un double emploi des mêmes objets. D'après ces observations, on conçoit que pour rendre le sens propre de ces mots, *les rois de Tharsis et des îles*...., il faut dire, *les dominateurs de la mer et des îles*....

LES PASSAGES les plus importans et qui ont le rapport le plus direct avec l'objet de cette discussion, sont ceux où il est parlé des navigations entreprises sous Salomon, et des tentatives faites sous Josaphat, environ cent ans après, pour les renouveler. Comme le livre des Rois, et celui des Paralipomènes, présentent dans l'exposition de ces faits quelques variétés, quelques nuances

(1) .... Qui me conduira dans la   l'Idumée! *Psalm. CVII, vers. 11.*
ville forte! qui me mènera dans

différentes qu'il importe de saisir, il est nécessaire de les rapprocher afin de les éclaircir l'un par l'autre. Nous devons d'ailleurs opposer au sens arbitraire de la Vulgate, le sens rigoureux du texte hébreu, pour faire voir la différence des leçons et les erreurs qui peuvent en résulter.

Après avoir parlé des voyages d'*Ophir*, de l'arrivée de la reine de *Saba*, des richesses de Salomon, et dit que l'argent étoit devenu si commun à Jérusalem qu'on n'y faisoit aucun cas de ce métal, le texte ajoute :

HÉBREU.	VULGATE.
I. *Quia navis Tharsis [erat] regi in mari cum navi Hiram, semel intrà tres annos veniebat navis Tharsis ferens aurum et argentum, dentes elephantorum, et simias, et . . . . (1).*	**I.** *Quia classis regis per mare cum classe Hiram, semel per tres annos ibat in Tharsis, deferens indè aurum et argentum, et dentes elephantorum, et simias, et pavos.*
II. *Quia naves [erant] regi euntes Tharsis cum servis Hiram, semel intrà tres annos veniebant naves Tharsis afferentes aurum et argentum, dentes elephantorum, et simias, et . . . . (2).*	**II.** *Siquidem naves regis ibant in Tharsis cum servis Hiram, semel in annis tribus ; et deferebant indè aurum et argentum, et ebur, et simias, et pavos.*
III. *Josaphat fecit naves Tharsis ad eundum in Ophir causâ auri, et non iverunt quoniam confractæ sunt naves in Asiongaber (3).*	**III.** *Rex verò Josaphat fecerat classes in mari, quæ navigarent in Ophir propter aurum ; et ire non potuerunt, quia confractæ sunt in Asiongaber.*
IV. *Et socium assumpsit eum sibi ad faciendas naves ut irent Tharsis ; feceruntque naves in Asiongaber. . . . et fractæ sunt naves, nec obtinuerunt ut irent ad Tharsis (4).*	**IV.** *Et particeps fuit ut facerent naves quæ irent in Tharsis ; feceruntque classem in Asiongaber. . . . contritæque sunt naves, nec potuerunt ire in Tharsis.*

On peut remarquer que la traduction de la Vulgate n'est ni exacte, ni uniforme, puisqu'elle attache aux mêmes idées et aux

---

(1) Reg. *lib. III, cap. 10, v. 22.*
(2) Paralipom. *lib. II, cap. 9, v. 21.*
(3) Reg. *lib. III, cap. 22, v. 49.*
(4) Paralipom. *l. II, c. 20, v. 36, 37.*

mêmes expressions, des acceptions différentes. Dans les premiers versets, l'auteur a fait disparoître la répétition du mot *Tharsis*, qu'offroit le texte hébreu, et ne l'a laissé subsister que dans les endroits où il a jugé à propos de lui donner l'apparence d'un *nom* propre de lieu; aussi, l'a-t-il fait précéder de la préposition *in*, qui n'existe point dans le texte : et il est visible que *Tharsis*, dans le livre des Rois particulièrement, loin d'avoir le sens que lui prête la Vulgate, n'est autre chose qu'une épithète donnée au mot *navis*.

L'emploi de cette épithète est clairement énoncé dans le troisième verset, puisqu'elle est appliquée aux vaisseaux même qui alloient à *Ophir;* et c'est ce que la Vulgate n'a point exprimé.

Les versets II et IV ne sont que la répétition des versets I et III, mais en termes moins précis, par la raison que les Paralipomènes ne sont qu'une compilation faite postérieurement au livre des Rois, et dans un temps où les Juifs avoient perdu le souvenir de la véritable destination des flottes d'*Asiongaber*. Le mot *Tharsis* n'y est plus lié immédiatement au mot *naves*, et par la tournure qu'on a donnée aux mêmes phrases, il peut à la vérité présenter une acception différente de celle qu'il a évidemment dans le livre des Rois : mais une légère attention suffit pour dissiper cette obscurité.

Tharsis dans ces passages ne peut donc signifier encore que la *Mer*, ou exprimer le rapport immédiat d'un objet avec la *Mer* dont il emprunte le surnom distinctif.

On se persuadera d'autant plus aisément, que les Hébreux ont pu employer une expression particulière pour désigner des bâtimens propres à tenir la mer, que la plupart des autres peuples ont eu des mots destinés au même objet : les Latins, entre autres, se servoient de l'expression *navis marina*, par opposition à *navis fluviatilis*, comme nous opposons les termes *navire*, *vaisseau*, *bâtiment de mer*, ou même *bâtiment* sans épithète, à celui de *bateau,* qui ne s'applique en général qu'aux barques destinées à la navigation des fleuves ; et nous pensons que pour conserver autant qu'il est possible, le sens littéral des versets précédens, il faut les traduire de la manière suivante :

I. *Quia navis marina [erat] regi in mari cum navi Hiram, semel intrà tres annos veniebat navis marina, ferens aurum et argentum, dentes elephantorum, et simias, et. . . .*

I. Parce que les *bâtimens* du roi avec ceux d'Hiram alloient en mer de trois ans en trois ans, et que ces *bâtimens* rapportoient de l'or, de l'argent, des dents d'éléphans, des singes, et. . . .

II. *Quia naves [erant] regi euntes [in] mari cum servis Hiram, semel intrà tres annos veniebant naves marinæ afferentes aurum et argentum, dentes elephantorum, et simias, et. . . .*

II. Parce que les vaisseaux du roi conduits par les sujets d'Hiram, alloient en mer de trois ans en trois ans, et que ces *bâtimens* rapportoient de l'or, de l'argent, des dents d'éléphans, des singes, et. . . .

III. *Josaphat fecit naves marinas ad eundum in Ophir causâ auri, et non iverunt quoniam confractæ sunt naves in Asiongaber.*

III. Josaphat fit construire des bâtimens de mer pour aller chercher de l'or à Ophir ; mais ils ne purent y aller, parce que ces vaisseaux furent brisés à *Asiongaber.*

IV. *Et socium assumpsit eum sibi ad faciendas naves ut irent [in] mari ; feceruntque naves in Asiongaber. . . . et fractæ sunt naves, nec obtinuerunt ut irent in mari.*

IV. Et [Josaphat] s'associa [Ochosias] pour équiper des vaisseaux et les envoyer en mer ; ils firent construire des vaisseaux à *Asiongaber. . . .* et les vaisseaux furent brisés, et ne purent aller en mer.

HUET (1) s'est fort récrié contre ceux qui prennent *Tharsis* pour la *Mer.* Mais il ne leur oppose qu'un raisonnement vague, et une interprétation fausse du second passage du livre des Rois, qu'il prétend devoir être entendu comme s'il y avoit : *Josáphat fit construire des vaisseaux destinés pour Tharsis, qui devoient passer à Ophir*

____

(1) Huet, *De Navigat. Salom. cap. 3, §. 10, pag. 148.*

pour y prendre de l'or . . . . . (1). On conviendra qu'il faut être étrangement aveuglé par l'esprit de système, pour hasarder un semblable commentaire. Huet cherchoit à persuader que les flottilles de Salomon avoient fait le tour de l'Afrique aussi facilement que nous le faisons aujourd'hui, sans se rappeler que nos vaisseaux et nos moyens sont tellement supérieurs à tout ce que les Juifs et les Tyriens ont jamais connu, qu'il est impossible d'en faire la comparaison.

MICHAÉLIS (2) se refuse aussi à croire que *Tharsis* puisse être rendu par le mot *Mer,* parce que, dit-il, il y a dans l'hébreu, *navis Tharschischæ erat in mari,* et qu'il faudroit traduire, *navis maris erat in mari,* ce qui ne signifieroit rien. Cependant il pouvoit voir que s'il avoit traduit, *navis marina erat in mari,* la phrase auroit présenté un sens clair et déterminé.

BRUCE (3) met *Tharsis* près de Mélinde, toujours sur la foi de ses prétendues annales abissiniennes. Mais quand il seroit vrai qu'il y eût dans ces parages, fréquentés depuis trois siècles par les Européens, une contrée nommée *Tharsis,* dont personne n'a jamais entendu parler, et que Bruce n'a point vue, ce ne pourroit être la *Tharsis* de Salomon, dans l'hypothèse même qu'il cherche à établir ; puisqu'en plaçant *Ophir* à Sofala comme il le fait, il s'ensuivroit que le voyage de *Tharsis* auroit été moins long que celui d'*Ophir,* ce qui est absolument opposé au texte des livres qu'il vouloit expliquer.

(1) Huet, *De Navigat. Salom. cap. 3, §. 6, pag. 146*, traduit ce passage : *Josaphatus fecit naves Tharsis, ut irent in Ophir auri gratiâ ; et non ivit* . . . . . et dit : *Ex quibus intelligas, naves quæ in Tharsis destinatæ erant, Ophir etiam uno eodemque cursu fuisse obituras, nisi intervenisset calamitas.*

(2) Michaelis, *Spicileg. geogr. Hebræor. exter. pars prima, pag. 95.*

(3) Bruce, *Voyage aux sources du Nil, tom. I, pag. 503.*

L'ÉCRITURE distingue formellement les voyages d'*Ophir* de ceux de *Tharsis,* et par le temps qu'on y employoit, et par l'espèce de marchandises qu'on en rapportoit. Les premiers, comme nous l'avons dit, se renouveloient tous les ans; les retours étoient en or, en bois rares, et en pierres précieuses. Les seconds demandoient trois ans pour leur exécution, et l'on en rapportoit de l'or, de l'argent, de l'ivoire, des singes, et des paons ou des perroquets, car on est incertain sur ce dernier article. Mais il suffit de trouver l'ivoire dans cette énumération, pour reconnoître qu'il indique une contrée différente de l'Arabie, qui ne possédoit pas plus d'éléphans alors, qu'elle n'en possède aujourd'hui, puisque l'ivoire paroît avoir été inconnu aux Juifs jusqu'au moment où les vaisseaux de Salomon leur en apportèrent; du moins n'en est-il fait aucune mention dans leurs livres avant cette époque.

La côte africaine du golfe Arabique, au contraire, a été très-célèbre dans tous les temps par la grande quantité que l'on s'y en procuroit. Aussi, les premiers soins des Ptolémées successeurs d'Alexandre au trône de l'Égypte, ont-ils été d'employer la ruse et la force pour se rendre maîtres de toute cette côte, afin d'y établir des lieux destinés à la chasse des éléphans (1) : et déjà sous Philadelphe, si l'on en croit Athénée (2), on vit paroître à Alexandrie, dans un jour de pompe, six cents dents d'éléphans parmi les autres richesses que ce souverain exposoit aux yeux des peuples. Ces chasses se continuoient encore avec une grande activité dans les premiers siècles de l'ère chrétienne. Les ports de *Ptolemaïs Epitheras* et d'*Adulis* étoient très-fréquentés par les navigateurs qui alloient y chercher de l'ivoire; et c'étoit particulièrement à *Adulis* que se réunissoient les dépouilles de tous les

(1) Agatharchides, *De mari Rubro,* pag. 1. — Strab. *lib. XVI, pag. 770.*

(2) Athenæi *Deipnosophist. lib. V, pag. 197-203.*

éléphans que l'on tuoit dans cette partie de l'Éthiopie nommée maintenant Abissinie (1).

LES AVANTAGES qu'offroit la navigation de la côte occidentale du golfe, ne se bornoient pas au seul commerce de l'ivoire. Agatharchides (2), et Diodore (3) après lui, ont parlé des mines d'or abondantes que renfermoient des montagnes situées dans ces cantons et sur les bords de la mer. Agatharchides rapporte même un fait intéressant à saisir, et qui prouve que ces mines étoient exploitées dès la plus haute antiquité. *On y trouve encore aujour-d'hui,* dit cet auteur, *une immense quantité d'ossemens humains, des outils et des marteaux de bronze, dont on se servoit autrefois, parce que dans les anciens temps le fer étoit très-rare.* Ces mines n'ont point cessé d'être connues des Arabes. L'Édrisi (4) et Abulféda (5) en parlent : le premier dit qu'elles produisoient de l'or et de l'argent. On les fouilloit encore de leur temps, mais elles commençoient à être moins abondantes, et il est probable qu'elles ont été négligées depuis. Ils nomment les montagnes où elles se trouvent, Ollaki ou Alalaki, et les placent à quinze journées d'Assuan, et à huit journées d'Aidab.

LES SINGES, les paons ou les perroquets, sont des animaux très-communs en Abissinie et le long de toute la côte. Ainsi, l'on voit qu'il n'est pas nécessaire de faire sortir les vaisseaux hébreux du golfe Arabique, pour trouver les marchandises qu'ils rapportoient à *Asiongaber.* Nous croyons, en effet, qu'ils n'en sortoient point, et que le voyage de *Tharsis* n'étoit autre chose qu'une navigation, un voyage maritime dans toute l'étendue de ce golfe.

---

(1) Periplus maris Erythræi, *pag. 3.*

(2) Agatharchides, *De mari Rubro*, *pag. 22 - 27.*

(3) Diodor. Sicul. *Biblioth. tom. I,* *lib. III, §. 12-14, pag. 181-184.*

(4) L'Édrisi, *Geogr. Nubiens. Pars IV Climatis I, pag. 18.*

(5) Abulféd. *Descript. Ægypt. p. 28.*

On

On le distinguoit de celui d'*Ophir,* parce que ce dernier avoit une destination fixe et unique, au lieu que l'autre embrassoit tous les ports, toutes les îles qui offroient quelques objets de commerce. Aussi employoit-on environ trois ans à faire ce voyage ; et l'on concevra qu'il pouvoit exiger ce temps, si l'on remarque qu'il n'étoit plus question d'une navigation directe, mais d'un cabotage lent, pendant lequel on se proposoit de visiter les différentes peuplades, pour reconnoître ce qu'elles possédoient, ce qu'elles pouvoient offrir en échange de ce qu'on leur apportoit. Il falloit séjourner chez ces peuples, pour gagner leur confiance, pour leur inspirer le goût des bagatelles qu'on cherchoit à leur faire désirer, comme font nos voyageurs lorsqu'ils veulent obtenir des rafraîchissemens chez les nations à demi sauvages de la mer du Sud, et comme on le fait encore sur quelques portions des côtes de l'Arabie et de l'Abissinie, où avec de l'antimoine en poudre, et des verroteries, qui servent à la parure des femmes, on se procure quelquefois des objets assez précieux. Il falloit d'ailleurs donner à ces peuples le temps de rechercher et de rassembler ce qu'on vouloit en acquérir ; attendre chez les uns qu'ils fussent parvenus à tuer un certain nombre d'éléphans ; attendre chez les autres que les mineurs eussent préparé une certaine quantité d'or et d'argent : enfin, on ne négligeoit rien de ce qui pouvoit procurer quelque bénéfice, puisqu'on emportoit jusqu'à des quadrupèdes et des oiseaux que le climat de la Palestine ne produisoit point.

A c e s différentes causes de retards nécessités par l'objet de la mission, il faut ajouter ceux que la nature opposoit encore. Pendant les trois ans que duroit ce voyage, la mousson changeoit six fois, et obligeoit à des repos forcés durant lesquels le temps se consumoit inutilement pour la navigation : car il ne faut pas croire que ni les Phéniciens, ni les Hébreux, eussent dès-lors la connoissance des vents réglés et périodiques, ni qu'ils fussent en état de disposer leur marche d'après leurs durées et leurs retours. Il nous paroît même que les pilotes du golfe Arabique n'avoient encore que des données fort incertaines sur la régularité de ces vents, dans le premier siècle de l'ère chrétienne, lorsque le Périple de la mer Érythrée fut écrit. Mais continuons l'examen des passages de la Bible où le mot *Tharsis* se trouve employé.

JONAS se mit en chemin pour s'enfuir en Tharsis. . . . Il se rendit à Joppé où il trouva un vaisseau qui alloit en Tharsis; et après avoir payé son passage, il y entra avec les autres pour aller en Tharsis (1).

Le but de Jonas en fuyant, étoit de s'éloigner de Ninive où il craignoit de se rendre. Michaélis (2) a remarqué, avec raison, qu'il ne pouvoit être question ici de la ville de Tarse en Cilicie, puisque si Jonas y avoit été, loin de s'éloigner de Ninive comme il le vouloit, il s'en seroit au contraire rapproché; et c'est un des argumens de Michaélis, pour conclure que c'est dans la Tartesside de l'Espagne, que Jonas vouloit aller.

MAIS, à cette époque, ni les Juifs, ni les vaisseaux de Joppé n'abordoient en Espagne; les Tyriens seuls y alloient. Il faudroit donc supposer que le hasard avoit fait relâcher à Joppé un vaisseau de Tyr, destiné pour Tartesse, quoique Joppé ne fût point sur la route : encore la rencontre que Jonas en auroit faite n'expliqueroit-elle pas toutes les difficultés ; car les Tyriens jaloux ne recevoient pas plus d'étrangers dans leurs colonies, que les Espagnols n'en reçoivent dans leurs possessions du Mexique et du Pérou. Conduire un Hébreu à Tartesse, c'étoit montrer aux Juifs, les plus avides des hommes, la source principale où Tyr puisoit ses richesses : et quand on se rappelle que les Carthaginois aussi défians, aussi soup-çonneux que les Tyriens dont ils descendoient, ne permettoient

(1) Jonas, *cap. 1, v. 3.*   (2) Michaelis, *Spicileg. pars 1, p. 85.*

pas même que l'on naviguât le long des côtes dont ils s'étoient appro-
prié le commerce; qu'ils noyoient impitoyablement les malheureux
étrangers qu'ils rencontroient dans les parages de la Sardaigne, ou
vers le détroit de Gibraltar (1) ; et qu'ils préféroient faire échouer
leurs navires plutôt que de se laisser suivre par d'autres navigateurs
qui cherchoient la route de l'Angleterre (2), on doit en conclure
que les Tyriens n'auroient pas reçu à leur bord un inconnu tel que
Jonas, qui ne pouvoit que leur être suspect dès qu'il demandoit
à les accompagner à Tartesse.

DANS tous les cas, la *Tharsis* de Jonas ne pouvoit être celle
que l'on suppose avoir été connue au temps de Salomon et de
Josaphat. Ces princes étant maîtres du port de Joppé n'auroient
pas fait transporter par terre, leurs flottes à *Asiongaber,* si des côtes
occidentales de la Judée il avoit été possible de parvenir à *Tharsis.*
Il faut donc encore reconnoître ici que *Tharsis* ne peut signifier que
la *Mer.* Jonas inquiet veut s'éloigner de Ninive et de Jérusalem : il
se jette dans le premier bâtiment qu'il trouve prêt à partir; et pourvu
qu'on l'éloigne de ces villes, il lui importe peu sur quel rivage
on le fera aborder. Cette précipitation convient à un homme agité
par la crainte, et qui fuit sans trop s'inquiéter où il va.

SI L'ON ouvre Isaïe, on trouve : *La colère du Seigneur va
éclater. . . .sur tous les vaisseaux de Tharsis (3) . . . . Jetez des cris
de douleur, vaisseaux de Tharsis, parce que Tyr sera ruinée* (4).

La Vulgate traduit dans le premier verset, *naves Tharsis,* et dans
le second, *naves maris ;* ce qui forme une contradiction d'autant
plus palpable, que l'on croit voir deux idées différentes, quoique
ces expressions ne puissent avoir que le même sens dans l'une et
l'autre phrase. Il y est question de l'anathème prononcé contre

(1) Strab. *lib. XVII, pag. 802.*   (3) Isaïas, *cap. 2 , v. 12-16.*
(2) Strab. *lib. III, pag. 175, 176.*   (4) Isaïas, *cap. 23, v. 1 et 14.*

Tyr, et de la ruine prochaine de son commerce : ainsi, *vaisseaux de Tharsis,* est une énonciation générale qui embrasse la totalité des navires dont les Tyriens se servoient dans leurs navigations, et ne peut se rendre que par, *vaisseaux de la mer.* En effet, si *Tharsis* étoit une contrée, pourquoi les seuls vaisseaux de *Tharsis* seroient-ils menacés ! pourquoi la destruction de Tyr n'entraîneroit-elle la perte que des seuls vaisseaux de *Tharsis!* Nous venons de voir que jamais Tyr n'a pu faire directement le commerce de la prétendue *Tharsis* de Salomon, puisque les vaisseaux de ce prince partoient d'*Asiongaber* et qu'ils y retournoient ; ainsi ces passages ne peuvent y avoir le moindre rapport.

La signification propre du mot *Tharsis* se trouve déterminée dans les versets suivans du même chapitre d'Isaïe : *Fuyez en Tharsis, poussez des cris de douleur, habitans de l'île* (1) . . . . *Sortez de votre territoire, comme un fleuve qui s'écoule, ô fille de Tharsis* (2).

Ici l'auteur de la Vulgate n'a point hésité à rendre *Tharsis* par la *Mer ;* il est certain qu'il ne peut avoir d'autre sens, et qu'on doit lire comme s'il y avoit : *Fuyez au-delà des mers, poussez des cris plaintifs, habitans de l'île de Tyr. . . . Sortez de votre territoire, comme un fleuve qui s'écoule, ô Tyr, fille de la mer.*

Quelques auteurs ont pensé que la *Tharsis* où les Tyriens pouvoient se retirer, étoit Tarse de Cilicie. Mais cette ville ne leur appartenoit point ; elle n'étoit même pas une de leurs colonies, puisqu'elle avoit été fondée par les Argiens (3) ; et ceux-ci n'auroient pas consenti à les recevoir. Cette méprise est suffisamment prouvée par le texte d'Isaïe (4), qui ajoute : *Levez-vous et passez en Céthim.* S'il avoit été question de Tarse, il est évident que le prophète auroit répété le mot *Tharsis ;* et s'il ne l'a point

(1) Isaïas, *cap. 23, v. 6.*   (3) Strab. *lib. XVI, pag. 750.*

(2) Isaïas, *cap. 23, v. 10.*   (4) Isaïas, *cap. 23, v. 12.*

fait, c'est qu'il a voulu indiquer une contrée différente, et probablement l'île de Cypre, où les Tyriens avoient formé de nombreux établissemens.

HUET (1) veut que Tyr ait été appelée *fille de Tharsis*, à cause des richesses qu'elle tiroit de la Bætique, ou plutôt de la Tartesside: mais Tyr étoit florissante long-temps avant que ses vaisseaux eussent pénétré au-delà du détroit de Gibraltar; et comme sa marine seule l'avoit élevée au plus haut degré de prospérité, l'épithète de *fille de la mer* la distinguoit bien autrement que le surnom d'un seul des lieux où elle trafiquoit. D'ailleurs, jamais les métropoles n'ont pris le nom de leurs colonies : celles-ci, au contraire, se disoient filles des premières ; et Isaïe ne l'a point ignoré, puisqu'il appelle Tyr, *fille de Sidon* (2). Elle étoit effectivement une colonie des Sidoniens, comme on peut le voir dans Justin (3), l'abréviateur de Trogue Pompée.

LE DIXIÈME chapitre de Jérémie (4) présente la phrase suivante : *On apporte de Tharsis de l'argent en lames, et d'Ophaz de l'or.* Le rapprochement de ces deux noms a fait croire qu'ils se rapportoient à *Tharsis* et à *Ophir;* et l'on n'a point douté qu'il ne fût question des mêmes pays que les flottes de Salomon avoient visités. Cependant, il convient d'observer deux choses :

1.º On ignore absolument ce que peut signifier le mot *Ophaz;* et s'il devoit être le même que celui d'*Ophir,* il faudroit convenir tout au moins qu'il est fort altéré. Aussi a-t-il donné lieu aux conjectures les plus bizarres. Don Calmet (5) en fait le Phase,

(1) Huet, *De Navigat. Salom. cap. 3,* $. 9, pag. 147.

(2) Isaïas, *cap. 23, v. 12.*

(3) Justin. *Histor. lib. XVIII, cap. 3,* pag. 367, 368.

(4) Jerem. *cap. 10, v. 9.*

(5) Don Calmet, Dissertation sur le pays d'Ophir, *pag. 41-43. Commentaire littéral sur tous les livres de l'ancien et du nouveau Testament, tom. I.*

fleuve de la Colchide, où les Argonautes allèrent chercher la toison d'or. Selon Saumaise (1), c'est l'île *Ophiodes* ou *Serpentaire*, située dans le golfe Arabique, quoiqu'il n'y ait jamais eu d'or dans cette île : et Bochart (2), en faisant passer le mot *Ophaz* par différentes filières, trouve qu'en l'accourcissant ou en l'alongeant suivant le besoin, il peut devenir, *Phaz, Paz, Parvaiim, Parvan, Taph-Parvan, Taph-Provan*, et enfin *Taprobane ;* d'où il conclut que Ceilan est l'*Ophir* de Salomon et l'*Ophaz* de Jérémie. Robert Étienne (3) traduit *aurum de Ophaz* par *aurum purum putum.* La Vulgate quelquefois prend aussi le mot *Ophaz* dans la même acception (4) ; et ce sens nous paroît être le moins incertain.

2.º Au temps de Jérémie, il y avoit au moins deux cent quatre-vingts ans que les Juifs avoient cessé leurs voyages en *Tharsis*, c'est-à-dire, qu'ils n'avoient équipé de flottes à *Asiongaber.* De plus il y avoit cent vingt ans que Rasin, roi de Syrie (5), leur avoit enlevé l'Idumée, qu'ils n'ont jamais recouvrée depuis. Ainsi le mot *Tharsis* n'est employé dans ce passage que pour désigner quelque voyage maritime que les Tyriens exécutoient sur la Méditerranée, et qui n'avoit rien de commun avec ceux de Salomon qu'on effectuoit sur le golfe Arabique.

D A N S le beau chapitre où Ézéchiel fait l'énumération des peuples et des contrées avec lesquels Tyr entretenoit des liaisons politiques et commerciales ; après avoir dit où elle se procuroit les bois, les agrès, les pilotes, les matelots pour ses navires, les soldats pour ses armées, le prophète nomme les lieux, les pays et les nations où elle étendoit son trafic, en indiquant le genre de

(1) Salmas. *Exercit. Plinian. pag. 762, 763.*

(2) Bochart, *Phaleg, lib. 11, cap. 27.* — *Chanaan, lib. 1, cap. 46.*

(3) Rob. Stephan. *Biblia, edit. 1545, in* Jerem. *cap. 10.*

(4) Vulgat. *in* Daniel. *cap. 10, v. 5.*

(5) Reg. *lib. 1V, cap. 16, v. 6.*

marchandises qu'elle en tiroit, et place *Tharsis* à la tête de tous, comme étant la principale source des richesses de Tyr. Voici le passage tel qu'il est dans la Vulgate et dans les Septante : *Cartha-ginenses negotiatores tui, à multitudine cunctarum divitiarum, argento, ferro, stanno, plumboque, repleverunt nundinas tuas* (1).

Mais dans le texte, il n'est fait aucune mention des Carthaginois; il porte simplement : *Tharsis negotiatrix tua*. . . . et l'on voit que les traducteurs, n'ayant su comment exprimer le mot *Tharsis*, ont cru pouvoir lui substituer le nom de Carthaginois; sans doute, parce que ces peuples avoient tenu un rang considérable parmi les nations commerçantes de la Méditerranée. Cependant, ils auroient dû faire attention que Carthage, quoique d'origine tyrienne, avoit son commerce, son domaine, ses possessions, ses colonies particu-lières, et qu'elle étoit depuis long-temps entièrement indépendante de sa métropole. Ainsi, elle n'étoit plus une des causes directes de l'opulence de Tyr ; et Ézéchiel ne l'auroit pas mise au premier rang des villes tributaires de l'industrie des Tyriens. Il faut donc reconnoître que le mot *Tharsis*, dans ce passage, ne peut avoir aucun rapport avec les Carthaginois.

D'un autre côté, ceux qui, avec Bochart (2) et Michaélis (3), ont employé ce passage d'Ézéchiel pour démontrer que la *Tharsis* de Salomon devoit être en Espagne, ont confondu tous les objets. Il n'est dit nulle part, que les flottes de Salomon, qui partoient certainement d'*Asiongaber*, rapportassent ni du fer, ni du plomb, ni de l'étain ; et en effet, les anciens habitans des bords du golfe Arabique n'ont jamais connu de mines semblables. Le fer et le cuivre étoient tellement rares parmi eux, que dans les temps où ils exploitoient leurs mines d'or, ils en troquoient les produits pour

(1) Ezechiel, *cap.* 27, *v.* 12.　　(3) Michaelis, *Spicileg. pars prima,*
(2) Bochart, *Phaleg, lib. III, cap.* 7.　*pag. 83, 91.*

un poids égal de fer ou de cuivre (1). Agatharchides (2) et
Artémidore (3) disent même qu'ils donnoient pour le cuivre trois
fois autant d'or qu'il pesoit, et pour le fer deux fois autant. La
disette de ce dernier métal dans toute l'Arabie, étoit si bien connue
des Romains, qu'ils avoient défendu, sous peine de mort, d'en
porter aux habitans, de crainte qu'ils ne s'en fissent des armes (4).
Elle y est encore très-grande aujourd'hui ; et quoique les Arabes en
aient découvert quelques mines, ils ne connoissent guères que celui
qu'on leur apporte de l'Europe, et le plus souvent des Indes (5),
comme les Grecs d'Alexandrie le pratiquoient dès les premiers
siècles de l'ère chrétienne (6).

DE CES différens rapprochemens, il résulte que *Tharsis* dans
Ézéchiel, ne peut encore se rapporter qu'à l'ensemble du commerce
maritime des Tyriens, ou plutôt à la *Mer* qui en étoit le théâtre ;
et que le passage doit être rendu par ces mots :

*La mer, principal agent de votre commerce, vous procuroit toutes
sortes de richesses, et remplissoit vos marchés, d'argent, de fer, d'étain
et de plomb.*

De même, dans le vingt-cinquième verset du même chapitre (7),
il faut lire : *Les vaisseaux de la mer ont été les principaux mobiles
de votre commerce ;* et plus loin : *Saba, Dédan et ceux qui trafiquent
sur mer. . . .* (8).

(1) Diodor. Sicul. *Biblioth.* tom. I,
lib. III, S. 45, pag. 213.

(2) Agatharchides, *De mari Rubro,*
pag. 60.

(3) Artemidor. apud Strab. lib. XVI,
pag. 778.

(4) Procop. *Persicor.* lib. I, cap. 19.

(5) Niebuhr, *Description,* pag. 124,
125.

(6) Periplus maris Erythræi, pag. 5.
— Strab. lib. XVI, pag. 784.

(7) Hebr. *Naves Tharsis pariter euntes
ad te in negotiatione tuâ. . . .* Vulg.
*Naves maris, principes tui in negotia-
tione tuâ. . . .*

(8) Ezechiel, cap. 38, v. 13. *Saba,
et Dedan, et negotiatores Tharsis. . . .*

ON

ON CITE encore un passage du livre de Judith (1), dans lequel la Vulgate nomme *les fils de Tharsis* au nombre des peuples vaincus par Holopherne, lieutenant de Nabuchodonosor. Comme il y est parlé de la Cilicie, on a cru qu'il pouvoit être question aussi de la ville de Tarse, et on en a conclu qu'elle devoit être la *Tharsis* des Juifs. Mais nous n'avons pas à réfuter cette erreur, puisque le mot *Tharsis* n'existe point dans le texte, et qu'il paroît avoir été substitué au mot *Rases* par l'auteur de la Vulgate.

LES DIVERSES réflexions que nous venons de présenter sur la véritable interprétation du mot *Tharsis*, ne démontrent-elles pas l'inutilité des efforts qu'on a faits pour découvrir ou une ville ou une contrée de ce nom, et pour y conduire les flottes des Juifs et des Tyriens par des routes opposées et par une navigation de plusieurs milliers de lieues, dans des siècles où cet art sortoit à peine de l'enfance! Le nom de *Tharsis*, comme nous l'avons dit, et comme le disoient encore les Hébreux au temps de Saint-Jérôme, n'étoit autre chose que le nom appellatif de la *Mer;* et les différens passages que nous avons expliqués, nous ont paru confirmer cette opinion, la seule qui puisse leur donner un sens juste et déterminé. Il nous reste à faire voir, qu'en bornant les navigations de Salomon au golfe Arabique, nous n'avons rien hasardé qui ne soit conforme à l'opinion des plus anciens auteurs sur l'état des connoissances géographiques à ces époques reculées.

SI LES flottes juives étoient sorties du golfe Arabique, elles n'auroient pu prendre que deux routes : ou celle de l'Inde, en suivant les côtes méridionales de l'Arabie; ou celle de l'Afrique orientale, en doublant le cap Guardafui. Voyons si au temps de Salomon ces chemins étoient fréquentés.

(1) Judith, *cap. 2, v. 12, 13.*

TOME II.　　　　　　　　　　　　V

HÉRODOTE dit (1) que le premier navigateur qui parcourut les côtes méridionales de l'Asie comprises entre le golfe Arabique et l'*Indus*, fut Scylax de Caryande, sous le règne de Darius, fils d'Hystaspès. Leur découverte seroit donc postérieure de près de cinq cents ans à l'époque de Salomon : encore, le silence de tous les autres auteurs de l'antiquité laisse-t-il beaucoup d'incertitude sur le récit d'Hérodote, lié dans cette partie avec les fables égyptiennes relatives au tour de l'Afrique. Arrien, après avoir fait des recherches approfondies sur la marche des flottes d'Alexandre ; après avoir consulté les mémoires de Ptolémée Lagus, de Néarque, d'Aristobule, d'Onésicrite, les ouvrages d'Ératosthènes, et même ceux d'Hérodote, atteste de la manière la plus positive, que tous les efforts d'Alexandre furent inutiles pour faire passer ses vaisseaux du golfe Persique dans le golfe Arabique. On étoit persuadé, dit Arrien (2), que ces deux golfes ayant leurs embouchures dans l'océan, il devoit exister une communication libre, par la mer, entre Babylone et les côtes orientales de l'Égypte ; *mais personne n'étoit parvenu encore à doubler les caps méridionaux de l'Arabie.*

On en attribuoit l'impossibilité à l'extrême chaleur qu'on devoit éprouver à cette latitude, et qui étoit censée rendre ces lieux inhabitables. Ceux qui avoient essayé d'entreprendre cette navigation, s'étoient vus forcés de revenir sur leurs pas, après avoir épuisé leur provision d'eau. Alexandre voulut tenter la même route ; il fit partir des vaisseaux des bouches de l'Euphrate, mais aucun ne put dépasser les caps de l'Arabie opposés à ceux de la Carmanie. « Si la » côte ultérieure avoit été navigable, continue Arrien, ou seulement » si l'on avoit soupçonné la possibilité d'en approcher, je ne doute

---

(1) Herodot. *Melpom. lib. IV, S. 44,* pag. *299, 300.*

(2) Arrian. *Rerum Indicar. cap. 43,* pag. *635, 636. — De Expeditione Alexandri, lib. VII, cap. 20, pag. 526, 527.*

» point que l'extrême curiosité d'Alexandre ne l'eût porté à faire
» reconnoître ces pays soit par terre , soit du côté de la mer ».

Ce passage nous paroît d'autant plus intéressant, qu'en
supposant même que les chefs des flottes d'Alexandre n'eussent
été arrêtés dans ces parages, que parce qu'ils s'y seroient présentés
pendant la mousson du sud-ouest, opposée à la route qu'ils vouloient tenir, il n'en résulteroit pas moins, qu'il n'existoit dans
toute l'Arabie aucun souvenir que ses côtes méridionales eussent
jamais été visitées par des vaisseaux sortis, soit du golfe Persique,
soit du golfe Arabique : d'où il faut conclure encore , contre
l'opinion des Arabes modernes, dont nous avons déjà réfuté les
traditions , que jamais les vaisseaux de Salomon n'ont pénétré
jusqu'aux rivages de l'Hadramaüt et du Séger, où croissent l'encens
et les parfums les plus estimés de l'Arabie.

L'auteur du Périple de la mer Érythrée, et Pline, confirment
ce que vient de dire Arrien. Selon le premier (1), la ville d'*Arabia,*
maintenant Hargiah (2), avoit été surnommée *Heureuse,* parce que
dans le temps où l'on n'osoit encore naviguer de l'Égypte dans
l'Inde, ni de l'Inde en Égypte, les vaisseaux égyptiens se rendoient
dans cette ville, y portoient les marchandises que leur pays fournissoit, et en rapportoient celles que les Indiens y déposoient. Il est
visible que ces marchandises indiennes arrivoient par terre à *Arabia
Felix,* soit que les marchands fissent le tour du golfe Persique, soit
que, pour abréger leur chemin, ils en traversassent l'étroite embouchure. L'auteur du Périple ajoute (3) que les Égyptiens n'avoient
osé se hasarder à aller dans l'Inde qu'après la découverte que fit un
pilote nommé Hippalus, des moussons qui y conduisoient : et Pline

(1) Periplus maris Erythræi, *pag. 14,
15.*

(2) Voyez nos Recherches sur les

côtes méridionales de l'Arabie, dans
le volume suivant.

(3) Periplus maris Erythræi, *pag. 32.*

dit (1) que cette découverte est postérieure au siècle d'Alexandre. Il est donc certain, d'après ces trois témoignages, qu'avant l'époque de ce conquérant aucun peuple connu n'avoit encore navigué le long des côtes méridionales de l'Arabie, et à plus forte raison jusque dans l'Inde, où plusieurs modernes ont voulu placer *Ophir* et *Tharsis.*

QUANT à la route des côtes orientales et méridionales de l'Afrique, que les flottes de Salomon auroient pu prendre pour aller, soit à Sofala, soit à Tartesse en Espagne, il faut se rappeler qu'Ératosthènes, garde de la bibliothèque d'Alexandrie, après avoir recueilli toutes les traditions, toutes les connoissances géographiques qu'on avoit rassemblées de son temps, dit : « Après ces » îles [celles du détroit de Bab al-mandeb] . . . . on range les » côtes du pays qui produit la myrrhe, situé au midi et à l'orient, » jusqu'à celui où croît le *cinnamome.* Cette côte a environ cinq » mille stades. *On assure que personne n'a encore été au-delà* (2) ».

IL EST remarquable, sans doute, qu'Huet (3) ait appliqué ce passage aux côtes méridionales de l'Arabie, pour en conclure que les flottes de Salomon n'avoient pu aller dans l'Inde, tandis que la route de Sofala leur étoit ouverte. Mais Huet s'est trompé, et sa conclusion tourne directement contre lui ; car ce n'est point de la côte de l'Arabie, mais bien de la côte de l'Afrique comprise entre Bab al-mandeb et le Guardafui, que parle Ératosthènes. Il est facile de s'en convaincre en lisant dans Strabon ce qui précède ce passage, et ensuite la description très-circonstanciée de cette même côte, qu'Artémidore (4) avoit publiée. Nous en avons

(1) Plin. *lib. VI, cap. 26.*

(2) Eratosthen. *apud* Strab. *lib. XVI, pag. 769.* Cette mesure est la même que Marin de Tyr a adoptée dans la suite, pour la distance du cap *Dere* au promontoire *Aromata.* Voyez *suprà,*

pag. 41; et *tom. I, pag. 169, 172.*

(3) Huet, *De Navigationib. Salomonis, cap. 2, §. 12, pag. 141.*

(4) Artemidor. *apud* Strab. *lib. XVI, pag. 773, 774.*

rendu compte dans un de nos mémoires (1) ; et il ne peut exister aucun doute sur la méprise d'Huet.

POUR bien apprécier le témoignage d'Ératosthènes, et pour en faire l'application aux voyages des Juifs, il faut se rappeler qu'il étoit né dans la première année de la cent vingt - sixième olympiade , deux cent soixante - seize ans avant l'ère chrétienne ; et que la traduction grecque des livres hébreux, ou la version des Septante , paroît avoir été faite dès l'année deux cent quatre-vingt-quatre avant la même époque ; c'est du moins l'opinion des principaux chronologistes (2). Alors , quand même on supposeroit quelque petite erreur dans la dernière de ces dates, comme Ératosthènes a vécu quatre-vingts ans (3) , il seroit absurde de croire que ces livres ne lui eussent pas été connus, et qu'il n'eût pas cherché à évaluer la route des flottes de Salomon. Il faut donc qu'il se soit assuré que jamais elles n'avoient doublé le cap Guardafui , puisqu'il y borne les connoissances de tous les peuples dont il avoit consulté les annales : et comme aucun écrivain de l'antiquité n'a contredit Ératosthènes sur cet objet, nous devons penser que son opinion a été adoptée généralement.

D'ailleurs, on sait le nom des navigateurs qui , les premiers, ont parcouru les côtes orientales de l'Afrique au - delà du Guardafui : nous en avons parlé dans le mémoire cité plus haut. L'on y voit que les anciens, loin d'avoir pénétré jusqu'à Sofala, ne sont pas même parvenus jusque sous l'équateur. Quant au tour entier de l'Afrique, que les Juifs auroient fait pour se rendre dans la Tartesside de l'Espagne , comme cette hypothèse n'est établie que sur des fables postérieures , rapportées par Hérodote (4) et par

______

(1) Voyez *suprà , t. I, p. 171 et sequent.*

(2) Petavius, *De doctrinâ Temporum , tom. II , pag. 340.*

(3) Censorin. *De Die natali , cap. 15, pag. 73, 74.*

(4) Herodot. *Melpom. lib. IV, §. 42.*

Eudoxe de Cyzique (1), nous renvoyons également au mémoire dans lequel nous les avons discutées (2).

§. I I I.

CONNOISSANCES DES GRECS

DANS LE GOLFE ARABIQUE.

EN COMMENÇANT ces recherches, nous avons dit qu'Homère n'avoit fait aucune mention du golfe Arabique ; du moins on ne le trouve pas nommé dans ses poèmes ; et son silence dans des ouvrages où il paroît s'être attaché à réunir toutes les connoissances géographiques de son siècle, nous semble annoncer que neuf cents ans avant l'ère chrétienne, les Grecs ne soupçonnoient pas encore l'existence de ce golfe.

L'explication que Strabon (3) a donnée d'un passage de l'Odyssée (4), où il est question *des Éthiopiens divisés en deux,* et dans laquelle il cherche à faire voir que le poète a voulu indiquer la séparation des peuples méridionaux de l'Arabie, d'avec ceux de l'Afrique, par l'étendue du golfe, n'est qu'une simple conjecture : et quand ce passage y auroit quelque rapport, l'espèce de notion qu'il présenteroit n'appartiendroit point aux Grecs. Ce ne fut, en effet, qu'environ deux siècles et demi après Homère, que Psammétique (5), en ouvrant à ces peuples l'entrée de l'Égypte, dont on les avoit repoussés jusqu'alors, leur donna la possibilité d'acquérir par eux - mêmes quelques renseignemens sur le golfe Arabique :

(1) Eudox. *apud* Melam , *lib. III ,* cap. 9 et 1 0.

(2) Voyez *suprà , tom. I , pag. 2 1 7 et sequent.*

(3) Strab. *lib. I , pag. 3 0 - 3 5.*

(4) Homer. *Odyss. lib. I , v. 2 3.*

(5) Herodot. *Euterp. lib. I I, §. 1 5 4, pag. 1 7 9. —* Diodor. Sicul. *tom. I , lib. I , §. 6 7 , pag. 7 8.*

encore les connoissances qu'ils purent recueillir furent-elles très-lentes.

Les Égyptiens, qu'un préjugé religieux éloignoit de la mer, ne les aidèrent point dans leurs recherches, puisqu'Hérodote (1), deux cents ans après Psammétique, ne paroît avoir appris autre chose sur ce golfe, pendant son séjour en Égypte, sinon qu'il avoit en longueur quarante jours de navigation pour un vaisseau à rames, une demi-journée dans sa plus grande largeur, et que la mer y éprouvoit tous les jours un flux et un reflux. Nous remarquerons que la marche des navires de Suez, quoiqu'ils aillent à la voile, n'est pas plus prompte aujourd'hui qu'elle ne l'étoit au temps d'Hérodote, puisque Niebuhr (2) mit trente-quatre jours pour aller de Suez à Lohéia seulement. Quant à la traversée du golfe, qu'Hérodote fixe à une demi-journée, il y a nécessairement erreur dans son texte, à moins qu'on se soit borné à lui indiquer la largeur du golfe d'*Heroopolis*.

LA CONQUÊTE d'Alexandre et l'établissement du trône des Ptolémées, conduisirent en Égypte une foule de Grecs que la célébrité du pays, la douceur du gouvernement et l'espoir de la fortune y attiroient. Le projet de rendre Alexandrie l'entrepôt général du commerce de l'Afrique, de l'Asie et de l'Europe, fit bientôt visiter le golfe Arabique. Sous Philadelphe le second des Ptolémées, Timosthènes, chef de ses flottes, fut chargé d'en visiter les côtes et d'en faire la description. Son ouvrage ne nous est point parvenu; mais on trouve dans Pline (3), que Timosthènes donnoit à la longueur du golfe Arabique quatre journées de navigation, et deux journées de largeur. Il est visible que ce passage est tronqué, puisque Timosthènes n'auroit donné

(1) Herodot. *Euterp. lib. II, §. 11, pag. 108.*

(2) Niebuhr, *Voyag. t. I, p. 207-235.*
(3) Plin. *lib. VI, cap. 33.*

à ce golfe qu'une longueur double de sa largeur, tandis qu'il est sept fois plus long qu'il n'est large : d'ailleurs, il a dans cette première dimension quatre cents lieues en ligne droite, et aucun vaisseau ne pouvoit les parcourir en quatre jours.

Il faut donc reconnoître qu'il y a erreur dans le texte de Pline, où les copistes ont écrit *quatre jours*, au lieu de *quarante jours*, comme Hérodote l'avoit dit avant lui. Il est étonnant que les commentateurs ne se soient pas aperçus de cette méprise, puisque Pline (1) avoit dit, quelques pages auparavant, que de son temps on employoit encore environ trente jours pour se rendre de *Berenice* à *Ocelis*. Cette distance renferme un peu plus des deux tiers de la longueur du golfe ; et l'on ne peut supposer que les navigateurs d'Alexandrie fussent moins habiles au temps de Pline, lorsqu'ils parcouroient continuellement cette mer et celle des Indes, qu'ils ne l'avoient été sous Philadelphe, trois siècles auparavant.

Les deux jours de navigation que Timosthènes donnoit à la traversée du golfe, prouvent suffisamment, ou la méprise d'Hérodote dont nous venons de parler, ou l'erreur de ses copistes. Il faudroit même supposer aux navires anciens une marche rapide, pour croire que cette mesure de Timosthènes puisse se rapporter à la plus grande largeur du golfe, que nos meilleures cartes font de cinquante-cinq à cinquante-six lieues : il est vrai que dans ce trajet on marchoit jour et nuit, tandis que le long des côtes, on ne voyageoit que pendant le jour.

Philadelphe chercha bientôt à s'emparer de la côte occidentale du golfe Arabique. La chasse des éléphans qu'on prenoit pour servir à la guerre, ou que l'on tuoit pour en enlever l'ivoire, et la route de l'Inde qu'il s'ouvroit par cette mer, étoient les motifs des conquêtes qu'il ambitionnoit. Mais il ne parvint jamais

(1) Plin. *lib. VI, cap. 26.*

à soumettre les Troglodytes, peuples à demi sauvages qui occupoient les bords de la mer. Il s'appropria seulement, tantôt par ses
ruses, tantôt par ses largesses, quelques petits terrains maritimes qu'il
fortifia de manière à servir de retraite aux gens qu'il envoyoit à la
chasse; et ces abris dans la suite devinrent des villes. Les principales
furent *Phikteras, Arsinoë, Berenice,* et *Ptolemaïs,* surnommée *Epitheras,* parce qu'elle étoit destinée spécialement à la chasse des bêtes
sauvages. Philadelphe ne paroît pas avoir porté plus loin ces sortes
d'établissemens.

Si L'ON en croyoit le Monument d'*Adulis* (1), témoignage
plus que suspect à nos yeux, comme nous le dirons dans la suite,
Ptolémée Évergètes, fils et successeur de Philadelphe, auroit conduit
une armée dans le centre de l'Abissinie, et se seroit rendu maître
de toutes les contrées intermédiaires depuis les confins de l'Égypte
jusqu'au-delà d'*Adulis.* Mais nous ne trouvons nulle part qu'il ait
pénétré jusqu'à l'extrémité méridionale du golfe Arabique; et quoique
Timosthènes l'eût parcouru dans toute sa longueur, bien des années
s'écoulèrent encore avant que les Grecs d'Alexandrie en possédassent
une description complète. Nous en jugeons par celle d'Agatharchides (2), qui paroît avoir vécu environ quarante et un ans après
Évergètes; elle prouve qu'au sud de *Ptolemaïs* on ne connoissoit
aucune habitation importante sur le rivage. Aussi n'a-t-il pu donner
de cette portion de la côte, que des notions très-vagues et tellement
incertaines qu'elles ne conduisent pas même jusqu'au détroit. On
ne peut, au reste, soupçonner Photius (3), à qui nous devons

(1) Monument. Adulitan. *apud Cosmam. Inter Patres Græcos,* Montfauc.
tom. II, pag. 141 - 143.
(2) Agatharchides, *De mari Rubro.
Inter Geograph. minor. græcos, tom. I.*

(3) Photii *Bibliotheca, codex C C L,
pag. 1322.* C'est le même extrait que
nous venons de citer, et qu'on a inséré
dans la collection des petits Géographes
grecs.

aujourd'hui un long extrait de l'ouvrage d'Agatharchides , d'avoir
négligé de transcrire ce que celui-ci auroit dit des contrées africaines
voisines du détroit; puisque Diodore (1), en copiant Agatharchides
plus de huit siècles avant Photius, termine sa description précisément
au même endroit que lui.

C'EST sous le règne d'Évergètes, qu'Ératosthènes publia son
système géographique. Suivant Pline (2), il donnoit à chaque
côté du golfe Arabique 1300 M. P. Si on les réduit en stades à
raison de huit pour un mille, comme Pline et Strabon (3) les
comptoient, on aura 10,400 stades; et en les divisant par 700,
valeur du degré du grand cercle selon Ératosthènes (4) , on
trouvera qu'il auroit donné à ce golfe 14^d 51' 26" de longueur.
Alors, supposant *Heroopolis* à trente degrés de latitude, il s'ensuivroit que cette mesure prise en ligne droite, et même dans la
direction du méridien, ne porteroit encore l'embouchure du golfe
qu'à 15^d 8' 34" de latitude.

D'Anville met ce détroit par environ 12^d 15'; des observations
plus récentes le fixent à 12^d 30'. Ainsi, Ératosthènes se seroit
trompé au moins de 2^d 38' 34", qu'il auroit retranchés de la longueur réelle du golfe.

SAUMAISE (5) soupçonne, avec raison, qu'il y a erreur dans
ce passage de Pline. Il croit que cet auteur a écrit 1300 M. P. au
lieu de 13,000 stades. Mais la méprise seroit trop forte pour
l'attribuer à Pline ; nous sommes portés à croire qu'elle vient de la
faute des copistes qui auront écrit $\overline{XIII}$ M. P. au lieu de $\overline{XVII}$ M. P.,

---

(1) Diodor. Sicul. *Biblioth. tom. I ,*
lib. III , S. 3 8 , pag. 2 0 4 et sequent.
(2) Eratosthen. *apud* Plin. *lib. VI ,*
cap. 3 3.
(3) Strab. *lib. VII, pag. 3 2 2.*

(4) Voyez notre Géographie des Grecs
analysée, *pag. 7, 1 2.*
(5) Salmas. *Exercitationes Plinianæ ,*
pag. 8 7 5 , 8 7 6.

en prenant un *v* mal fait ou presque effacé, pour un *i* : les 1700 M. P. vaudroient 13,600 stades, et ne différeroient que de cent stades des 13,500 qu'Ératosthènes, suivant Strabon, avoit donnés pour la mesure du golfe (1).

ÉRATOSTHÈNES (2) divisoit les 13,500 stades en deux parties : il en comptoit 9000 depuis *Heroopolis* jusqu'à *Ptolemaïs Epitheras,* et 4500 depuis *Ptolemaïs* jusqu'au détroit. Pour savoir comment il employoit ces mesures, il faut se rappeler qu'on avoit cru reconnoître de son temps (3) que *Berenice* étoit située sous le tropique, et qu'à *Ptolemaïs,* le soleil passoit au zénith de cette ville quarante-cinq jours avant et après le solstice d'été. Cette dernière observation pour le temps d'Ératosthènes, où la déclinaison de l'écliptique étoit de $23^d\ 51'\ 20''$ (4), plaçoit *Ptolemaïs* à $16^d\ 49'\ 16''$. Il est probable qu'il jugea à propos d'y faire une petite correction, puisque, suivant Pline (5), il fixa *Ptolemaïs* à 4820 stades au midi de *Berenice* ou du tropique, c'est-à-dire, à $16^d\ 58'\ 11''$ de latitude.

Si de ce point, et en remontant au nord, on compte 9000 stades, ou $12^d\ 51'\ 26''$ qu'ils représentent, on arrivera à $29^d\ 49'\ 37''$, et ce seroit la latitude d'*Heroopolis* selon Ératosthènes. Nous croyons cependant que pour donner la mesure en nombres ronds, comme les anciens le faisoient souvent, il aura négligé 116 stades qui élevoient cette ville à trente degrés juste, telle qu'elle est fixée

(1) Eratosthen. *apud* Strab. *lib. XVI, pag. 768.*

(2) Eratosthen. *apud* Strab. *lib. XVI,* p. *768.*—Dans Agathémère, *Compend. Geograph. exposit. pag. 8 du second vol. des petits Géographes grecs,* la distance de *Ptolemaïs* au détroit est donnée de 6500 stades : c'est une faute de copiste ; il faut lire comme ci-dessus 4500 stades. Cette mesure appartient à Ératosthènes.

(3) Eratosthen. *apud.* Plin. *lib. II, cap. 75 ; lib. VI, cap. 34.*

(4) Eratosthen. *apud* Ptolem. *Almagest. lib. I, cap. 11, pag. 20.*

(5) Eratosthen. *apud* Plin. *lib. II, cap. 75 ; lib. VI, cap. 34.*

dans le texte de Ptolémée (1) : ce soupçon est d'autant mieux fondé, qu'Artémidore (2) comptoit pour la même distance 1,137,500 pas, valant 9100 stades, qui plaçoient *Heroopolis* à 29^d 58′ 11″. On voit donc que cette mesure ne pouvoit être employée qu'en ligne droite et dans le sens du méridien ; et il faut en conclure qu'*Heroopolis* et *Ptolemaïs,* selon Ératosthènes, devoient se trouver à-peu-près sous la même longitude. C'étoit d'ailleurs l'opinion des premiers géographes d'Alexandrie, puisqu'Agatharchides (3), Artémidore (4) et Diodore de Sicile (5), disoient que jusqu'à *Ptolemaïs* la côte se dirigeoit presque droit au sud, et qu'après cette ville elle s'inclinoit fortement à l'est.

Les 4500 stades qu'Ératosthènes comptoit ensuite depuis *Ptolemaïs* jusqu'au détroit, confirment ce que viennent de dire les auteurs que nous avons cités ; puisque si on employoit cette mesure droit au midi, elle conduiroit à 10^d 42′ 51″ de latitude, et par conséquent bien au-delà de l'embouchure du golfe, et même au-delà des Limites de la terre habitable, qu'Ératosthènes fixoit à 11^d 51′ 25″ (6). Or, comme il savoit (7) qu'après le détroit il existoit encore des peuples ichthyophages, il falloit bien qu'il ne crût point que les 4500 stades dussent suivre le sens du méridien, sans quoi il eût relégué ces peuples dans la zone inhabitable. Nous croyons donc que depuis *Ptolemaïs,* il inclinoit la côte du golfe, d'environ quarante-cinq degrés à l'est, pour qu'elle ne dépassât point le parallèle de 12^d 24′, qu'alors on croyoit être la latitude

(1) Ptolem. *Geograph. lib. IV, cap. 5,* pag. 120.

(2) Artemidor. *apud* Plin. *lib. VI,* cap. 33.

(3) Agatharch. *De mari Rubro, p. 56.*

(4) Artemidor. *apud* Strab. *lib. XVI,* pag. 768.

(5) Diodor. Sicul. *Biblioth. tom. I, lib. III, S. 41, pag. 208.*

(6) Voyez notre Géographie des Grecs analysée, *pag. 8,* et le Tableau N.° I du même ouvrage.

(7) Eratosthen. *apud* Strab. *lib. XVI,* pag. 769.

du détroit : l'observation qui sembloit la constater, nous a été conservée par Strabon (1) et par Ptolémée (2), et elle paroît remonter aux premiers temps où les Grecs ont visité le golfe.

Il résulte encore de cette remarque, qu'Ératosthènes devoit compter environ quatre degrés et demi de différence en longitude, entre le méridien de *Ptolemaïs* et celui du détroit; et cette mesure est d'accord avec nos connoissances actuelles.

DANS sa Table des climats, Hipparque (3) mettoit l'embouchure du golfe Arabique à 8800 stades de l'équateur, ou 12^d 34' 17" de latitude : c'est à très-peu de chose près le résultat des observations modernes. Il fixoit le tropique et *Berenice* à vingt-quatre degrés de l'équateur, et comptoit entre *Berenice* et *Ptolemaïs* 5000 stades en ligne droite, ou 7^d 8' 34", qui plaçoient *Ptolemaïs* à 16^d 51' 26" de latitude. Dans ces trois déterminations il ne différoit d'Ératosthènes que parce qu'il employoit les mesures en nombres ronds.

ALEXANDRE, Anaxicrates (4), Artémidore (5) et Agathémère (6), donnoient au côté de l'Arabie baigné par ce golfe, 14,000 stades de longueur.

LA CARTE de Marin de Tyr (7), d'après les changemens qu'il fit dans la longueur du golfe, présente en ligne droite depuis *Heroopolis* jusqu'au promontoire *Dere*, 14,870 stades : celle de

(1) Strab. *lib. II, pag. 132.*

(2) Ptolem. *Geograph. lib. I, cap. 7, pag. 9.*

(3) Hipparch. *apud* Strab. *lib. II, pag. 72, 132, 133.* — Hipparch. *ad Arati Phænom. pag. 113; in Uranolog.* — *Suprà, tom. I, pag. 16, 56.*

(4) Alexander *et* Anaxicrates *apud* Strab. *lib. XVI, pag. 768.*

(5) Artemidor. *apud* Plin. *lib. VI,* cap. 33. — 1750 M. P. = 14,000 stades.

(6) Agathemer. *Compendiar. Geograph. exposit. lib. I, pag. 8. Inter Geographos minores græcos, tom. II.* — Les 10,000 stades qu'Agathémère, *lib. II, pag. 56,* donne à la longueur du golfe Arabique, ne sont que la mesure précédente réduite en stades de 500, et qu'il n'a point reconnue.

(7) *Suprà, pag. 42, et infrà.*

Ptolémée dans l'origine, donnoit la même distance entre ces deux points; mais aujourd'hui que la longitude de ce promontoire y est avancée d'un degré et demi plus à l'orient qu'il ne l'avoit fixée (1), elle offre 15,370 stades. On doit reconnoître dans ces différentes mesures, la répétition de celle d'Ératosthènes modifiée seulement dans quelques-unes de ses parties.

Si l'on prend sur la carte moderne l'étendue de ce golfe en ligne droite, depuis Suez jusqu'au cap méridional du détroit de Bab al-mandeb, on la trouvera égale à vingt degrés de l'échelle des latitudes, valant 14,000 stades de 700 au degré, et l'on aura la preuve que les anciens ont connu la longueur absolue du golfe Arabique, avec une assez grande précision.

Il doit paroître certain qu'ils ont connu les sinuosités de ses côtes, avec une exactitude à-peu-près égale, puisqu'ils s'en écartoient peu dans le cours de leurs navigations. Cependant, si l'on compare la côte occidentale de la carte de Ptolémée (2) avec celle de la carte moderne (3), on les trouvera si différentes, et pour le dessin, et pour la somme des mesures qu'elles renferment, qu'on aura peine à croire que dans l'une et dans l'autre, on ait voulu tracer le même rivage. Cette côte, dans la carte moderne, a 17,340 stades de longueur : dans celle de Ptolémée elle en a 22,575, quoiqu'il ait conservé à-peu-près les mêmes latitudes qu'Ératosthènes avoit établies.

Heroopolis y est fixée à 30 degrés; *Berenice,* sous le tropique, à 23^d 50′; *Ptolemaïs,* entre 16^d 25′ et 16^d 35′; et le milieu du détroit, à 11^d 10′ ou 11^d 20′ suivant la diversité des leçons (4). Ces petites différences sont trop peu sensibles sur l'ensemble de la côte,

---

(1) *Vide infrà.*

(2) Voyez la Carte N.º IV.

(3) Voyez la Carte N.º V.

(4) Ptolem. *Geograph. lib. IV, cap. 5, 7; lib. VIII, pag. 234, 235.* — Montfauc. *Biblioth. Coislin. pag. 761.*

pour occasionner la disproportion de mesures que nous avons fait remarquer ; elle a nécessairement une autre origine.

NOUS la trouvons dans deux erreurs très-distinctes, dont nous établirons les preuves dans la suite de ce mémoire, et que nous ne ferons qu'indiquer ici. L'une consiste dans l'intercalation d'une côte étrangère qu'on a ajoutée à la longueur de la côte occidentale du golfe ; l'autre, dans la fausse évaluation du stade dont on s'est servi pour déterminer quelques-unes des distances.

Pour savoir comment on a pu se tromper dans l'évaluation des distances, il faut se rappeler qu'entre le temps où Hipparque a vécu, et celui de Ptolémée, Possidonius proposa une nouvelle mesure de la terre, et réduisit à 500 stades la valeur du degré du grand cercle, qu'on avoit compté jusqu'alors de 700 stades (1). Son opinion ayant été adoptée par l'École d'Alexandrie, on changea les distances portées dans les anciens itinéraires, pour exprimer les espaces dans la proportion qu'exigeoit la nouvelle méthode ; c'est-à-dire qu'on substitua le stade fictif de Possidonius, à celui qui avoit servi de module aux mesures des premiers navigateurs grecs.

CETTE opération fort simple, et dans laquelle il n'étoit question que de soustraire deux septièmes du nombre de stades donné, pour les distances prises dans le sens des latitudes, eût été assez indifférente en elle-même, si tous les itinéraires avoient subi le même changement ; mais il paroît que quelques exemplaires furent oubliés dans la réforme, et continuèrent de présenter les distances en stades de 700. Les géographes postérieurs, dépourvus de tout moyen pour s'assurer de la valeur des mesures qui leur étoient offertes, prirent quelquefois ces stades de 700 pour des stades de 500 au degré, et les employèrent sur ce pied dans la construction

(1) Voyez, sur l'erreur de Possidonius, et sur l'identité de son stade et de celui d'Ératosthènes, notre Géographie des Grecs analysée, p. 54, 55, 120-123.

de leurs cartes. Il est facile de concevoir combien une semblable méprise, qui prolongeoit inconsidérément les espaces de deux cinquièmes, a dû occasionner d'erreurs ; et c'est une des causes qui ont dérangé un grand nombre de positions dans la carte de Ptolémée.

APRÈS avoir présenté les notions générales que les anciens s'étoient procurées sur le golfe Arabique, nous devons passer aux connoissances de détails, et chercher en combinant leurs descriptions, leurs itinéraires et leurs cartes, un moyen capable de faire reconnoître les principaux lieux dont ils ont parlé.

C'est pour faciliter cet examen, que nous joignons à ce mémoire la carte du golfe d'après Ptolémée. Pour la construire, nous avons choisi quelquefois parmi les variantes du texte ; et dans l'incertitude qu'elles offroient, nous avons préféré celles qui tendoient à supposer aux anciens des connoissances plus exactes, afin de ne pas risquer de les rendre responsables des erreurs que les copistes peuvent avoir insérées dans leurs ouvrages.

Nous avons cru également que pour compléter ces recherches, il étoit utile de rappeler succinctement les descriptions du golfe Arabique que les Grecs avoient publiées avant le siècle de Ptolémée ; et nous commencerons par celles de la côte occidentale.

CÔTE OCCIDENTALE DU GOLFE ARABIQUE.

LA PREMIÈRE description détaillée du golfe Arabique, ou du moins la plus ancienne qui nous soit parvenue, avoit été publiée par Agatharchides de Cnide, environ cent quatre-vingts ans avant l'ère chrétienne. Son ouvrage est perdu ; mais les extraits que Diodore de Sicile (1) et Photius (2) nous en ont conservés,

______

(1) Diodor. Sicul. *Biblioth.* tom. *I,* lib. *III,* §. *12-47, pag. 181-216.*

(2) Photii *Bibliotheca, codex* CCL, *pag. 1322-1378.*

peuvent

peuvent suffire pour donner une idée des connoissances qu'on avoit alors de cette mer. Il paroît, comme nous l'avons dit, que les renseignemens qu'Agatharchides s'étoit procurés ne s'étendoient qu'à peu de distance au sud de *Ptolemaïs;* du moins semble-t-il n'avoir décrit aucun lieu au-delà de cette ville.

Ce défaut de connoissances provenoit vraisemblablement de ce qu'après *Ptolemaïs,* les navigateurs grecs cessoient de suivre la côte africaine, et se portoient, en traversant le golfe, vers celles de l'Arabie, où ils atteignoient les frontières septentrionales de l'Yémen, habitées alors comme aujourd'hui, par des peuples moins agrestes que ceux du rivage opposé.

ENVIRON quatre-vingts ans après Agatharchides, Artémidore d'Éphèse publia une nouvelle description du golfe Arabique ; et comme toutes ses parties avoient été visitées, il indiqua les positions que l'on connoissoit le long des côtes de l'Afrique, non-seulement jusqu'au détroit, mais encore jusqu'au-delà du cap Guardafui.

L'ouvrage d'Artémidore est perdu comme celui d'Agatharchides, et il n'en resteroit presque aucun souvenir, si Strabon (1) n'avoit conservé les principales circonstances de sa relation. Nous réunirons donc ces fragmens, en élaguant toutefois ce qui appartient à l'intérieur des terres, dont nous n'avons point à parler dans ce moment.

PÉRIPLES COMBINÉS D'AGATHARCHIDES
ET D'ARTÉMIDORE (2).

EN ALLANT par mer de la ville des Héros le long de la Troglodytique, on trouve la ville de *Philotera,* ainsi appelée du nom de la sœur de Ptolémée second, et bâtie

(1) Strab. *lib. XVI, pag. 769-773; 776-779.*

(2) Agatharchides, *De mari Rubro, pag. 53-57. Inter Geographos minores*

par Satyrus, envoyé pour reconnoître la Troglodytique et les lieux propres à la chasse des éléphans;

Ensuite la ville d'*Arsinoë;*

Puis des sources d'eaux chaudes, amères et salées, qui du haut d'un rocher se précipitent dans la mer.

Près de là, et dans le milieu d'une plaine, s'élève une montagne rouge, dont l'éclat blesse les yeux de ceux qui la regardent. On y trouve beaucoup de *minium.*

Ici est l'entrée tortueuse d'un port appelé d'abord *Myoshormos,* et depuis, *Aphrodites.* Devant ce port, il y a trois îles; deux sont couvertes d'oliviers; l'autre plus petite, nourrit beaucoup de pintades.

Plus loin est un golfe nommé *Acathartos* ou Impur, parce qu'il est hérissé de rochers à fleur d'eau qui le rendent dangereux, et qu'il est sujet à de fréquentes tempêtes. Vers l'entrée de ce golfe est une longue presqu'île, au bout de laquelle un passage étroit conduit les vaisseaux dans la mer qui est vis-à-vis.

La ville de *Berenice* est située dans le fond de ce golfe.

Après le golfe, on trouve une île nommée *Ophiodes,* à cause de la quantité de serpens dont elle étoit remplie autrefois. Les rois d'Alexandrie l'ont délivrée de ces reptiles, qui faisoient périr la plupart de ceux qu'on envoyoit y chercher des topazes. Cette île a environ

græcos, tom. I; vel *apud* Photii *Biblioth. cod. CCL, pag. 1366-1367;* et *apud* Diodor. Sicul. *Biblioth. tom. I, lib. III,* §. *39-41, pag. 205-208.* == Artemidor. *apud* Strab. *lib. XVI, pag. 769-773.*

quatre-vingts stades de longueur; elle est bordée d'écueils ainsi que le continent.

On rencontre au-delà diverses nations ichthyophages et nomades.

La côte est couverte de montagnes jusqu'au port *Soter,* ainsi nommé par quelque navigateur qui avoit échappé à un grand péril. Ce port est commode aux petits vaisseaux, parce que la mer n'y est point agitée, et qu'on y pêche une grande quantité de poissons.

Après cet endroit, la côte est basse, et la mer si peu profonde qu'elle n'a que deux ou trois orgyes : le golfe se rétrécit, et la navigation devient d'autant plus aisée, qu'on s'approche davantage de l'Arabie.

Ensuite viennent deux montagnes appelées *Taurus,* parce que de loin elles présentent la forme de taureaux ;

Puis une autre montagne où est un temple d'Isis, bâti par Sésostris ;

Une île remplie d'oliviers, et presque couverte par les eaux de la mer.

Près de cette île est la ville de *Ptolemaïs,* bâtie par Eumèdes pour la chasse des éléphans, lorsqu'il y fut envoyé par Philadelphe. Il fit entourer secrètement une certaine péninsule d'un fossé et d'une muraille ; et quoique les naturels l'eussent repoussé d'abord, il sut les gagner par ses bons procédés, et s'en faire des amis.

C'est dans cet intervalle, qu'un bras du fleuve *Astaboras* se jette dans la mer. Il sort d'un lac, et vient porter une partie de ses eaux dans le golfe; l'autre bras est plus considérable et se jette dans le Nil.

Après *Ptolemaïs* la côte ne se dirige plus directement au midi, mais elle s'incline de plus en plus à l'orient. On rencontre six îles appelées Latomies, et l'entrée d'un golfe nommé Sabaïtique;

[Dans l'intérieur des terres, est un château fort, bâti par Suchus.]

Le port d'Élée, l'île de Straton;

Le port de *Saba,* et celui appelé *La chasse des éléphans* (1).

Après Élée viennent les Guérites de Démétrius, les Autels de Conon; le port *Melinus,* au-dessus duquel il y a un château fort, et plusieurs maisons de chasse;

Le port d'Antiphile, le port et le bois des Mutilés;

La ville de *Berenice* dans la Sabée; *Sabæ,* ville très-considérable; le port et le bois sacré d'Eumène.

Depuis ce port jusqu'à *Dere* et au détroit des Six-îles, le pays est habité par des Ichthyophages, des Créophages, et par ceux qu'on appelle Mutilés.

Il y a aussi plusieurs lieux destinés à la chasse des éléphans; des villes peu considérables, et des îles placées le long de la côte. La plupart des habitans sont nomades; il y en a peu qui cultivent la terre....

On trouve ensuite trois îles; celle des Tortues, celle des Phoques et celle des Éperviers. Toute la côte est plantée

(1) Ces deux ports semblent être ici hors de leur place; du moins les anciens n'ont-ils connu sur cette côte, qu'une seule ville de *Saba* ou *Sabæ,* et on la trouve nommée dans l'ordre que sa position exige.

de palmiers et d'oliviers, non-seulement entre les différentes passes du détroit, mais encore au-delà.

Plus loin est l'île Philippe, et dans le continent un lieu
de chasse nommé *Pythangelus ;*

La ville et le port d'*Arsinoë ;*

Enfin le cap *Dere,* et au-dessus, un lieu destiné à la chasse
des éléphans.

IL PAROÎT par ces détails, que les Grecs d'Alexandrie avoient
fondé de nombreux établissemens sur la côte occidentale du golfe
Arabique, plus de deux siècles avant l'ère chrétienne. Mais une partie
de ces établissemens semble n'avoir eu qu'une existence momentanée, puisqu'on ne les retrouve plus chez les écrivains postérieurs :
aussi, le défaut absolu de mesures dans les descriptions d'Agatharchides et d'Artémidore, ne laisse-t-il presque aucun moyen de
reconnoître les positions dont Ptolémée n'a plus parlé dans la suite.
C'est principalement aux Tables de ce géographe, qu'il faut avoir
recours pour retrouver l'emplacement des villes qui ont existé dans
ces parages; et ce n'est qu'en cherchant la valeur des distances dont
on a fait usage originairement pour déterminer leurs situations, et
en appliquant ces distances sur la carte moderne, qu'il sera possible
de découvrir les lieux qui leur correspondent aujourd'hui.

POUR procéder à cette recherche avec méthode, commençons
par bien établir un point de départ qui devra nous servir à retrouver
tous les autres : le moins incertain nous paroît être celui de *Berenice,*
qui passoit en général pour être située sous le tropique, d'après une
observation rapportée par Ératosthènes (1).

D'Anville (2), n'ayant égard qu'à cette seule circonstance pour

---

(1) Eratosthen. *apud* Plin. *lib. II,*
cap. 75 ; lib. VI, cap. 34.

(2) D'Anville, *Description du golfe*
Arabique, pag. 231, 232.

placer *Berenice* sur sa carte, l'a mise à 23^d 50′ de latitude, à l'entrée septentrionale du grand golfe qui succède au Ras al-enf, et à quatre lieues seulement au midi de ce promontoire.

Cependant, il auroit pu faire attention qu'Artémidore (1) avoit dit que *Berenice* étoit située dans le fond du golfe *Impur;* et que Ptolémée (2) fixe également cette ville dans la partie la plus enfoncée de ce golfe.

Ces deux témoignages sont trop positifs pour qu'on puisse les récuser ; ils attestent que *Berenice* n'a pu être située dans l'emplacement que d'Anville lui donne, et qu'elle occupoit le lieu connu aujourd'hui sous le nom de *Minet bellad el-Habesh,* ou Port du pays abissin, au fond d'un golfe rempli d'écueils, et que pour cette raison les Anglois ont nommé *Foul Bay,* baie Sale ou Impure, comme les anciens l'avoient fait. Si la latitude de ce port à 23^d 15′, telle que d'Anville l'a marquée, ou 23^d 19′, telle qu'on la trouve dans la carte angloise, est un peu plus méridionale que celle qu'on attribuoit à *Berenice,* elle ne peut tout au plus que laisser de l'incertitude ou sur le mérite de l'observation des anciens, ou sur les moyens employés par les modernes pour déterminer son emplacement.

Parmi les cartes manuscrites du Dépôt de la marine, il en existe quatre qui élèvent le port des Abissins depuis 23^d 28′, jusqu'à 23^d 32′. Elles ne différeroient donc sur ce point, que d'environ dix-huit minutes des Tables de Ptolémée.

A u s u r p l u s, il faut faire attention que les instrumens astronomiques des anciens n'étoient pas assez perfectionnés pour donner une latitude rigoureuse lorsque le soleil passoit à-peu-près au zénith du lieu de l'observation, et sur-tout dans les environs du tropique, où il reste sensiblement plusieurs jours consécutifs dans

(1) Artemidor. *apud* Strab. *lib. XVI, pag. 769, 770.*

(2) Ptolem. *Geograph. lib. IV, cap. 5, pag. 116.*

la même déclinaison. Les grands instrumens au moyen desquels on pouvoit obtenir quelque exactitude, étoient fixés dans l'observatoire d'Alexandrie et n'en sortoient point : de manière que la hauteur de *Berenice* n'a pu être évaluée qu'avec le secours d'un gnomon, ou d'après la longueur du jour solsticial; deux méthodes également susceptibles d'erreurs.

SUPPOSONS avec d'Anville, que la latitude du port des Abissins à 23^d 15′ soit juste; si l'on cherche la longueur de l'ombre qu'un gnomon de vingt pieds de hauteur devoit y projeter le jour du solstice, au temps d'Ératosthènes, on trouvera qu'elle n'étoit que de deux pouces et demi; et comme pour soutenir ce gnomon, il lui falloit une base quelconque, le peu d'ombre qu'il rendoit devoit s'y absorber et devenir insensible : d'où l'on a pu conclure que *Berenice* étoit sous le tropique, quoiqu'elle n'y fût pas perpendiculairement.

SI L'ON admet qu'on a employé la seconde méthode, celle qui pouvoit indiquer la latitude d'après la longueur du jour solsticial, on trouvera qu'au temps d'Ératosthènes, la durée du plus long jour pour les lieux placés sous le tropique, étoit de 13^h 30′ 13″; et que pour la latitude de 23^d 15′ le plus long jour étoit de 13^h 27′ 37″. Il n'y avoit donc entre ces lieux que 2′ 36″ de différence rigoureuse sur la durée du jour; et lorsqu'on mesuroit le temps avec des clepsydres, cette différence étoit peu sensible; peut-être même ne l'étoit-elle pas : du moins voyons-nous les anciens ne compter les fractions d'heure que de cinq en cinq minutes, et négliger leurs subdivisions, comme s'ils avoient reconnu que les instrumens dont ils se servoient étoient insuffisans pour les leur donner avec plus de précision. Ainsi, ils ont pu confondre la durée du jour à *Berenice* avec la durée de celui qu'on observoit sous le tropique.

NOUS croyons donc qu'il y a erreur dans la latitude que les

anciens supposoient à *Berenice.* Nous nous le persuadons d'autant
plus, qu'on ne peut chercher cette ville que dans le fond d'un
golfe ; et que ces parages n'en offrent point de plus voisin du
tropique, que celui où est le port des Abissins.

CES REMARQUES suffiroient, sans doute, au défaut de tout
autre moyen, pour justifier l'emplacement que nous donnons à
Berenice ; mais il se trouvera confirmé par l'ensemble des mesures
qu'offriront les itinéraires et les cartes que nous avons à consulter.

LE PLUS complet des itinéraires qui nous soient parvenus sur
le golfe Arabique, se trouve dans le Périple de la mer Érythrée (1),
faussement attribué à Arrien. Il n'embrasse cependant pas toute
l'étendue du golfe ; il ne commence qu'à *Myos-hormos,* mais il
conduit jusqu'au détroit, en donnant les mesures suivantes :

> De *Myos-hormos* à *Berenice* . . . .   1800 stades.
> De *Berenice* à *Ptolemaïs,* environ . . . . .   4000.
> De *Ptolemaïs* à *Adulis,* environ . . . . . .   3000.
> D'*Adulis* au détroit, environ . . . .   800.

Ainsi, depuis *Berenice* jusqu'au détroit, l'auteur du Périple
comptoit environ 7800 stades ; et comme ces stades ne pouvoient
être que de 700 ou de 500 au degré, il faut pour juger de leur
valeur, mesurer la carte moderne. Nous y trouvons depuis le port
des Abissins jusqu'au détroit, en suivant toutes les sinuosités,
11,545 stades de 700, ou 8245 stades de 500. Dans la première
supputation, la différence seroit beaucoup trop grande pour qu'on
pût y reconnoître la mesure du Périple ; la seconde, au contraire,
ne présente que 445 stades de plus qu'il ne donne, ou dix-huit
lieues seulement sur une longueur de trois cent trente lieues :
encore convient-il d'observer que la mesure du Périple n'est point

(1) Perip. maris Erythr. *pag. 1-5 ; 11-14. Inter Geograph. minor. græc. tom. I.*

prise

prise comme la nôtre, en suivant toutes les sinuosités de la côte, mais qu'elle se rapporte au sillage d'un vaisseau qui va de cap en cap, en se tenant à quelque distance de la terre, et en évitant les petits détours qui prolongeroient inutilement sa route. Nous en concluons que le stade dont l'auteur du Périple s'est servi, est le stade de 500 au degré, et que sa mesure est exacte.

IL COMPTE 1800 stades depuis *Berenice* jusqu'à *Myos-hormos*. En employant le stade de 500, nous en trouvons sur la carte de Ptolémée 2010 entre ces mêmes points, et sur la carte moderne 2045 entre le port des Abissins et le Vieux-Kossir. L'accord de ces dernières mesures, nécessairement plus grandes que celle du Périple par la raison que nous venons de donner, nous persuade que le Vieux-Kossir doit être le *Myos-hormos* des anciens.

LES LATITUDES de cette partie de la côte sont plus élevées dans le texte grec des Tables de Ptolémée, que dans l'ancienne version latine, qui passe elle-même pour un texte; et comme la différence est quelquefois considérable, on ne peut l'attribuer qu'à des combinaisons étrangères, postérieures au temps de ce géographe, et qui ont dérangé le plan primitif de son travail. La position de *Berenice*, par exemple, au lieu d'être sous le tropique, comme dans la version latine, se trouve portée à trente minutes plus au nord, contre l'opinion précise de Ptolémée (1), qui la plaçoit sous ce cercle, ainsi qu'Ératosthènes (2) et Hipparque (3) l'avoient fait avant lui. *Myos-hormos* est porté dans les Tables grecques à 27^d 50', quoique dans les Tables latines, et d'après la longueur du jour solsticial (4), ce port soit fixé vers 27^d 15'.

Toutes les positions intermédiaires ont souffert de semblables

(1) Ptolem. *Geographia*, lib. *VIII*, pag. 234.

(2) *Suprà*, pag. 163.

(3) *Suprà*, pag. 165.

(4) Ptolem. *Geograph.* lib. *IV*, cap. 5, pag. 116; lib. *VIII*, pag. 234.

dérangemens, et il est certain que les Tables actuelles de Ptolémée ne présentent plus pour ces parages la description qu'il en avoit faite. La version latine en conservant à *Myos-hormos* et à *Berenice* les latitudes que Ptolémée leur avoit données, déplace évidemment d'autres positions; et nous avons cru que le moyen le plus simple pour rétablir l'opinion de cet ancien dans cette partie de la côte, étoit de suivre le texte grec pour les intervalles en longitude qu'il donne entre chaque lieu, mais de descendre leurs latitudes dans la proportion qu'exigent celles de *Myos-hormos* et de *Berenice* pour reprendre l'emplacement qu'on leur avoit assigné autrefois. Cette opération ne donne pas plus de cent stades de différence sur l'ensemble des mesures, comparé à celui qu'offriroit la carte construite d'après les Tables latines, et elle a l'avantage de rétablir les lieux dans leurs véritables distances respectives.

L'EMPLACEMENT de *Myos-hormos* à 27^d 15′, et les douze heures quarante-cinq minutes que Ptolémée donne pour la longueur du jour solsticial de ce port, ont été les seules raisons qui ont fait croire à d'Anville et à l'auteur de la carte angloise, qu'il ne pouvoit avoir été situé qu'au-dessus du vingt-septième parallèle. Mais il est certain qu'on ne doit point s'en rapporter ici à la graduation de Ptolémée, puisque la mesure prise depuis *Berenice* sur la carte moderne, et avec le plus grand des stades que l'antiquité ait connus, ne peut arriver à cette hauteur. Quant à la durée du jour solsticial, nous avons déjà dit, et nous aurons occasion de prouver encore, que la très-grande partie de ces espèces de déterminations contenues dans le huitième livre de Ptolémée, n'étoit le résultat d'aucune observation astronomique, et qu'elle n'étoit conclue que d'après les latitudes adoptées de son temps. Ainsi, on ne peut leur accorder aucune confiance, lorsqu'elles ne sont pas appuyées sur le témoignage de quelques autres écrivains.

L'ERREUR dans la position de *Myos-hormos* vient de ce qu'on n'a point eu égard à l'inclinaison de la côte pour évaluer sa distance du parallèle de *Berenice*, et qu'on ne s'est attaché qu'à employer en ligne droite la mesure donnée par les itinéraires. La preuve en est que les 1800 stades valoient 3^d 35', et qu'en partant de *Berenice* à 23^d 50', on a cru pouvoir élever *Myos-hormos* jusque vers 27^d 25'. Comme il y a plusieurs variantes sur cette position, si la vraie leçon est 27^d 15', telle qu'on la trouve dans les Tables latines, on aura soustrait seulement dix minutes des 3^d 35' précédens, pour donner quelque chose aux déviations de la route.

Une autre preuve de l'erreur de la carte de Ptolémée, c'est que si l'on y mesure la distance depuis *Myos-hormos* jusqu'à *Heroopolis*, on ne la trouvera que de 1490 stades de 500, tandis que sur la carte moderne elle est de 2095 stades pareils. Il manque donc dans cet intervalle, sur la carte de Ptolémée, 605 stades qui se trouvent de trop entre *Berenice* et *Myos-hormos*, et qui contribuent à porter cette dernière ville au-delà de sa vraie latitude.

Enfin, si en comparant les deux nombres ci-dessus, on fait attention que 1490 stades de 500, répondent juste à 2085 stades de 700 au degré, on reconnoîtra que l'itinéraire employé dans la construction de cette partie de la carte, donnoit le nombre précis de stades qu'on avoit compté entre *Myos-hormos* et *Heroopolis;* mais que l'erreur de celui qui l'a construite, est d'avoir cru que ces stades étoient de 700, tandis qu'ils étoient de 500. Cette méprise l'a forcé d'accourcir de deux septièmes l'espace entre *Heroopolis* et *Myos-hormos;* de placer ce port trop dans le nord, et de porter *Berenice* trop dans l'ouest, afin de faire disparoître par cette fausse combinaison, le vide qu'il eût trouvé dans sa mesure, s'il avoit incliné la côte comme elle devoit l'être, et s'il avoit placé *Berenice* sous la longitude qu'elle devoit avoir par rapport à *Heroopolis*.

LA CAUSE de ces différentes erreurs étant bien constatée, on conçoit que pour retrouver sur la carte moderne l'emplacement des positions offertes dans celle de Ptolémée entre *Heroopolis* et *Myos-hormos,* il faut mesurer sur la première en stades de 500, les intervalles que la seconde donnera en stades de 700; et pour la partie comprise entre *Myos-hormos* et *Berenice,* il suffira de prendre les espaces sur l'une et l'autre carte en stades de 500, pour avoir la correspondance des lieux intermédiaires qu'on voudra chercher.

AFIN d'éviter autant qu'il est possible la répétition des mesures, nous les présenterons à la suite de ces recherches, dans des tableaux divisés selon les différens itinéraires dont nous aurons à parler. Le lecteur en saisira mieux l'ensemble, et nous passerons sous silence les lieux qui n'exigeront point de remarques particulières.

Pour connoître les mesures employées dans la carte de Ptolémée, nous l'avons considérée comme étant à *projection plate;* c'est sous ce point de vue qu'elle doit être appréciée, comme nous croyons l'avoir démontré en traitant de l'ensemble de son système géographique (1) : et nous avons ensuite calculé les distances de chaque position, d'après les indications de longitude et de latitude rapportées dans l'extrait de ses Tables placé à la fin de ce mémoire. Ainsi, toutes les distances sont censées prises de point en point à l'ouverture du compas, parce que les anciens, dans la construction de leurs cartes, employoient communément les distances en ligne droite, et comprenoient les sinuosités des côtes dans les diverses inclinaisons qu'ils leur donnoient.

La carte moderne dont nous nous sommes servis, étoit construite en grand, sur une échelle de deux pouces et un quart par degré, et les distances y ont été prises le long des côtes et de leurs sinuosités.

Les petites différences que nos tableaux offriront quelquefois

(1) Voyez l'article de Ptolémée, dans notre Géographie des Grecs analysée.

dans les sommes correspondantes, ne doivent point arrêter ; elles proviennent ou des erreurs des Tables actuelles de Ptolémée, ou peut-être des erreurs de la carte moderne. C'est bien plus à l'ensemble de chaque itinéraire qu'il faut avoir égard, qu'aux mesures partielles qu'ils renferment : et quand on fera attention que cent stades de plus ou de moins ne valent que deux lieues et six septièmes dans la plus foible estimation, ou quatre lieues dans la plus forte, on sera plutôt étonné de l'accord de ces mesures, que frappé des légères dissemblances qu'elles pourront offrir.

LA PREMIÈRE ville comprise dans le tableau N.° I, est celle d'*Heroopolis*, ou la ville des Héros, que tous les anciens disent avoir été située à l'extrémité du bras occidental que forme le golfe Arabique. Ce bras en avoit pris le nom de golfe *Heroopolites* parmi les Grecs, comme les Arabes l'appelèrent dans la suite mer de Kolzum, et l'appellent maintenant mer de Suez, du nom des villes qui à différentes époques ont remplacé celle des Héros.

. Malgré l'autorité des géographes anciens, d'Anville (1) a cru pouvoir placer *Heroopolis* au milieu des terres, à plus de douze lieues et demie de l'extrémité du golfe Arabique. Il appuie son opinion,

. 1.° Sur ce qu'*Heroopolis* paroissant avoir tenu un rang considérable parmi les villes de l'Égypte, on doit supposer qu'elle étoit bâtie dans un terrain plus fertile que les sables arides qui environnent Suez;

. 2.° Sur un passage de l'historien Joseph (2)., où il est dit que lorsque Jacob se rendit en Égypte, son fils Joseph alla au-devant de lui jusqu'à *Heroopolis ;* et d'Anville observe que si *Heroopolis*

(1) D'Anville, *Mémoires sur l'Égypte*, pag. *121, 122.*

(2) Joseph. *Antiquitat. Judaïc. tom. I, lib. II, cap. 7, §. 5, pag. 95.*

avoit été voisine de *Suez*, elle ne se seroit point trouvée sur la route que Jacob devoit suivre pour se rendre de Bersabée en Égypte.

M A I S il nous semble que ces raisons sont trop foibles, pour être opposées au texte précis de tous les géographes anciens. La mauvaise position d'*Heroopolis* n'est pas plus difficile à concevoir que celle dans laquelle Suez se trouve aujourd'hui. Cette dernière ville, comme nous l'avons dit, est située au milieu de sables qui ne nourrissent aucune plante à plusieurs lieues à la ronde ; ses habitans sont obligés de faire venir leurs vivres de l'Égypte, et d'aller à deux lieues loin pour trouver de l'eau potable ; encore sont-ils inquiétés souvent par les Arabes qui, au moindre mécontentement, arrêtent leurs provisions, et menacent de les faire mourir de faim et de soif. Cependant Suez subsiste et prospère dans ces lieux que la nature sembloit avoir rendus inhabitables : ainsi *Heroopolis* a pu y exister malgré la stérilité de son territoire, comme *Arsinoë* y a subsisté de l'aveu même de d'Anville.

Q U A N T au passage de Joseph, il ne peut mériter aucune confiance. Le texte hébreu de la Bible ne fait pas mention d'*Heroopolis;* il est dit seulement (1) que le fils de Jacob alla au-devant de son père et de ses frères, jusque dans la terre de *Gosen* ou *Gessen,* que Pharaon avoit abandonnée à cette famille de pasteurs pour qu'elle y vécût avec ses troupeaux. Cette terre de *Gosen,* située vers le milieu de la largeur de l'isthme de Suez, et près des lacs ou des marais amers que l'on trouve encore, et qui répandent quelque fertilité dans leurs environs, ne pouvoit être alors que très-peu habitée. Si les Égyptiens avoient daigné former des établissemens, s'ils avoient eu des villes ou seulement des bourgades à la proximité de ces lieux, auroient-ils souffert que des Arabes pasteurs qu'ils avoient tous en abomination (2), vinssent partager leur territoire !

(1) Genes. *cap. 46, v. 28, 29.*　　　　(2) Genes. *cap. 46, v. 34.*

Aussi, ne les reçut-on point dans l'intérieur de l'Égypte : et il est si vrai qu'il n'existoit aucune ville dans la terre de *Gosen*, que quand les Hébreux s'y furent multipliés, les Égyptiens les forcèrent d'en bâtir deux, *Pithom* et *Ramesses* (1).

D'Anville (2) prétend que *Pithom* est la même ville qu'*Heroo-polis*. Si cela est, il étoit donc impossible qu'elle existât au siècle de Jacob, puisqu'elle ne fut fondée que long-temps après sa mort ; ce patriarche ne put donc s'y rendre en venant de Bersabée en Égypte : l'assertion de Joseph est donc fausse, ainsi que l'induction que d'Anville en a tirée pour déterminer l'emplacement d'*Heroopolis*. D'ailleurs, le témoignage unanime des anciens place cette ville, ou sur le bord immédiat (3), ou très-près de l'extrémité septen-trionale du golfe Arabique ; et nous ne croyons pas qu'on puisse éloigner *Heroopolis* du trentième degré de latitude que Ptolémée lui assigne (4). Sa situation devoit lui être d'autant mieux connue qu'il écrivoit en Égypte, et que, peu de temps avant lui, Trajan avoit fait construire un canal qui, de Babylone sur le Nil, conduisoit à *Heroopolis*.

DES VOYAGEURS, tels que le père Sicart (5), Pockocke (6) et d'autres, ont pensé que la position d'une forteresse moderne nommée *Calaat Adjeroud*, Château des Sablonnières, pouvoit répondre à celle qu'*Heroopolis* avoit occupée. Mais cette forteresse

(1) Exod. *cap. 1, vers. 11*.

(2) D'Anville, *Mémoires sur l'Égypte*, *pag. 123, 124*.

(3) Artemidor. *apud* Strab. *lib. XVI, pag. 769.* — Strab. *lib. XVII, p. 804*. — Plin. *lib. VI, cap. 33*.

(4) Ptolem. *Geograph. lib. IV, cap. 5, pag. 116, 120*. Il faut observer que la version latine confond la latitude d'*Heroopolis* avec celle du fond du golfe ; mais le texte les distingue, et place *Heroopolis* à 30 degrés juste. Voyez les éditions grecques, de 1546, *pag. 212 ;* de 1605, *pag. 106 ;* de 1618, *pag. 120*.

(5) Sicart, *Carte de l'Égypte*.

(6) Pockocke, *Voyages, tom. 1, pag. 393*.

placée, suivant Niebuhr (1), presqu'au couchant de Suez, et à cinq lieues de cette ville, nous paroît trop éloignée de la direction que prennent encore aujourd'hui les eaux de l'extrémité du golfe, pour croire qu'elles y atteignoient il y a deux mille ans. Dans les grandes marées, et lorsque les vents du sud soufflent, les eaux se portent au nord-nord-est de Suez, et inondent le terrain à plus d'une lieue de distance. Il nous paroît donc que c'est sur les bords de ce bassin, devenu marécageux depuis la retraite de la mer, qu'*Heroopolis* a dû être située.

La POSITION de cette ville à trente degrés de latitude, et celle de Suez à vingt-neuf degrés cinquante-sept minutes (2), font voir que les eaux se sont retirées dans ces cantons d'environ deux mille huit cents toises depuis le siècle d'Alexandre ; et c'est dans cet espace qu'ont été bâties successivement les villes d'*Heroopolis*, d'*Arsinoë*, de Kolzum et de Suez, à mesure que les sables envahissoient le domaine de la mer, repoussoient ses flots dans le midi, et forçoient les habitans à se rapprocher de la côte.

L'*ARSINOË* voisine d'*Heroopolis* ne doit pas être confondue avec une autre ville du même nom placée plus au sud. La première, située au fond du golfe, étoit distinguée par le surnom de *Cleopatris* (3). C'étoit là que commençoit le canal que Philadelphe avoit fait creuser pour faciliter la communication entre le golfe, le Nil et la Méditerranée (4). Il falloit qu'au temps de Trajan, les sables

(1) Niebuhr, *Description*, pag. 353.
(2) Niebuhr, *Voyage*, tom. I, p. 175.
(3) Strab. *lib. XVII*, pag. 804.
(4) Diodor. Sicul. *Biblioth. lib. I*, S. 33, pag. 39. — Strab. *lib. XVII*, pag. 804. — Plin. *lib. VI*, pag. 33.

On nommoit ce canal, *le fleuve de Ptolémée*. Pline le distingue d'un autre canal qui ne fut point achevé et qui partoit de *Daneon*. Le nom de cette ville, le nom de *Charandra* qu'il donne au petit golfe où étoit *Arsinoë*, et celui de *Acant* que le même auteur dit être appliqué par les Arabes au golfe d'*Heroopolis*, ne sont point connus des autres géographes, non plus que beaucoup d'autres lieux nommés par Pline dans le voisinage du golfe.

eussent

eussent comblé ce canal, et que sa ruine eût entraîné celle de *Cleopatris*, puisque ce prince fut obligé d'en ouvrir un autre, et de le faire passer par *Heroopolis*, quoique cette ville ne fût déjà plus sur le bord immédiat du golfe (1). Aussi Ptolémée ne fait-il aucune mention de *Cleopatris*.

Avant le voyage de Niebuhr, on ignoroit l'emplacement que Kolzum avoit occupé. La ressemblance de ce nom avec celui de *Clysma*, où les mêmes consonnes radicales se trouvent, avoit fait croire que ces deux noms devoient se rapporter au même lieu. Mais Niebuhr (2) a vu les ruines de Kolzum à environ huit cents toises au nord de Suez; et nous ne croyons pas qu'il soit possible de les confondre avec la position de *Clysma*, que les Tables de Ptolémée (3) éloignent beaucoup dans le midi. La découverte de Niebuhr est confirmée par les géographes arabes, qui fixent Kolzum précisément à l'extrémité occidentale du golfe (4), et à l'endroit même où le voyageur danois l'a retrouvée. En traçant la route qui menoit du Caire à Kolzum, l'Édrisi (5) la fait passer

---

(1) Ptolémée, *lib. IV, cap. 5, p. 120*, donne à ce nouveau canal le nom de *fleuve de Trajan*, d'où il paroît assez que c'est Trajan qui l'a fait construire. On lit cependant, dans le *Chronicon orientale*, pag. 53 : *Adrianus fossam effodere curavit ex flumine Ægypti ad mare Rubrum, eòque conduxit aquam dulcem....* et dans Macrizi, cité par Golius dans ses notes sur Alfergan, pag. 153 : *Nomenque ejus, qui amnem illum secundò fodit, erat Adrianus Cæsar.* Mais il y a beaucoup d'apparence que l'auteur de la Chronique et Macrizi se trompent, et qu'ils attribuent à Hadrien le canal qui fut fait sous Trajan son prédécesseur.

(2) Niebuhr, *Voyage, tom. I, p. 175, 176.* Ces ruines ont été vues aussi par Pockocke, qui les a prises pour celles d'*Arsinoë. Voyages, tom. I, pag. 396.* Mais Niebuhr s'est assuré dans le pays, qu'elles conservoient le nom de Kolzum.

(3) Ptolem. *Geograph. lib. IV, cap. 5, pag. 116.*

(4) Abulfeda, *Descript. maris al-Kolzum, pag. 70, 75. Inter Geographos minores græcos, tom. III. — Descript. Ægypti, pag. 8, 24.*

(5) L'Edrisi, *Geographia Nubiensis, Pars III Climatis tertii, pag. 107.*

à Adjeroud, et au puits d'Agiuz nommé maintenant Bir Suez. Ces deux stations précédoient alors immédiatement Kolzum, comme aujourd'hui elles précèdent immédiatement Suez : ainsi il ne peut rester de doute sur cette position.

MAIS nous devons dire que l'ancienne *Clysma* n'a point été entièrement inconnue aux Arabes, et que les environs du lieu qu'elle occupoit, en ont conservé parmi eux, et d'après la prononciation qui leur est propre, le nom de Kolzum. *Il y avoit deux villes de ce nom*, dit Ebn al-Ouardi (1), *elles étoient grandes ; mais depuis la domination des Arabes elles sont ruinées.*

Ce passage en explique deux autres que Gagnier (2) et d'Anville (3) avoient crus contradictoires. Selon Macrizi, Suez étoit bâtie sur le lieu même que Kolzum avoit occupé ; et selon Kalkashandi, Kolzum étoit placée au midi de Suez. Mais il est visible que ces auteurs parlent de deux villes différentes, et qu'il est question des deux Kolzum de Ebn al-Ouardi : l'une, c'est-à-dire la moins ancienne, est celle dont les ruines existent près de Suez ; l'emplacement de l'autre nous est indiqué au pied d'une montagne qui conserve encore le nom de Kolzum, et que sa distance d'*Heroopolis* met en position correspondante avec la forteresse de *Clysma* dans Ptolémée, comme le démontre le tableau N.° I.

On peut ajouter que c'est pour avoir confondu les deux Kolzum que quelques géographes orientaux, tels que Nassir Eddin (4), Ulug Beig (5), et l'auteur du Canon (6), ont différé entre eux

(1) Ebn al-Ouardi, *Notices des Manuscrits du Roi*, tom. *II*, pag. *3 1.*

(2) Gagnier, *Remarques sur la Géographie d'Abulféda*, cité par Shaw, *Voyages* tom. *II*, pag. *3 6*, not. a.

(3) D'Anville, *Description du golfe Arabique*, pag. *2 2 7.*

(4) Nassir Eddini *Tabula Geograph.* pag. *9 1. Inter Geograph. minores græcos*, tom. *III*.

(5) Ulug Beigi *Tabula Geographica*, pag. *1 2 3*, ejusd. volum.

(6) Kanún, *apud* Abulfed. *Descript. Ægypt.* pag. *2 4.*

d'un degré sur la latitude de cette ville. Nassir Eddin, en fixant Kolzum à 28ᵈ 30′, lui donne exactement la position que les distances nous ont fait conclure pour celle de *Clysma.*

LES MESURES prouvent également que l'*Arsinoë* des Tables de Ptolémée, ne peut avoir été située qu'à environ vingt-quatre lieues au sud d'*Heroopolis.* Son emplacement au pied des montagnes de Zâfrané, et loin des plaines de l'isthme et du *Delta,* l'écartoit beaucoup trop du fond du golfe, pour que le canal dont nous avons parlé ait pu jamais y aboutir, et pour qu'il soit possible de la confondre avec la ville du même nom, bâtie par Philadelphe près d'*Heroopolis.*

TOUTES ces positions se trouvent dérangées dans la carte de d'Anville, parce qu'il ne les a fixées que d'après de simples conjectures qui l'ont égaré. -

Il en est de même du promontoire *Drepanum,* qu'il fait répondre au Ras Zâfrané, à vingt lieues seulement de Suez; tandis que dans Ptolémée ce promontoire est plus méridional que celui de *Pharan,* le Ras Mahomet d'aujourd'hui.

Nous observerons que dans les cartes modernes, Zâfrané n'est point un cap, mais une montagne de la côte, qui a peu de saillie dans la mer : d'ailleurs sa base ne présente rien de la forme que d'Anville lui prête, et dont il a cru pouvoir tirer l'origine du nom de *Drepanum* ou de Faux, des Tables de Ptolémée (1). Nous n'avons pas connoissance non plus de la grande baie couverte par le mont Zâfrané, que Castro (2) dit avoir vue. Peut-être cette côte occidentale a-t-elle essuyé des changemens depuis deux siècles et demi. Au surplus, le *Drepanum* des anciens doit terminer le

(1) D'Anville, *Description du golfe Arabique, pag. 228.* — Ptolem. *Geogr.* lib. *IV, cap. 5, pag. 116.*

(2) Castro, *Hist. génér. des Voyages,* tom. *I, pag. 194.*

golfe d'*Heroopolis* (1), et répondre d'après leurs mesures au cap Sandy, situé vers 27^d 15$'$ de latitude, où finit le golfe de Suez. C'est là que d'Anville avoit placé *Myos-hormos.*

MAIS les distances données par le Périple, et celles de la carte de Ptolémée, démontrent comme nous l'avons fait voir, qu'il est impossible de chercher ce port ailleurs que dans celui du Vieux-Kossir, abandonné depuis quelque temps, et dont les habitans se sont transportés à deux lieues plus au midi, sur les bords d'une anse un peu moins resserrée, où ils ont bâti la nouvelle ville de ce nom. « Le nom de Kossir, dit Maillet, signifie *Petit* dans la langue des Arabes; c'est pourquoi les Grecs et les Romains l'ont appelé *Myos-hormos, Portus Muris,* le port du Rat (2) » : et cette remarque confirme encore notre opinion.

KOSSIR est le port du golfe Arabique le plus voisin du Nil. On ne met que trois ou quatre jours au plus pour se rendre de l'un à l'autre, lorsque les caravanes ne sont pas inquiétées par les Arabes (3). Cette route dépourvue d'eau et de toute habitation, a toujours été très-fréquentée, parce qu'elle est la communication

---

(1) Dans les Tables grecques, le *Drepanum* est porté à un degré plus au nord que dans les Tables latines. C'est une erreur, et une suite du déplacement de toutes les positions depuis *Berenice.* Cette ville y est indiquée à 24^d 20$'$, et par conséquent à 30$'$ au-delà du tropique, quoique Ptolémée l'eût mise sous ce cercle. Voyez sa Géographie, *lib. VIII, pag. 234.*

(2) Maillet, *Description de l'Égypte, pag. 323.* Il faut lire, *port de la Souris.*

(3) Abulféda, *Descript. Ægypt. p. 14,* dit que cette route se fait en trois jours. — Yrwin l'a faite en trois jours et demi, *Voyage, tom. I, pag. 259-294;* — Chevalier, en quatre jours et demi; *Lettres sur l'Égypte par Savary, tom. II, pag. 111, 112.* — Bruce y a employé six jours; *Voyage, tom. I, pag. 185-206.* — Suivant Pockocke, *Voyages, tom. I, pag. 248,* et le père Vansleb, *Nouvelle Relation de l'Égypte, pag. 412,* ce voyage dure quatre jours.

On voit que la durée du voyage dépend des conducteurs, et des détours qu'on est obligé de faire, pour éviter la rencontre des Arabes.

la plus courte et la plus facile entre l'Égypte et l'Inde. C'est à *Myos-hormos* qu'arrivoit autrefois la plus grande partie des marchandises de l'Asie; d'où on les conduisoit par terre à *Coptos*, et de là sur le Nil jusqu'à Alexandrie. Le nouvel emplacement de Kossir ne l'a point éloignée de *Coptos*, nommée Keft maintenant; mais comme les Arabes ont laissé obstruer le canal qui communiquoit de cette dernière ville au Nil, les caravanes de Kossir se rendent habituellement ou à Kéné, l'ancienne *Cœnepolis*, ou à Kous, l'ancienne *Apollinopolis parva*, toutes deux situées près du fleuve et à quatre ou cinq lieues de *Coptos*.

Il ne faut pas confondre cette route, comme Golius (1) et Pockocke l'ont fait (2), avec une autre qui partoit également de *Coptos*, et se rendoit à *Berenice :* celle-ci avoit en longueur le double de la précédente. Les dangers de la navigation dans cette partie du golfe, avoient engagé Philadelphe, pour éviter à ses vaisseaux une course d'environ quatre-vingt-deux lieues, à établir vers la hauteur du tropique, un port, qu'il appela *Berenice* du nom de sa mère.

Pour faciliter l'usage de cette nouvelle route, il y établit des espèces de caravansérails, et y mit des troupes pour la sûreté des voyageurs. Strabon dit (3) qu'elle étoit de six à sept journées. Pline (4) lui donne 258 M. P., et la divise en huit stations; mais il prévient que les chaleurs qu'on y éprouve ne permettant de marcher que pendant la nuit, on n'arrivoit à *Berenice* que le douzième jour. L'Itinéraire d'Antonin (5), et la Carte de Peutinger (6), marquent

(1) Golius, *Notæ in Alferganum*, *pag. 144, 145.*

(2) Pockocke, *Voyages, tom. I, p. 247-249, 406*, confond ces deux routes en prenant le vieux Kossir pour *Myos-hormos*, et le nouveau Kossir pour *Berenice.*

(3) Strab. *lib. XVII, pag. 815.*

(4) Plin. *lib. VI, cap. 26.*

(5) Antonini Augusti Itinerarium, *pag. 171-174.*

(6) Peutingeriana Tabula Itineraria, *segmenta VIII, IX.*

onze stations, et diffèrent sur la distance de 237 à 271 M. P. Ces variantes n'intéressent pas assez l'objet de ces recherches pour que nous nous y arrêtions.

Malgré les soins et les dépenses de Philadelphe, il paroît que la longueur de ce chemin fit souvent préférer celui de *Myos-hormos.* Au temps de Strabon, les deux routes étoient encore ouvertes (1) : mais depuis long-temps, celle de *Berenice* a été abandonnée; et tout ce qui s'expédie du golfe pour la haute Égypte, ou de la haute Égypte pour le golfe, passe aujourd'hui par Kossir.

C'est sur cette route, fréquentée dès les premiers siècles de notre histoire, que Bruce (2) trouva ces belles carrières de marbre, de granit, et de porphyre, où les Égyptiens ont laissé tant de traces de leurs antiques travaux. Ce sont les *Porphyrites montes* dont Ptolémée (3) place le milieu à 26ᵈ 40′ de latitude, et dont Bruce apercevoit les sommets colorés en parcourant le golfe vers la même hauteur (4). Ce sont les Montagnes rouges qu'Agatharchides (5) et Diodore (6) indiquent immédiatement au-dessus de *Myos-hormos,* et que d'Anville a transportées jusqu'au vingt-septième parallèle, sans autre autorité que son opinion particulière sur l'emplacement qu'il jugeoit à propos de donner à ce port (7).

Il sembleroit que des renseignemens si propres à faire reconnoître l'identité de ces lieux, n'auroient point dû échapper à Bruce. Cependant il prétend (8) que le Vieux-Kossir est *Leuce* ou le *port Blanc* des anciens, et que *Myos-hormos* étoit situé beaucoup

(1) Strab. *l. XVI, pag. 781; l. XVII,* *pag. 815.*
(2) Bruce, *Voyage, tom. I, pag. 191 et* *suivantes.*
(3) Ptolem. *Geograph. lib. IV, cap. 5,* *pag. 117.*
(4) Bruce, *Voyage, tom. I, pag. 205.*

(5) Agatharchid. *De mari Rubro, p. 54.*
(6) Diodor. Sicul. *Biblioth. tom. I,* *lib. III, §. 39, pag. 205.*
(7) D'Anville, *Description du golfe Arabique, pag. 230.*
(8) Bruce, *Voyage, tom. I, pag. 214,* *215, 243.*

plus au nord. Il dit que la descente de Terfowey, par où l'on arrive à Kossir, porte le nom d'Akaba, et représente l'*Acabe mons* de Ptolémée. Mais le nom d'Akaba étant un terme appellatif, comme Bruce en convient lui-même, est applicable à plusieurs lieux en même temps, et ne peut servir à les faire reconnoître, surtout lorsque ces lieux diffèrent par des circonstances essentielles. L'Akaba de Bruce est dans l'intérieur des terres et à l'ouest de Kossir, tandis que l'*Acabe* de Ptolémée est sur le bord immédiat de la mer et au sud du *port Blanc :* ainsi ces positions ne peuvent être les mêmes.

Bruce ajoute que les montagnes au-dessus du Vieux-Kossir portent encore le nom d'*Aias* qu'on trouve dans Ptolémée, et que deux rochers blancs qu'on aperçoit de la mer, avoient fait donner à ce port le nom de *port Blanc.* Si cela est, on ne peut en conclure autre chose, sinon qu'il existe sur cette côte plusieurs rochers dont la blancheur a pu ou pourroit servir à désigner quelques-uns de ses havres, puisque d'Anville a placé un port Blanc à dix lieues au sud de Kossir, et que celui de Ptolémée étoit encore à plus de quinze lieues au-delà. Au reste, Bruce n'a visité ni le Vieux-Kossir, ni son prétendu mont *Aias ;* et l'ensemble ainsi que l'exactitude des mesures données par le Périple et par la carte de Ptolémée, nous semblent des autorités trop supérieures aux conjectures du voyageur anglois, pour ne point les leur préférer.

AJOUTONS que si *Myos-hormos* avoit été élevé en latitude autant que l'auteur de la carte actuelle de Ptolémée, d'Anville et Bruce l'ont cru, il n'est point vraisemblable que le transport des marchandises arrivées dans ce port, se fût fait par *Coptos ;* puisque dans cette hypothèse, cette ville se seroit trouvée beaucoup trop au midi et trop loin de la ligne qui tendoit vers *Memphis* ou vers Alexandrie. Le chemin le plus direct eût porté ou vers *Chemmis,* ou vers *Antæopolis;* et l'on eût évité par cette voie la traversée des montagnes, et plus de quarante lieues de navigation sur le Nil.

COMME le Vieux-Kossir n'est plus fréquenté, nous ignorons si les trois petites îles basses que les anciens (1) ont connues à l'entrée de ce port existent encore.

DE *MYOS-HORMOS* à *Berenice*, ou du Vieux-Kossir au port des Abissins, les distances ne demandent point de discussion. Le Périple et la carte de Ptolémée emploient également le stade de 500; et en cherchant sur la carte moderne la correspondance des positions intermédiaires, on la trouvera telle que le Tableau N.° II la présente.

DANS cet intervalle étoit le port *Philoteras,* qu'on ne peut rapporter à celui du même nom qu'Artémidore (2) plaçoit immédiatement après *Heroopolis,* et que Pline dit (3) avoir été appelé *Aennon* par quelques écrivains : du moins faudroit-il supposer une transposition trop considérable dans le texte de Ptolémée; et il paroît plus simple de croire qu'il y a eu deux villes de ce nom dans cette partie du golfe, comme il y a eu deux *Arsinoë* et deux *Kolzum.* Pomponius Méla (4) distingue un promontoire *Aennum* d'une ville de *Philoteris;* mais sa description est si concise, si obscure, qu'elle ne peut aider à éclaircir cette difficulté.

LES MESURES font répondre le mont *Aias* à une montagne remarquable par ses trois sommets, dans le fond de la baie de Tuna. *Leuce* ou le port Blanc est le golfe de Shaona, au fond duquel

---

(1) Agatharchides, *De mari Rubro,* pag. 54. — Artemidor. *apud* Strab. lib. *XVI, pag.* 769. — Diodor. Sicul. *Biblioth.* t. *1,* l. *III,* S. 39, p. 205.

(2) Artem. *apud* Strab. *l. XVI, p.* 769.

(3) Plin. *lib. VI, cap.* 33.

(4) Pompon. Mela, *lib. III, cap.* 8, pag. 286, 287.

on

on voit les ruines d'une ancienne ville (1) ; et le mont *Acabe* correspond à de hautes montagnes noires et jaunes qui bordent la baie de Guadénahui.

PLUS loin est le Ras al - enf, ou le cap du Nez, que d'Anville (2) a cru représenter le promontoire *Lepte* des anciens : mais la forme de la côte et les mesures doivent faire rejeter cette opinion. Dans Ptolémée (3), le point le plus saillant de cette côte n'est pas le *Lepte*, c'est la montagne des Émeraudes qui le précède, et vis - à - vis laquelle il place l'île *Aphrodites* ou de Vénus. Cette montagne est le Ras al - enf, facile à reconnoître d'ailleurs par une île très-voisine, que Castro avoit confondue avec ce cap, et que d'Anville n'a point connue : elle porte aujourd'hui le nom d'île de l'Éme-raude (4), et répond certainement à l'*Aphrodites* de Ptolémée, que ce géographe n'a un peu trop élevée en latitude, que par une suite du déplacement de *Berenice*.

D'ANVILLE (5) rapporte l'*Aphrodites* à des îlots nommés *Sufange ul - bahri*, ou Éponge de mer, situés au - dessus du vingt-septième degré, à soixante - quinze lieues plus au nord que Ptolé-mée ne l'a placée. Mais il est impossible de supposer une semblable erreur dans cette partie de la carte ancienne, où les mesures, en général, sont justes, malgré le vice de sa graduation. L'analogie que d'Anville croit trouver entre le nom de ces îles et la fable de Vénus sortie de l'écume de la mer, est d'ailleurs trop vague pour en conclure leur identité avec l'*Aphrodites* de Ptolémée ; d'autant

(1) Castro, *Hist. génér. des Voyages*, tom. *I, pag. 1 8 7.*

(2) D'Anville, *Description du golfe Arabique, pag. 2 2 4.*

(3) Ptolem. *Geograph. lib. IV, cap. 5, pag. 1 1 6, 1 2 2.*

(4) Cette île est aussi nommée Amil. Bruce l'appelle Macouar, et la dis-tingue d'une île des Émeraudes qu'il place vingt-cinq lieues plus haut.

(5) D'Anville, *Description du golfe Arabique, pag. 2 2 9.*

B b

plus que la dénomination de *Sufangé ul-bahri*, est une expression usitée dans toute l'étendue du golfe, pour désigner des îlots ou des ressifs, peu élevés au-dessus de la surface de l'eau. Bruce (1) a vu des rochers de ce nom sur la côte orientale.

SI L'ON vouloit trouver une origine au nom donné par les anciens à l'île dont nous parlons, il nous semble qu'il faudroit la chercher dans la couleur même des émeraudes que l'on découvroit dans ses environs. Parmi les nombreuses épithètes données à Vénus, elle portoit chez les habitans d'Hermioné dans l'Argolide, celle de *Pontia* ou de Vénus Marine, et elle y avoit un temple de ce nom suivant le rapport de Pausanias (2). La couleur verte des émeraudes, qu'on a souvent comparée à celle des eaux de la mer, pouvoit rappeler aux Grecs la naissance allégorique de Vénus, qu'Hésiode (3) avoit décrite, et les engager à lui consacrer quelques-uns des lieux où ils trouvoient ces pierres précieuses.

LES ARABES connoissent aujourd'hui dans le continent, une montagne des Émeraudes fort différente de celle que Ptolémée a indiquée, puisque selon Niebuhr (4), elle est à 25^d $54'$ de latitude. Bruce (5) dit avoir visité une montagne du même nom, située dans une île, à 25^d $3'$. Cette dénomination appliquée à divers lieux, prouve que la chaîne qui borde cette côte, renferme en plusieurs endroits soit des émeraudes, soit des spaths, des tourmalines, ou des quartz, colorés en vert, que l'ignorance des Arabes leur fait prendre pour de véritables émeraudes. Bruce trouva au pied de la montagne où on le conduisit, des fragmens d'un cristal vert et fragile qu'il ne reconnut point pour être la pierre précieuse qu'il cherchoit (6). D'après sa description, il nous semble que ce cristal

(1) Bruce, *Voyage, tom. I, pag. 271.*
(2) Pausan. *Corinthiac. c. 34, p. 193.*
(3) Hesiod. *Theogon. v. 190 et sequent.*

(4) Niebuhr, *Voyag. tom. I, pag. 210.*
(5) Bruce, *Voyage, t. I, p. 227-233.*
(6) Bruce, *Voyage, tom. I, pag. 231.*

n'étoit autre chose qu'un spath fluor ou vitreux, distingué par Linné sous le nom de *Muria chrysolampis viridis* (1) ; et il est impossible de le confondre avec les émeraudes de l'Égypte, que Pline (2) dit être d'une dureté extrême : elles sont encore maintenant très-connues et fort recherchées dans toute l'Asie (3). Bruce n'a donc visité ni la mine d'émeraudes de Ptolémée, ni celles que Pline (4), l'Édrisi (5), Maillet (6), Niebuhr (7) et d'autres ont indiquées dans le continent, et jamais dans une île, comme il a plu au voyageur anglois de l'imaginer. Il a donc eu tort de conclure sans aucune espèce de preuve, et contre le témoignage positif des anciens, qu'ils n'ont jamais connu de mines de véritables émeraudes, et que toutes celles qu'ils ont possédées leur étoient venues d'Amérique.

Ces étranges assertions doivent persuader que Bruce a confondu deux objets fort différens. Les anciens n'ont point connu d'île des Émeraudes dans le golfe Arabique, mais bien une île des Topazes à quelque distance de *Berenice.* Cette île, comme nous l'avons dit, étoit autrefois remplie de serpens, et en avoit reçu le nom d'*Ophiodes :* les souverains d'Alexandrie l'en purgèrent pour rendre la recherche des topazes moins dangereuse ; et l'on peut voir dans Agatharchides (8), dans Artémidore (9), dans Diodore de Sicile (10), les fables qu'on avoit répandues sur les moyens employés pour trouver ces pierres précieuses. L'île *Ophiodes* est nommée *Agathon*

<hr>

(1) Linnæi *Systema Naturæ, tom. III, pag. 99, 100.* — C'est le *Fluate de chaux* de la nouvelle nomenclature.

(2) Plin. *lib. XXXVII, cap. 16.*

(3) Otter, *Voyage en Turquie et en Perse, tom. I, pag. 208.*

(4) Plin. *lib. XXXVII, cap. 17, 18.*

(5) L'Édrisi, *Geographia Nubiensis, Pars quarta Climatis primi, pag. 18.*

(6) Maillet, *Description de l'Égypte, pag. 307 et suiv.*

(7) Niebuhr, *Voyage, t. I, p. 210.*

(8) Agatharchides, *De mari Rubro, pag. 54, 55.*

(9) Artemidor. apud Strab. *lib. XVI, pag. 770.*

(10) Diodor. Sicul. *Biblioth. tom. I, lib. III, S. 39, pag. 205, 206.*

dans Ptolémée (1); Castro (2) la rapporte à celle de Zémorgète, en ajoutant qu'elle est fort haute et fort stérile. D'Anville (3) a suivi son opinion; et nous ne connoissons point d'autre île dans ces parages qui puisse mieux lui convenir, quoique Ptolémée l'ait placée plus au midi que *Berenice*. D'ailleurs le nom de Zémorgète ou Zamargat paroît répondre en arabe à celui de topaze.

L'AUTEUR du Périple compte environ quatre mille stades depuis *Berenice* jusqu'à *Ptolemaïs Epitheras*. Sur la carte de Ptolémée, il y a, entre ces deux villes, 4540 stades de 500. On se rappellera que d'après une observation citée et corrigée par Ératosthènes, *Ptolemaïs* devoit se trouver à 16$^{\rm d}$ 58′ 11″ de latitude, et que Ptolémée la plaçoit vers la même hauteur, à quelques petites erreurs ou variantes près. En suivant le trait de la carte moderne, nous nous trouvons, après avoir mesuré 4470 stades, précisément à 16$^{\rm d}$ 58′ de l'équateur, vers l'extrémité d'une forêt immense qui borde la côte pendant quarante lieues. Cet accord doit inspirer beaucoup de confiance dans la détermination d'Ératosthènes, et persuader que le point où nous nous arrêtons ne peut être éloigné du lieu où *Ptolemaïs* étoit située.

EUMÈDES, selon le Périple d'Artémidore (4), en fondant cette ville dans une péninsule, l'avoit séparée du continent par un fossé, pour la défendre contre les attaques des peuples à qui il enlevoit ce terrain. Cette circonstance a donné lieu à différentes conjectures. D'Anville (5) a cru que *Ptolemaïs* devoit être située à l'extrémité

(1) Ptolem. *Geogr. l. IV, c. 5, p. 1 2 2.*

(2) Castro , *Hist. génér. des Voyages,* tom. I, pag. 1 8 5.

(3) D'Anville , *Description du golfe Arabique,* pag. 2 3 3.

(4) Artem. *apud* Strab. *l. XVI, p. 77 0.*

(5) D'Anville , *Description du golfe Arabique,* pag. 2 6 7, 2 6 8.

d'une longue pointe aride et sablonneuse qu'il appelle Ahéhas. Mais ce lieu seroit peu favorable à un établissement de chasseurs, qu'il éloigneroit de l'intérieur des terres, des forêts, et des sources d'eau douce où les animaux se rassemblent. D'ailleurs, il faudroit croire qu'Ératosthènes se seroit trompé d'un degré vingt - deux minutes, sur l'observation qui donnoit la latitude de cette ville : et le soin qu'il paroît avoir pris pour s'assurer de son exactitude, ainsi que le rapprochement des mesures précédentes, ne permettent pas de supposer une semblable erreur.

Isaac Vossius (1) a cru trouver *Ptolemaïs* dans l'île de Matzua, qu'il prend pour la presqu'île détachée du continent par Eumèdes : mais Matzua n'est qu'à 15^d 46' de latitude ; et il faudroit encore admettre une erreur d'un degré douze minutes dans l'observation des anciens, et en sens inverse de celle que l'opinion de d'Anville y . supposeroit.

LE POINT où nous fixons l'emplacement de *Ptolemaïs,* tombe, ainsi qu'on vient de le voir, et comme l'exige la description de Pline (2), vers l'extrémité sud d'une vaste forêt toute remplie d'éléphans, de tigres , de loups, de sangliers, de cerfs, d'autres bêtes sauvages (3), et par conséquent dans un lieu propre à la chasse des animaux pour laquelle on l'avoit bâtie. Cette côte maintenant est peu visitée de nos navigateurs : ainsi les détails nous échappent dans cette partie ; et quand ils nous seroient connus, pourroit - on se flatter, comme Vossius, d'y trouver encore des vestiges d'un petit retranchement fait dans les sables il y a plus de deux mille ans !

LES MESURES entre *Berenice* et *Ptolemaïs,* prises en stades de 500 sur les deux cartes, se trouvent réunies dans le Tableau N.° III,

(1) Is. Vossii *Observat. ad Pompon. Melam, pag. 583.* .

(2) Plin. *lib. VI, cap. 34.*

(3) Castro, *Hist. génér. des Voyages, tom. I, pag. 175.*

ainsi que les noms des lieux correspondans aux positions que les anciens ont connues dans cet intervalle.

LE PROMONTOIRE le plus saillant de cette côte , est le *Mnemium,* que d'Anville reconnoît dans la pointe de Calmès (1). Ce cap est remarquable par treize petits tertres ou tombeaux que l'on y voit, et qui paroissent lui avoir fait donner le nom qu'il portoit autrefois.

PLINE (2) parle d'une ville de *Berenice* surnommée *Panchrysos,* ou *Toute d'or,* située sur le rivage de la Troglodytique, sans indiquer plus particulièrement sa situation : il est d'ailleurs le seul parmi les anciens qui en ait fait mention. Nous avons dit (3), en parlant de *Tharsis,* que les Arabes avoient connu sur la côte occidentale du golfe Arabique une montagne qui renfermoit des mines d'or, et qu'ils nommoient Ollaki ou Alalaki. D'Anville (4) croit reconnoître ce nom, ainsi que la position de *Berenice-Panchrysos,* dans le port de Salaka, et fixe immédiatement au-dessus le Gebel Ollaki. Cet emplacement s'accorderoit assez bien avec les quinze journées de marche que l'Édrisi (5) compte entre Assuan et cette montagne; cependant elle se trouveroit trop rapprochée d'Aidab, pour en être à huit journées de distance, comme le veut Abulféda (6).

Mais il y a une difficulté beaucoup plus grande dans l'opinion de d'Anville. Il prétend que selon l'Édrisi, la route depuis Assuan jusqu'à cette montagne, se dirige *entre l'orient et le midi :* le texte porte, au contraire, *entre l'orient et le nord* (7); et cette direction

(1) D'Anville, *Description du golfe Arabique, pag. 275, 276.*

(2) Plin. *lib. VI, cap. 34.*

(3) *Suprà, pag. 144.*

(4) D'Anville , *Description du golfe Arabique, pag. 274, 275.*

(5) L'Édrisi, *Geograph. Nubiens. p. 18.*

(6) Abulfed. *Descript. Ægypt. p. 28.*

(7) *Aurifodina.... distat ab urbe Assuan quindecim dierum itinere medio inter orientem et septentrionem.* Traduction des Maronites, *pag. 18.*

entièrement opposée à celle qu'exigeroit la conjecture de d'Anville, loin de conduire vers Salaka, porteroit vers la baie de
Shaona ou celle de Guadénahui. Il est probable cependant qu'il y
a quelque méprise dans cette description ou dans celle d'Abulféda;
car si le mont Ollaki étoit au nord-est d'Assuan, il se trouveroit
beaucoup plus éloigné d'Aïdab, que ce dernier auteur ne l'a dit.

La seule conséquence que l'on puisse tirer de ces rapports, est
qu'il a existé, sur la côte occidentale du golfe Arabique, des mines
d'or et d'argent, exploitées dès les temps les plus anciens de notre
histoire, comme l'attestent Agatharchides (1) et Diodore (2).
Elles continuèrent de l'être sous les rois d'Alexandrie, qui ont
pu donner momentanément le nom de *Berenice* au port par lequel
on exportoit leurs produits. Il paroît qu'elles furent abandonnées
pendant la domination des Romains en Égypte, puisque Ptolémée ne les a point connues. Les Arabes les reprirent après leurs
conquêtes, et ils les exploitoient encore dans le douzième et le
treizième siècle. Aujourd'hui elles sont tellement ignorées, qu'il
nous est impossible de savoir où elles étoient situées.

D'APRÈS les Tables latines de Ptolémée, le *Monodactylus mons*
ne présenteroit aucune saillie sur la côte; mais d'après les Tables
grecques il forme un promontoire considérable, tel qu'il est tracé
dans notre carte; et le mont *Gaurus* ou plutôt *Taurus*, comme
l'écrivent Agatharchides (3), Artémidore (4), et Diodore de
Sicile (5), se trouve dans le fond d'un golfe. On peut voir que le
Monodactylus répond au Ras Ahéhas, et que le *Taurus* doit se trouver

---

(1.) Agatharchides, *De mari Rubro*,
pag. 22-27.

(2) Diodor. Sicul. *Biblioth. tom. I*,
lib. III, *§. 12-14*, *pag. 181-184.*

(3) Agatharchid. *De mari Rubro, p. 56.*

(4) Artemidor. *apud* Strab. *lib. XVI*,
pag. 770.

(5) Diodor. Sicul. *Biblioth. tom. I*,
lib. III, *§. 41*, *pag. 208.*

dans le golfe qui lui succède, et sur lequel nous n'avons aucun détail particulier, parce que nos navigateurs n'en approchent point.

Q U A N T aux îles placées dans ce trajet, quoique la carte de Ptolémée les éloigne beaucoup trop de la côte, par une cause que nous indiquerons dans la suite, on en reconnoît cependant quelques-unes, d'après leurs latitudes, ou les lieux qu'elles avoisinent le plus. Ainsi, *Astarte* paroît répondre à un îlot voisin du Ras el‑Gidid; *Ara Palladis,* à l'île Magarzan que Castro (1) dit être fort élevée. Les deux îles nommées *Tomadeorum* seront celles de Dolkefollar et de Daratata; et l'île *Myron,* celle de Marate. Ptolémée nomme encore *Gypsites,* les deux *Catathræ* ou *Chelonitides,* et les deux *Thrissitides,* que nous ne distinguons point parmi les nombreuses îles de sable qui bordent ce rivage,

---

D E *P T O L E M A Ï S Epitheras* à *Sabat* ou *Saba,* ou *Sabæ* comme écrit Artémidore (2), la carte de Ptolémée donne 2975 stades de 500. En mesurant 3000 stades semblables sur la carte moderne,· depuis le point où *Ptolemaïs* est venue se placer, on sera conduit juste à Assab, dont le nom conserve assez de rapport avec celui de *Saba,* pour faire croire que ce soit le même lieu ; en supposant même que la petite différence de ces noms ne provienne point de l'article préfix que les Arabes·y auront ajouté, en écrivant as‑Sab, comme ils l'ajoutent, entre autres noms, à celui de l'ancienne Suéné ou Syéné, qu'ils appellent aujourd'hui as‑Suan ou Assuan.

L E P É R I P L E de la mer Érythrée ne fait aucune mention de *Saba,* et nomme, au lieu de cette ville, celle d'*Adulis* qu'il dit être également à 3000 stades de *Ptolemaïs* (3).

(1) Castro, *Hist. génér. des Voyages,* tom. *I, pag. 1 8 3.*

(2) Artemid. *apud* Strab. *l. X V I, p. 7 7 1.*

(3) Periplus maris Erythræi, *pag. 2.*

Dans

Dans Ptolémée, *Adulis* est distinguée de *Saba,* et se trouve placée à 1085 stades plus au sud que cette ville. Sa latitude, d'après l'indication d'un jour solsticial de douze heures quarante minutes (1), est de 11^d 10′: elle fixe donc *Adulis* à plus d'un degré au midi de la hauteur réelle du détroit, et par conséquent hors des limites positives du golfe.

Ainsi, l'*Adulis* des Tables de Ptolémée ne peut être celle du Périple, comme on l'a cru jusqu'aujourd'hui. Nous ferons connoître dans la suite le lieu qu'elle occupoit. Bornons-nous, pour l'instant, à constater l'identité de l'*Adulis* du Périple avec la ville de *Saba* de Ptolémée, et celle d'Assab d'aujourd'hui, en allant au-devant des objections qu'on pourroit nous opposer.

ON EST prévenu généralement, d'après le Périple de la mer Érythrée (2), les Tables de Ptolémée, Procope (3), Nonnosus (4), Cosmas Indicopleustès (5), et d'autres auteurs, qu'*Adulis* étoit le port d'*Axum,* ancienne capitale de la partie orientale de l'Abissinie, et dont les ruines se voient encore dans la province de Tigré, vers le quinzième degré de latitude selon les Missionnaires portugais et d'Anville (6), ou seulement à 14^d 6′ 36″ selon Bruce (7). Mais, quelle que fût la véritable position d'*Axum,* elle auroit toujours été trop éloignée d'Assab, pour que cette dernière ville eût pu lui servir de port habituel; puisque dans l'hypothèse la plus favorable, elle en seroit encore à plus de quatre-vingt-quinze grandes lieues en ligne droite.

Il existe au contraire, dans le golfe de Matzua, un lieu nommé

---

(1) Ptolem. *Geogr. l. VIII, p. 235.* — Montfauc. *Biblioth. Coislin. p. 761.*

(2) Periplus maris Erythræi, *pag. 3.*

(3) Procop. *Persicor. lib. I, cap. 19.*

(4) Nonnos. *apud* Photii *Bibliothec. cod. III, pag. 7.*

(5) Cosmas Indicopl. *Topographia Christiana, pag. 140.*

(6) D'Anville, *Description du golfe Arabique, pag. 264.*

(7) Bruce, *Voyage, tom. III, pag. 148.*

Arkiko, où abordent tous les navires destinés pour le commerce de l'Abissinie. Ce port n'est éloigné d'*Axum* que de sept à huit journées de marche; et cette proximité a fait croire à tous les écrivains, à tous les géographes modernes, qu'Arkiko devoit être l'ancienne *Adulis.*

LEUR opinion envisagée sous ce seul aspect, auroit une grande apparence de réalité; mais si l'on s'en rapporte au Périple, et surtout aux mesures qui doivent guider dans ces sortes de recherches, on se persuadera qu'il est impossible de s'arrêter à Arkiko; qu'elles conduisent réellement à Assab, et qu'elles donnent cette ville pour celle d'*Adulis.*

Une contrariété si grande dans les faits, doit persuader que les anciens, trompés par quelques circonstances particulières, ont confondu différentes villes sous le nom d'*Adulis;* et tout nous semble le prouver. Parlons d'abord de celle qui répondoit à Assab.

QUOIQUE le Périple de la mer Érythrée ne soit pas sans erreurs, on ne peut cependant se refuser à l'exactitude des mesures qu'il offre depuis *Myos-hormos,* ou si l'on veut, depuis *Berenice* jusqu'à l'embouchure du golfe, puisque nous avons fait voir qu'elles y conduisent avec précision. Parmi ces mesures, celle d'*Adulis* au détroit est donnée d'environ huit cents stades, et c'est la distance d'Assab au détroit. Si au contraire l'*Adulis* du Périple devoit être Arkiko, au lieu de 800 stades pour arriver au détroit, l'auteur auroit dû en compter 2860; ou bien il auroit fait une erreur de quatre-vingt-deux lieues marines, sur un espace qui ne renferme que cent quatorze lieues.

ON POURROIT croire tout au plus, que nous nous sommes trompés dans l'évaluation du stade employé par le Périple, et que nous aurions dû le compter de 700 au degré. Pour prévenir cette objection, nous avons essayé ce stade sur la carte moderne, et nous devons dire que les premiers aperçus sembloient confirmer le séntiment que nous combattons : mais on va en juger.

De *Berenice* à *Ptolemaïs,* le Périple compte environ 4000 stades.
De *Ptolemaïs* à *Adulis,* environ. . . . . 3000.

                     7000 stades.

En supposant ces stades de 700 au degré, et en mesurant sur la carte moderne 4050 stades pareils, on seroit conduit à Suakem, et ce port représenteroit celui de *Ptolemaïs,* ci. . . . 4050 stades.

Après 3235 autres stades de même valeur, on arriveroit à Arkiko, ci. . . . . 3235.

                     7285 stades.

Ainsi, ces mesures pourroient être considérées comme justes ; Arkiko seroit *Adulis,* le port d'*Axum;* et il n'y auroit plus d'incertitude sur ce point. Mais il se présenteroit des difficultés plus graves dont il seroit impossible de se tirer.

PTOLEMAÏS seroit transportée à 19^d 15′ de latitude , tandis qu'une observation qu'Ératosthènes paroît avoir faite ou du moins corrigée avec beaucoup de soin (1), place cette ville à 16^d 58′ 11″ seulement : observation adoptée par Hipparque (2), et même par Ptolémée (3) plus de quatre siècles après Ératosthènes, malgré leurs défiances et les nombreuses corrections qu'ils ont hasardées dans la carte de cet ancien. L'accord de ces trois astronomes-géographes, pendant un si long espace, durant lequel *Ptolemaïs* n'a point cessé d'être très-fréquentée, paroît une preuve que l'observation a été répétée plusieurs fois et toujours trouvée juste. On ne peut donc pas y supposer gratuitement les deux degrés et un quart

(1) *Suprà, pag. 163.*   (3) *Suprà, pag. 166.*
(2) *Suprà, pag. 165.*

d'erreur, que la dernière évaluation des distances y feroit soupçonner ; d'autant plus que l'emploi du stade de 500 sur la carte
moderne, loin de laisser entrevoir de l'inexactitude dans l'observation, la justifie pleinement.

Cette observation a été celle du passage du soleil au zénith de
Ptolemaïs, qu'on reconnut avoir lieu quarante-cinq jours avant et
après le solstice d'été (1). Or, pour croire que les anciens eussent pu
faire deux degrés et un quart d'erreur dans la latitude de cette ville,
il faudroit admettre qu'ils se seroient trompés de huit ou neuf
jours sur l'instant où ils auroient cru voir le soleil verticalement au-
dessus de *Ptolemaïs ;* et cette erreur ne peut être supposée. Dans
ces latitudes, la déclinaison du soleil change bien plus rapidement
que dans les environs des tropiques ; et le progrès ou la diminution
des ombres eût été trop sensible, pour ne pas faire apercevoir la
méprise.

D E P L U S , comme Ératosthènes n'a connu que le stade de 700
au degré (2), et qu'en réduisant en ligne droite et en mesure
itinéraire, la distance entre *Berenice* et *Ptolemaïs,* il a cru devoir
la fixer à 4820 stades ; si l'on prenoit pour des stades de même
valeur les 4000 du Périple, ou les 4540 de la carte de Ptolémée,
il s'ensuivroit que la mesure prise le long des côtes et de leurs
sinuosités, auroit été plus courte que la ligne droite, ce qui seroit
absurde.

En partant toujours de l'hypothèse du stade de 700, il en résulteroit encore que le Périple seroit incomplet ; que l'auteur, loin de
conduire jusqu'à l'entrée du golfe, comme il le dit, et comme il
le fait avec exactitude, s'arrêteroit réellement aux trois quarts de sa
longueur, vers le quinzième degré de latitude, et qu'il ne feroit

(1) Eratosthen. *apud.* Plin. *lib. II ,*
cap. 75 ; lib. VI , cap. 34.

(2) Voyez notre Géographie des
Grecs analysée, *pag. 7, 12, 38.*

pas la moindre mention de la côte qui se prolonge encore à près de cent lieues marines avant d'arriver au détroit. Mais le texte ne présente point de lacune, et la route est suivie sans interruption.

Enfin, le trait de la carte de Ptolémée, offrant entre *Berenice* et *Ptolemaïs* 4540 stades de 500, c'est-à-dire un huitième de plus que le Périple, à cause des sinuosités de la côte et des écarts de la route, plus grands et plus multipliés dans cette partie du golfe que dans les autres, confirme que les mesures données dans ce dernier ouvrage, ne pouvoient être prises en stades de 700; que Suakem ne peut être *Ptolemaïs*, comme Stukius (1) et d'autres l'ont imaginé, et que cette ville doit avoir été située vers les lieux où nous la fixons.

SI DONC *Ptolemaïs* doit être placée vers 16ᵈ 58′ de latitude, comme toutes les données des astronomes et des géographes anciens le démontrent, la ville d'*Adulis* du Périple ne peut être représentée par celle d'Arkiko, elle doit répondre à Assab; et quelle que soit la difficulté de concilier ce résultat avec les passages qui indiquent une *Adulis* près d'*Axum*, il faut l'expliquer sans rien déranger aux combinaisons précédentes, si l'on veut éviter de tomber dans un arbitraire que rien ne pourroit justifier.

REMARQUONS que les premiers géographes grecs, tels qu'Ératosthènes, Hipparque, Agatharchides, Artémidore, Strabon, n'ont point connu de ville d'*Adulis* dans le golfe Arabique : ainsi ce nom n'existoit point avant l'ère chrétienne. La seule ville intéressante qu'on rencontrât au midi de *Ptolemaïs* étoit *Saba*, que les Tables grecques de Ptolémée fixent à quatre minutes près sous la même latitude que nos meilleures cartes donnent à Assab.

Au temps de Pline, on ne connoissoit pas encore de ville d'*Adulis* proprement dite, mais seulement des peuples nommés

____

(1) Stukii *Scholia in Peripl. maris Erythræi, pag.* 9, 10.

Adulitæ, qui occupoient une partie des côtes occidentales et méridionales du golfe Arabique ; et le principal de leurs ports, où
abordoient les navigateurs, étoit nommé simplement *la Ville des
Adulites, Oppidum Adulitôn,* comme Pline s'exprime formellement (1).
Ce n'est qu'après lui, qu'on a fait un nom propre de ville, du
nom distinctif de la nation qui l'occupoit ; comme dans les bas-
siècles de l'Empire, la plupart des villes de la Gaule abandonnèrent
leurs anciens noms pour prendre celui des peuplades dont jusqu'alors elles avoient été les métropoles.

Si l'on demande des témoignages de l'existence de la nation
des *Adulites,* nous répondrons qu'elle subsiste encore, et qu'elle a
laissé son nom dans le lieu même où les distances nous ont conduits,
puisque la province dans laquelle Assab est située s'appelle encore
Adejl. On trouve de plus, à environ trente lieues au midi d'Assab,
les frontières d'un royaume considérable nommé Adel. La ressemblance de ces noms, malgré la différence de l'orthographe qui paroît
ne provenir que de la différence des dialectes, indique qu'ils ont
une origine commune, et qu'ils ont appartenu à une même nation.

Soit, en effet, que les anciens habitans de la province d'Adejl,
chassés par les Abissins, aient porté leurs conquêtes et leur nom au
midi du détroit ; soit plutôt que les peuples du royaume d'Adel,
dans leurs fréquentes incursions en Abissinie, dont ils ont souvent
conquis de très-grandes provinces, aient occupé assez long-temps
le territoire d'Assab pour que leur nom y soit resté ; il est certain
au moins, que les *Adélites* ou *Adulites,* possédoient dans les premiers siècles de l'ère chrétienne, la partie orientale et maritime de
l'Abissinie, puisqu'ils y existoient en corps de nation lors de l'arrivée
des Grecs, et que leur nom n'a point cessé d'y être connu.

Maintenant, et pour confirmer encore l'identité de *Saba* et

(1) Plin. *lib. VI, cap. 34.*

de l'ancienne ville des *Adulites*, nous devons ajouter qu'en éthio-pien *Saba* signifie *un homme*, et qu'il exprime aussi *une association*, *une réunion d'hommes* habitant en un même lieu. Les Épîtres de Saint - Paul adressées *aux Galates, aux Colossiens*, sont intitulées dans la version éthiopienne, *Saba Galatiya, Saba Kolasis;* d'où l'on voit que le mot *Saba* peut être pris dans l'acception de *Peuplade*, et signifier *une Ville* ou *la Ville*, par antonomase. Lors donc que *Saba* appartenoit aux *Adulites*, les Grecs, pour ne pas la con-fondre avec une autre ville de *Saba* qu'ils visitoient sur les côtes de l'Arabie, et pour la mieux caractériser, ont pu joindre à ce nom, le nom distinctif des peuples qui la possédoient, et traduire littéra-lement ces deux mots réunis, par *Adulitônpolis, la ville des Adulites*, comme Pline l'a fait ensuite, mais pour une autre ville que ces peuples ont occupée, et dont nous parlerons à son tour.

E NFIN, le Tableau N.º IV, en offrant les distances et la corres-pondance des lieux entre *Ptolemaïs* et Assab, achevera de confirmer l'exactitude des itinéraires anciens.

A LA HAUTEUR du golfe *Sabaïtique*, Artémidore (1) place dans l'intérieur des terres, un château fort, bâti par Suchus. Pline (2) indique vers les mêmes lieux une ville nommée *Suche*, qui nous paroît être la même habitation que la précédente, et que les auteurs modernes (3) rapportent à Suakem. Cependant, comme cette dernière ville est beaucoup plus au nord que l'emplacement de *Ptolemaïs*, et que la *Suche* d'Artémidore et de Pline étoit, au contraire, plus au midi; il ne nous paroît pas qu'on puisse s'auto-riser de la seule ressemblance des noms pour rejeter le témoignage

(1) Artemidor. *apud* Strab. *lib. XVI*, *pag. 770.*
(2) Plin. *lib. VI, cap. 34.*
(3) Bochart, *Phaleg, lib. IV, cap. 29.*

— Harduin. *Notæ in Plinium, tom. 1*, *pag. 342 , not. 13 , edit. in-fol.* — D'Anville, *Description du golfe Ara-bique , pag. 272.*

de ces deux auteurs, et pour soutenir qu'ils se sont trompés sur la position qu'ils lui assignent.

Si, comme on l'assure, le nom de *Succhiim* donné par le texte hébreu des Paralipomènes (1) à des peuples qui suivirent Sésac roi d'Égypte, lorsqu'il vint piller Jérusalem sous Roboam, doit être rendu par celui de Troglodytes, ainsi que les Septante et l'auteur de la Vulgate l'ont fait, il ne seroit alors qu'un nom générique applicable indistinctement à tous les peuples de cette côte. En effet, la plupart, avant l'arrivée des Grecs, habitoient le creux des rochers, ou les trous qu'ils pratiquoient dans des monceaux d'algue, comme le dit Artémidore (2). C'est pourquoi ce rivage étoit appelé la Troglodytique : et comme on y trouvoit des *Succhiim* dans toute sa longueur jusqu'au-delà du détroit, seroit-il étonnant que plusieurs lieux eussent conservé des vestiges de cette ancienne dénomination!

Mais, quand le nom de Suakem seroit dérivé du mot *Succhiim,* et quand même le *Suchus* d'Artémidore seroit un personnage idéal, créé par la vanité des Grecs, qui vouloient avoir fondé presque toutes les villes de cette côte, on ne pourroit être autorisé à contredire les deux itinéraires d'Artémidore et de Pline. Ils présentent trop de différences pour faire soupçonner qu'ils soient la copie l'un de l'autre; et néanmoins ils se réunissent pour faire de *Suche* une ville de l'intérieur, et non un port comme l'est Suakem, et pour la placer à plus de cent lieues au sud de ce havre.

ARTÉMIDORE (3) et Méla (4), en décrivant cette côte, font mention d'un bras du fleuve *Astaboras* qui venoit se jeter dans le golfe Arabique. Suivant l'ordre de la description d'Artémidore,

(1) Paralipomena, *lib. II, cap. 12,* vers. 3.

(2) Artemidor. *apud* Strab. *lib. XVI,* pag. 773.

(3) Artemidor. *apud* Strab. *lib. XVI,* pag. 770.

(4) Pompon. Mela, *lib. III, cap. 8,* pag. 287.

il

il semble que l'embouchure de ce bras devoit se trouver au nord du golfe *Sabaïtique*, et même au nord de *Ptolemaïs Epitheras*. Selon Ptolémée (1), elle étoit au contraire, au sud de cette ville, et dans le golfe *Sabaïtique*, dont elle empruntoit le nom. Une si grande diversité d'opinions, jointe au défaut absolu de connoissance locale dans cette partie de la côte, ne nous permet pas de rien hasarder. Nous croyons seulement que d'Anville (2), et l'auteur de la carte angloise qui l'a copié, ont placé ce bras de l'*Astaboras* trop au nord.

PLINE (3) cite une ville de *Berenice*, surnommée *Epidires*, qui, selon lui, étoit située dans la partie la plus resserrée du détroit. Le père Hardouin (4), d'Anville (5) et d'autres modernes prétendent que cette *Berenice* est le même port que Ptolémée (6) nomme *Arsinoë*, et qu'il fixe près de l'embouchure du golfe. Mais Artémidore (7) dans son Périple, distingue formellement ces deux villes, et les met à une trop grande distance l'une de l'autre pour qu'on puisse les confondre. Suivant cet auteur, *Berenice* étoit dans la Sabée, et plus au nord que *Saba :* elle étoit par conséquent à environ quarante-cinq lieues du promontoire *Dere*, et à environ trente lieues d'*Arsinoë*. Comme il existoit trois villes de *Berenice* sur les bords du golfe Arabique (8), on a pu donner à celle-ci, pour la différencier des autres, le surnom d'*epi-Dires* ou *voisine de Dire*, non pas pour annoncer précisément qu'elle étoit sur ce cap, ni tout auprès, mais seulement pour faire entendre qu'elle en étoit

(1) Ptolem. *Geograph. lib. IV, cap. 7,* pag. *127.*

(2) D'Anville, *Description du golfe Arabique*, pag. *269.*

(3) Plin. *lib. VI, cap. 34.*

(4) Harduin. *Not. in Plin. tom. I ,* pag. *342 , not. 2.*

(5) D'Anville, *Description du golfe Arabique, pag. 261, 262.*

(6) Ptolem. *Geograph. lib. IV, cap. 7,* pag. *127.*

(7) Artemidor. *apud* Strab. *lib. XVI,* pag. *773.*

(8) Plin. *lib. VI, cap. 34.*

moins éloignée que les deux précédentes. Il est très-vraisemblable que cette *Berenice* est la ville de Bailul d'aujourd'hui.

L'autorité de Pline sur l'emplacement de *Berenice Epidires*, est d'autant plus foible, qu'il n'avoit que des notions très-confuses sur ces parages. Il dit qu'elle n'étoit éloignée des côtes de l'Arabie que de 7500 pas ; tandis que la largeur entière du détroit, dans le lieu même où il est le plus resserré, est d'environ six grandes lieues marines valant 25,000 pas romains ; et cette mesure est d'accord avec les deux cents stades que Strabon lui donne d'après Ératosthènes (1). La largeur du détroit est divisée en deux par l'île Méhun ou Périm ; la passe de l'est a toujours été la plus fréquentée par les anciens et par les modernes ; elle n'a guères qu'une lieue et trois quarts, et cette étendue répond encore aux soixante stades qu'Ératosthènes (2), l'auteur du Périple (3), et Agathémère (4) assignent à ce qu'ils appellent proprement le Détroit. Ces soixante stades valent juste les 7500 pas de Pline ; ainsi, il prend ce canal pour la largeur entière de l'embouchure du golfe, et semble transporter *Berenice* dans l'emplacement de l'île Méhun.

P L I N E ajoute que cette ville étoit voisine de l'île *Cytis* dans laquelle on trouvoit des topazes. Nous croyons qu'en voulant comparer ce que Juba et Archélaüs avoient écrit sur les topazes du golfe Arabique (5), Pline ne s'est point aperçu que le dernier de ces auteurs avoit confondu *Berenice Epidires* avec *Berenice Troglodytica*, près de laquelle nous avons trouvé l'île *Topazos*, fort célèbre autrefois, parce qu'elle fournissoit cette pierre précieuse. Pline est

(1) Eratosthen. *apud* Strab. *lib. X V I*, *pag.* 7 6 9.

(2) Eratosthen. *apud* Strab. *lib. X V I*, *pag.* 7 6 9.

(3) Periplus maris Erythræi, *pag.* 1 4.

(4) Agathemer. *Compend. Geogr. lib. I*, *cap. 3, pag. 8. Inter Geographos minores græcos , tom. II.*

(5) Plin. *l. V I, c. 3 4 ; lib. X X X V I I*, *cap. 3 2.*

le seul parmi les anciens qui, sur la foi d'Archélaüs, ait parlé de l'île *Cytis.* Il est aussi le seul qui ait annoncé l'existence de deux mines de topazes dans le golfe Arabique : mais le silence d'Agatharchides, d'Artémidore et de Strabon, sur un objet si recherché autrefois, nous persuade que Pline s'est trompé, en indiquant deux fois la même île, près de deux villes qui portoient le même nom.

P R È S de *Ptolemaïs,* Artémidore (1) place une île presque couverte par les eaux de la mer, et remplie d'oliviers. Il ajoute qu'immédiatement après, on rencontroit les six îles *Latomiæ* avant d'arriver à l'entrée du golfe *Sabaïtique.* La carte moderne présente dans ces parages, et en position correspondante, une suite d'îles sablonneuses et très-basses, qui s'étendent jusqu'à celle de Dahlac.

Cette dernière île, d'après sa latitude, paroît répondre à celle des Mages, *Magorum insula,* des Tables de Ptolémée; et en suivant la côte, *Daphnidis insula* répondroit à celle de Seyrman; *Acanthine,* à Aouakel; *Orneon,* à Habael; *Macaria* ou *Fortunata,* à celle nommée Ras Man, comme le cap qu'elle avoisine; et les îles *Bacchi* et *Anti-Bacchi,* seroient les îlots que l'on connoît près du cap d'Assab.

D'*ADULIS* au détroit, l'auteur du Périple (2) compte un peu moins de 800 stades. La carte moderne en donne 775 depuis Assab jusqu'au cap méridional de Bab al-mandeb; et c'est ce cap, et non le Ras Bel, situé hors des limites du golfe, que les anciens ont connu sous le nom de promontoire *Dire* ou *Dere.* Ainsi, il ne peut rester aucun doute, ni sur l'exactitude des mesures anciennes, ni sur l'évaluation que nous en avons faite jusqu'à présent.

LE PÉRIPLE ajoute (3) que la largeur du détroit est divisée

(1) Artemidor. *apud* Strab. *lib. XVI,* *pag. 770.*

(2) Periplus maris Erythræi, *pag. 3.*
(3) Periplus maris Erythræi, *pag. 14.*

en deux parties par l'île de *Diodore*, dont il fixe la position à soixante stades des côtes de l'Arabie; et l'île Méhun dont nous venons de parler, répond précisément à ces indications.

On la retrouve également dans Pline (1), ainsi que les îlots qui l'avoisinent, sous les noms de *Pylæ* et de *Pseudo-Pylæ*, pour distinguer les différentes passes du détroit, que les Grecs appeloient *Portes* et *Fausses-Portes;* comme les Arabes appellent encore maintenant l'embouchure du golfe, *al-Babo*, la Porte, ou *Bab al-mandeb*, la Porte d'affliction, à cause des dangers qu'ils croient courir lorsqu'ils s'avancent au-delà, et qu'ils se hasardent dans la grande mer des Indes.

LES TABLES de Ptolémée n'indiquent aucune île dans le détroit : elles placent celle de *Diodore* par douze degrés et demi, et c'est à trois ou quatre minutes près la latitude de Méhun. Cette circonstance, jointe au passage du Périple qui la met dans le détroit même, achève de confirmer l'identité de ces îles. Ainsi, le golfe Arabique devroit être terminé vers ce point, dans la carte de Ptolémée, comme il l'est dans le Périple et dans la carte moderne. Cependant, par une méprise fort étrange, au lieu de huit cents stades environ, que la carte de Ptolémée devroit offrir pour la distance depuis *Sabat* jusqu'au promontoire *Dere*, elle éloigne ces positions l'une de l'autre de 5110 stades, et elle ajoute à la longueur effective de la côte occidentale du golfe, cent soixante-treize lieues marines de plus qu'elle n'a réellement.

CETTE prodigieuse différence vient de ce qu'on a fait entrer dans l'intérieur du golfe Arabique une côte qui ne lui appartient point. Observons, en effet, que depuis *Sabat* jusqu'à *Dere*, la carte de Ptolémée donne 5110 stades de 500, et que la carte moderne en offre 5200 pareils, entre Assab et le cap Guardafui à l'extrémité

(1) Plin. *lib. VI, cap. 34.*

orientale de l'Afrique. L'accord de ces mesures, et la forme même de cette partie de la côte dans la carte ancienne, font voir que son auteur, cherchant à combiner différens itinéraires, a pris le cap Guardafui pour le cap méridional de Bab al-mandeb, et a prolongé inconsidérément le golfe de tout l'intervalle qui les sépare.

PLUSIEURS causes nous semblent s'être réunies pour donner naissance à cette erreur.

La première, c'est que les anciens (1) ont quelquefois étendu le nom de golfe Arabique, à la portion de la mer Érythrée renfermée entre Bab al-mandeb, le cap Guardafui, et les côtes méridionales de l'Arabie.

Quoique cette première irruption de l'océan Indien puisse être considérée comme faisant partie du golfe Arabique, l'usage cependant a prévalu de ne point étendre ce nom au-delà du détroit : mais il aura suffi que le journal d'un navigateur n'ait pas clairement distingué ces deux sections d'une même mer, pour qu'un géographe spéculatif ait cru pouvoir les réunir en transportant le détroit plus loin qu'il ne devoit être. Alors, et sans s'apercevoir de sa méprise, il fit un double emploi de la côte extérieure de l'Afrique, qu'il traça dans le golfe, et que néanmoins il laissa subsister à l'orient de *Dere* pour retrouver la distance qui séparoit ce promontoire de celui des Aromates.

La seconde cause, c'est que les navigateurs, après avoir passé le détroit, rencontroient sur cette nouvelle côte, une autre nation d'*Adulites;* et les géographes la confondirent avec les peuples du même nom qui existoient dans l'intérieur du golfe.

En parlant du nom d'*Adejl* que conserve la province où Assab

(1) Eratosthen. *apud* Strab. *lib. XVI,* *pag. 769.* — Juba *apud* Plin. *lib. VI, cap. 34.* — Pauli Orosii *Historiar.* *lib. I, cap. 2, pag. 17.* — Æthici *Cosmograph. pag. 725; ad finem Pompon. Melæ,* edit. Gronov.

est située, nous avons prévenu qu'on trouvoit à peu de distance au midi, un royaume considérable nommé *Adel*. Les peuples qui le composent, occupent encore aujourd'hui toute la côte africaine, depuis le détroit jusque vers le cap Guardafui, et sont incontestablement les *Adulitæ* de Ptolémée. Leur ville actuelle de Tajioura, à l'entrée occidentale de cette côte, dans le fond d'un golfe, et au-dessus du onzième parallèle, offre dans sa position toutes les circonstances qui accompagnent l'emplacement de l'*Adulis* de cet ancien géographe, dont la latitude étoit appuyée d'ailleurs sur une observation de la longueur du jour solsticial (1).

IL S'ENSUIT donc, que le golfe où se trouve Tajioura, et que nous nommons baie de Zéila, parce que cette dernière ville y domine maintenant, est l'*Adulicus Sinus* des Tables actuelles de Ptolémée ; que le cap qui la termine à l'orient, est le *Chroni* ou *Saturni promontorium* ; et que la petite île située au milieu de cette baie, est l'île *Panis*, que des géographes du moyen âge prenoient pour la ville même d'*Adulis*, comme l'observe Étienne de Byzance (2). Cette remarque prouve de plus en plus, que le nom d'*Adulis* étoit moins un nom propre de ville, qu'un nom générique appliqué aux différens lieux de cette côte, où les *Adélites* ou *Adulites* établissoient des foires que les Grecs fréquentoient : et c'est pourquoi, dans le cours de ces recherches, nous trouvons plusieurs *Adulis* qui ont fleuri à des époques différentes.

UNE TROISIÈME cause a pu influer encore dans la méprise que

---

(1) Ptolem. *Geographia, lib. VIII*, *pag. 235.* — Bibliotheca Coisliniana, *pag. 761.*

La longueur du jour solsticial est donnée de 12ʰ 40′, qui répondent, pour le temps de Ptolémée, à 11ᵈ 8′ 59″, ou à 11ᵈ 10′ en nombres ronds. Les Tables latines placent *Adulis* à 11ᵈ 40′ ; les Tables grecques, à 14ᵈ 20′ : ce sont des erreurs de copiste.

(2) Stephan. Byzant. *de Urbibus, verbo* ἈΔΟΥΛΙΣ.

nous relevons; c'est l'existence antérieure d'une ville des *Adulites*, près du golfe de Matzua, dont nous parlerons bientôt.

Depuis ce golfe jusqu'au détroit, il y a 4000 stades de 700; et comme depuis Tajioura jusqu'au Guardafui il y a 4000 stades de 500, cette conformité apparente dans les mesures, semble avoir jeté de l'incertitude sur les différens itinéraires qui partoient de ces villes, et avoir empêché de bien distinguer le cap Guardafui, l'*Aromata* des anciens, du promontoire *Dere*.

POUR s'assurer encore, que cette portion du golfe Arabique de la carte actuelle de Ptolémée, appartient réellement à la côte de l'Afrique située hors des limites du golfe; il suffit d'observer que depuis *Sabat* jusqu'à une petite ville appelée *Antiochi Solen*, il y a, suivant cette carte, 3660 stades de distance, et qu'à 3600 stades d'Assab on trouve l'embouchure de la rivière de Soal. Les interprètes avoient cherché vainement l'étymologie du mot *Solen*; mais il est clair que ce surnom donné à la petite ville d'*Antiochi*, lui venoit de la rivière de Soal, sur le bord de laquelle elle étoit assise. Tout concourt par conséquent à faire voir que c'est inutilement que les géographes modernes se sont mis à la torture, pour découvrir sur les bords du golfe Arabique des villes qui n'y ont jamais existé.

Nous croyons cependant qu'il faut comprendre dans l'intérieur du golfe, l'*Arsinoë* voisine de *Dere*, quoique nous ne lui connoissions point de position correspondante. Mais Artémidore (1) indiquoit la situation de cette ville en-deçà du détroit; et la fausse configuration de la carte de Ptolémée ne détruit point ce témoignage, puisqu'*Arsinoë* y figure immédiatement avant le prétendu promontoire *Dere*.

L'ADDITION d'une côte étrangère de cent soixante-treize lieues dans la longueur d'un golfe dont les points extrêmes avoient été fixés depuis long-temps avec une assez grande exactitude, ne

____

(1) Artemidor. *apud* Strab. *lib. XVI, pag. 773.*

pouvoit se faire sur la carte, qu'en y altérant le résultat des observations, et sur - tout en prenant dans le sens des longitudes, les
nouvelles distances qu'il étoit impossible de combiner dans le sens
des latitudes.

Si l'on jette les yeux sur la carte de Ptolémée, on se convaincra
que ces deux moyens ont été employés pour y intercaler le nouvel
itinéraire. On a déplacé le promontoire *Dere*, en le portant à un
degré et un quart plus au midi, et à quatre degrés et demi plus à
l'orient, qu'il n'avoit été fixé dans l'origine : ensuite on a reculé
dans l'ouest toute la côte inférieure et occidentale du golfe, en
même temps que l'on a repoussé dans l'est les parties correspondantes de la côte orientale ; afin de mettre entre *Saba* et le promontoire *Dere* les 5110 stades environ, qui appartenoient à la distance
de cette ville au cap Guardafui : et cet écart a produit l'excessive
largeur du golfe dans la carte ancienne, où *Saba* se trouve éloignée
de cent trente lieues des rivages de l'Arabie, tandis qu'Assab qui
la représente, n'en est pas à plus de treize lieues.

C'est par la même raison que la plupart des îles du golfe sont
beaucoup trop éloignées du continent. On peut remarquer sur la
carte ancienne, que des lignes menées de l'une à l'autre, ou du
moins à une petite distance de chacune, dessineroient avec une
sorte d'exactitude les deux côtes du golfe, et les rapprocheroient
à-peu-près à la distance où elles sont dans la carte moderne. Ainsi,
l'on doit reconnoître que le premier auteur des changemens dont
nous parlons, et que nous croyons être Marin de Tyr, comme nous
l'avons dit (1), uniquement occupé de la partie littorale du golfe,
n'a point pensé à soumettre les îles à ses nouvelles combinaisons,
et qu'il les a laissées dans le lieu où il les trouvoit établies, sans
s'inquiéter du grand intervalle dont il les séparoit du continent.

(1) *Suprà, pag.* 42.

Néanmoins

Néanmoins toutes ces altérations n'ont pas été faites à la même époque ; et il est possible de suivre les dérangemens qu'on a fait éprouver au détroit à mesure qu'on l'avançoit davantage vers l'est.

SON PREMIER emplacement nous est indiqué dans la carte ancienne, par la position de l'île de *Diodore* à 12ᵈ 30′ de latitude, et à quatre degrés, ou plutôt à quatre degrés et demi, à l'orient de *Ptolemaïs.* Cette détermination étoit exacte, et avoit été adoptée par Ératosthènes (1).

Les quatre degrés et demi de différence que cet ancien avoit mis entre *Ptolemaïs* et le promontoire *Dere,* valoient 3150 stades de 700. Marin de Tyr crut pouvoir porter cet intervalle à 3500 stades (2) : et comme dans la construction de sa carte, il employa ces stades à raison de 500 par degré, il en conclut que les méridiens de ces lieux devoient être distans l'un de l'autre de sept degrés ; et il les éloigna de 1750 stades effectifs ou de 2ᵈ 30′ de plus qu'Ératosthènes ne l'avoit fait. Ptolémée embrassa dans la suite l'opinion de Marin de Tyr, et fixa *Dere* au soixante - treizième degré de longitude, quoique le texte actuel de ses Tables, dans nos éditions, le place (3) à 72ᵈ 30′, et l'ancienne version latine, ainsi que le manuscrit grec de Coislin (4), à 74ᵈ 30′.

Une prétendue observation faite à 500 stades au nord d'*Ocelis,* près de l'embouchure du golfe, persuada aussi à ces géographes (5) que le milieu du détroit, au lieu d'être à 12ᵈ 34′ de latitude,

---

(1) *Suprà, pag. 165.*

(2) Marin. Tyr. *apud* Ptolem. *lib. I, cap. 15, pag. 18. — Suprà, pag. 41.*

(3) Ptolem. *Geograph. lib. IV, cap. 7, pag. 127.*

Nous avons déjà prévenu que l'indication des lieux étoit très-corrompue

dans le texte grec de nos éditions, depuis *Ptolemaïs* jusqu'à *Dere.*

(4) Biblioth. Coislinian. *pag. 675. — Suprà, tom. I, pag. 168, 169; tom. II, pag. 41.*

(5) Marin. Tyr. *apud* Ptolem. *lib. I, cap. 7, pag. 9. — Suprà, pag. 41.*

comme Hipparque l'avoit dit, ne pouvoit se trouver que vers le onzième degré vingt-quatre minutes, et ils le descendirent à cette hauteur (1).

EN TRANSPORTANT ainsi toutes les parties méridionales du golfe, les géographes oublièrent l'île de *Diodore* qu'ils laissèrent dans le lieu qu'elle avoit occupé jusqu'alors, et remplacèrent les îles du détroit par celles d'*Adani*, en leur donnant la même latitude qu'à l'île de *Diodore*, mais en les avançant sous la nouvelle longitude qu'ils adoptoient.

Pour se convaincre que les *Adani* de la carte de Ptolémée représentent réellement les îles du détroit, il ne faut que faire attention au passage de Pline (2) où il est dit que Juba comptoit, depuis le promontoire *Drepanum* jusqu'à l'île *Adanu*, située à l'entrée de la grande mer, c'est-à-dire dans le détroit, 1875 ou 1885 M. P., suivant les différentes leçons que présentent nos éditions. Alors, réduisant cette mesure en stades, de huit pour un mille romain, comme Pline les compte toujours, on aura 15,000 ou 15,080 stades ; et l'on peut voir dans les tableaux précédemment cités, et sur la carte moderne, que depuis le point où nous avons reconnu le *Drepanum* jusqu'à l'île Méhun, il y a juste 15,085 stades de 700 au degré. Ainsi, d'après les mesures, et d'après sa situation à l'entrée de l'océan Indien, Méhun est certainement l'*Adanu* de Juba ; et l'identité de nom doit y faire reconnoître les *Adani* de Ptolémée.

ENFIN, dans un dernier déplacement, postérieur à Ptolémée, on a encore avancé le détroit d'un degré et demi plus à l'orient qu'il ne l'avoit fait, et on l'a fixé à 74^d 30′ (3), au lieu de 73 degrés ;

----

(1) Le texte donne 11^d 10′. C'est encore une erreur, ou une correction faite depuis Ptolémée.

(2) Plin. *lib. VI, cap. 34.*

(3) Voyez la version latine de Ptolémée, *l. IV, c. 7, p. 127; l. VI, c. 7, pag. 176;* — et le manuscrit grec de Coislin, *Biblioth. Coislin. p. 675, 721.*

mais on a négligé d'y transporter les îles *Adani*, et elles en sont restées à trente lieues dans l'ouest. On a aussi dérangé la latitude qu'il avoit donnée à *Ocelis*, en la remontant d'environ trente-six minutes. Ces erreurs, ces tâtonnemens successifs, ont fini par rendre méconnoissable la distance de *Sabat* à *Dere*, et l'ont fait confondre avec celle d'Assab au cap Guardafui, comme le tableau N.º V le démontre.

Jusqu'ici, nous avons suivi sans interruption, la marche que nous traçoient les itinéraires, afin de mieux saisir l'ensemble des mesures que les anciens avoient déterminées dans les parages occidentaux du golfe, et pour nous assurer des points fixes où elles s'arrêtoient. Il faut maintenant revenir sur nos pas, pour trouver une autre ville des *Adulites*, différente de celles que nous venons de reconnoître, et à laquelle se rapportent des renseignemens particuliers qui ne peuvent s'appliquer aux deux villes précédentes.

L'emplacement de cette habitation des *Adulites*, est indiqué par sa proximité d'*Axum*, par sa distance du détroit, et par celle qui la séparoit de *Ptolemaïs Epitheras* ; de manière à ne pas permettre de la confondre avec les autres lieux qui ont porté le même nom, et que les itinéraires nous ont fait découvrir.

Pline (1), en copiant les journaux des navigateurs de son siècle, dit que depuis *Ptolemaïs* jusqu'à la ville des *Adulites*, ils comptoient deux journées de navigation (2), et dix journées depuis la même ville jusqu'à un port nommé *Isis*, voisin du détroit.

(1) Plin. *lib. VI, cap. 34.*

(2) Nos éditions portent *quinque die-rum* ; mais c'est une faute, comme les distances le démontreront dans l'instant. Il faut lire *duorum dierum.* Nous appuyons d'ailleurs cette correction nécessaire, sur l'autorité d'un manuscrit cité dans le Pline *Variorum, tom. I,* *pag. 373.*

Pour savoir où ces données peuvent conduire, il faut rechercher ce que pouvoit valoir la course journalière des vaisseaux que les Grecs entretenoient dans le golfe Arabique.

Selon Hérodote (1), la longueur entière du golfe est de quarante jours de navigation. En prenant sur la carte moderne la distance depuis Suez, ou si l'on veut, depuis *Heroopolis* jusqu'au détroit, on trouvera quatre cent quatre-vingt-seize lieues marines, le long des sinuosités de la côte. Mais, comme les navigateurs évitoient une partie de ces sinuosités, et que par ce moyen leur route s'accourcissoit d'environ un quinzième, comme l'ensemble des distances données par le Périple l'a fait voir, il convient de réduire la longueur entière du voyage à quatre cent soixante-trois lieues. Alors, divisant ce nombre par quarante, on trouvera que les vaisseaux dont parle Hérodote, faisoient chaque jour environ onze lieues et demie.

Suivant Pline (2), les vaisseaux qui partoient de *Berenice,* se rendoient en trente jours environ, ou à *Ocelis,* aujourd'hui Ghéla, près de l'embouchure du golfe ; ou à *Cane,* aujourd'hui Késem (3), sur les côtes de l'Hadramaüt. Comme ces villes sont assez éloignées l'une de l'autre, il faut s'arrêter au point intermédiaire de leur distance. Nous trouvons depuis le port des Abissins jusqu'à ce point quatre cent trois lieues, en y comprenant les sinuosités : ainsi, il faut les réduire à trois cent soixante - seize ; et la marche moyenne des vaisseaux dont Pline a parlé, répondra chaque jour à douze lieues et demie.

Le milieu entre ces résultats établira donc avec beaucoup de justesse, ou du moins avec une très-grande approximation, la marche

(1) Herodot. *Euterp. lib. II, §. 11,* *pag. 108.*
(2) Plin. *lib. VI, cap. 26.*

(3) Voyez nos Recherches sur les côtes méridionales de l'Arabie, dans le volume suivant.

des navires des Grecs le long des côtes du golfe Arabique , à environ douze lieues par jour.

Maintenant , si pour les dix jours de navigation indiqués par Pline , nous mesurons cent vingt lieues sur la carte moderne , depuis l'embouchure du détroit, et en ayant égard aux réductions employées précédemment , nous serons conduits dans le fond du golfe de Matzua , près d'Arkiko , le port actuel de la contrée où se trouvent les ruines d'*Axum*.

De même, si de ce golfe nous comptons vingt-quatre à vingt-cinq lieues en remontant au nord , pour les deux autres jours de navigation donnés par Pline , nous arriverons au point où *Ptolemaïs* est venue se placer dans notre carte. Cet accord dans des mesures si différentes , si indépendantes les unes des autres , confirme à-la-fois et l'exactitude de nos combinaisons , et la nécessité de rétablir le texte de Pline , suivant la leçon du manuscrit dont nous avons parlé plus haut (1).

ON A DÉJÀ vu que les observations astronomiques des anciens , et les mesures itinéraires du Périple , s'opposoient à ce que la ville d'*Adulis* dont il fait mention , pût être prise pour celle du golfe de Matzua. Nous pouvons ajouter de nouvelles preuves tirées de la navigation que nous venons d'analyser.

En effet, puisque le Périple compte entre *Ptolemaïs* et *Adulis ,* environ trois mille stades ou cent vingt lieues ; si cette navigation s'étoit faite en deux jours comme Pline le dit , il auroit fallu que les vaisseaux anciens parcourussent soixante lieues par jour , ce qui leur étoit physiquement impossible : et quand même on voudroit s'en tenir au texte fautif de nos éditions , et compter cinq jours de distance , il en résulteroit encore , que les navires anciens auroient dû parcourir vingt-quatre lieues par jour , et que leur vîtesse auroit été

(1) *Suprà, pag. 219, not. 2.*

double de celle que les résultats précédens nous ont donnée. Mais ils étoient également hors d'état de faire une semblable course, d'autant plus que le long des côtes ils ne marchoient jamais pendant la nuit.

D'un autre côté, le Périple ne comptant qu'environ huit cents stades ou trente-deux lieues entre *Adulis* et le détroit, si l'on avoit employé dix jours à les parcourir, on n'auroit fait que trois lieues et un cinquième par jour; et une telle lenteur, comparée avec la rapidité des marches précédentes, répandroit sur cette navigation la même invraisemblance que nous reprochons à la première.

TOUT se réunit donc pour démontrer que dans les premiers siècles de l'ère chrétienne, les habitans du royaume d'Adel, maintenant confinés au midi du détroit, occupoient toute la côte maritime de l'Abissinie, et que le nom d'*Adulis*, ou plutôt de *Ville des Adulites*, a été appliqué en différens temps par les Grecs, aux principaux lieux qu'ils fréquentoient chez ces peuples. Il convient, par conséquent, de les bien distinguer, pour ne pas confondre comme on l'a fait jusqu'aujourd'hui, les connoissances des différens âges, et pour reconnoître dans les historiens et dans les géographes de l'antiquité, à laquelle de ces villes leurs descriptions se rapportent.

D'après ce que nous venons d'exposer, il doit paroître évident que la première dont ils aient parlé, répondoit à *Saba* ou Assab. Cette ville, placée sur le bord immédiat de la mer, a dû s'offrir aux navigateurs d'Alexandrie, dès qu'ils entreprirent de visiter le golfe. C'étoit le seul, ou du moins le principal port des *Adulites* que l'on connût encore aux temps d'Agatharchides, d'Artémidore, et du premier auteur des cartes que Ptolémée s'est appropriées; puisque ces différens auteurs en décrivant les environs du golfe *Sabaïtique*, nommé maintenant golfe de Matzua, n'ont fait aucune mention des *Adulites*. Ce ne fut qu'après eux, qu'une fréquentation plus habituelle de ce golfe, fit découvrir, à environ vingt stades dans l'intérieur des terres, une nouvelle ville que ces peuples avoient construite : et ce fut par cette voie que les Grecs s'ouvrirent plus directement le commerce de l'intérieur de l'Abissinie.

Lorsque l'auteur du Périple de la mer Érythrée composa son ouvrage, cette seconde ville des *Adulites* étoit déjà florissante ; et *Saba,* située dans une contrée moins favorable, étoit presque abandonnée des navigateurs. Mais tout annonce qu'il y avoit peu de temps que le nouveau port étoit visité, puisque l'auteur ne sut point distinguer l'itinéraire qui y conduisoit, de celui qui antérieurement servoit de guide pour aller à *Saba.* Il les prit tellement l'un pour l'autre, qu'il appliqua à la première de ces villes, les distances qui appartenoient à la seconde ; et que par une contradiction manifeste, il plaça à-la-fois son *Adulis,* et dans le voisinage d'*Axum,* et dans le voisinage du détroit, tandis que ces positions sont respectivement éloignées de plus de 135 grandes lieues en ligne droite.

Malgré ces erreurs, il n'est point douteux que l'*Adulis* dont l'auteur du Périple a voulu parler, ne fût celle du golfe de Matzua. La route qu'il trace depuis les bords de ce golfe jusqu'à *Axum,* est exacte ; et les petites îles *Alalæi* qu'il dit être près d'*Adulis,* se retrouvent près d'Arkiko, sous le nom de Dahal Alley, ou par contraction, Dalley, qui signifie également les îles d'Alley.

Il est question dans le Périple (1), d'une petite île de *Diodore* située dans le fond du golfe d'*Adulis,* et assez voisine de la terre-ferme pour qu'on pût franchir dans la marée basse, l'intervalle qui l'en séparoit, et aller piller les bâtimens qui y étoient à l'ancre. D'Anville (2) nous paroît l'avoir reconnue dans l'île des Français, située à l'ouest de celle de Matzua (3).

---

(1) Periplus maris Erythræi, *p. 2, 3.*
(2) D'Anville, *Description du golfe Arabique, pag. 265, 266.*

(3) Le peu d'étendue de notre carte n'a point permis d'y insérer ces détails.

Plus loin, à environ deux cents stades d'*Adulis*, le Périple (1) place l'île *Orine*, dont le nom semble annoncer une terre haute et montueuse.

Nous ne connoissons dans ces parages, que des îles de sable très-basses et presque de niveau avec la surface de la mer, de sorte qu'il nous est impossible d'y reconnoître l'*Orine* du Périple.

D'Anville (2) a cru que cette île devoit être celle de Dahlac; mais le sol de Dahlac, et de tous les nombreux îlots qui l'environnent, est absolument plat, quoique d'Anville pour lui prêter une sorte de ressemblance avec le nom d'*Orine,* prétende que Dahlac est bordée de hautes falaises dans toute sa côte orientale, contre le témoignage de Castro (3) qu'il consultoit, et qui assure positivement le contraire. On peut y ajouter celui de Bruce (4), qui, depuis Castro, a séjourné à Dahlac, et a confirmé le récit du voyageur portugais, en disant que cette île n'a ni montagnes, ni collines, ni sources. Ainsi, il n'est pas vraisemblable que le nom d'*Orine* lui ait été donné autrefois. Si l'auteur du Périple, en combinant différens itinéraires, ne s'est pas trompé dans l'emplacement de cette île, il faut qu'elle ait disparu dans quelques secousses de tremblement de terre, que le voisinage des îles volcaniques rend assez fréquentes dans cette partie du golfe.

Dans sa traversée de Lohéia à Arkiko, Bruce (5) décrit un grand nombre de petites îles qui s'étendent depuis le volcan de Gebel Tar jusqu'à Dahlac. Ni d'Anville, ni l'auteur de la carte angloise, n'ont eu connoissance de ces îles. Bruce les croit formées par les éruptions des feux soumarins : et il est probable que le

(1) Periplus maris Erythræi, *pag.* 2.

(2) D'Anville, *Description du golfe Arabique, pag.* 266, 267.

(3) Castro, *Histoire génér. des Voyages,* *tom. I,pag.* 173.

(4) Bruce, *Voyage, tom. I,pag.* 401.

(5) Bruce, *Voyage, tom. I. pag.* 375-417.

même

même effort qui les a élevées aura augmenté l'étendue de Dahlac, maintenant la plus considérable du golfe ; puisque les anciens paroissent n'avoir connu aucune grande île dans ces parages. Le sol de Dahlac, couvert de sable et de débris de corps marins, nous semble autoriser ce soupçon.

BRUCE (1) dit avoir vu à Dahlac trois cent soixante et dix citernes taillées dans le roc, et pense qu'elles ont été construites sous les premiers rois d'Alexandrie. Si cela étoit, ces citernes prouveroient encore, que ces souverains n'avoient aucun établissement dans le golfe de Matzua, et que la seconde *Adulis* n'existoit pas de leur temps. La facilité de se procurer de l'eau dans le continent et près du rivage, auroit détourné les Grecs d'entreprendre de semblables travaux, s'ils avoient eu la moindre liaison avec les sauvages habitans de la terre-ferme. Nous croyons ces citernes beaucoup moins anciennes que Bruce ne l'a pensé : elles nous paroissent l'ouvrage des Arabes pasteurs, qui ont occupé la plupart des îles du golfe, après les conquêtes rapides des successeurs de Mahomet ; puisqu'on trouve également de ces citernes dans beaucoup d'îles voisines de l'Arabie, où l'eau manque absolument.

AJOUTONS qu'il ne faut pas confondre l'île *Orine* ou Montueuse du Périple, avec la *Chersonèse Montueuse* des Tables de Ptolémée : celle-ci, par sa position et par sa forme, représente certainement la péninsule qui termine le golfe d'Assab au midi. C'est en confondant les différentes villes des *Adulites* en une seule, que d'Anville a placé cette Chersonèse au nord d'Arkiko, et la ville de *Sabat* plus au nord encore, et à plus de quatre-vingt-quinze lieues de la position que les anciens lui ont donnée, et qu'elle occupe encore aujourd'hui.

(1) Bruce, *Voyage, tom. I, pag. 401, 402.*

LA TROISIÈME ville des *Adulites*, la dernière que les Grecs aient connue, est l'*Adulis* des Tables·actuelles de Ptolémée, que les distances et sa latitude fixent également au port de Tajioura dans le royaume d'Adel, au midi de l'embouchure du détroit.

LE SILENCE de Ptolémée sur la ville des *Adulites* qu'il auroit dû placer dans le golfe *Sabaïtique*, puisque ces peuples y habitoient de son temps, comme Pline et l'auteur du Périple de la mer Érythrée le témoignent, est une nouvelle preuve à ajouter à toutes celles que nous avons déjà données et que nous produirons encore, que la carte qu'il nous a transmise n'est point son ouvrage, et qu'elle avoit été construite d'après des matériaux antérieurs au séjour de ces peuples dans les environs de la moderne Arkiko.

La partie inférieure de cette carte date, au contraire, d'une époque beaucoup plus récente, et répond au temps où les Adélites chassés de l'Abissinie, et confinés dans les limites de leur territoire actuel, appelèrent les navigateurs et le commerce des Grecs dans leur port de Tajioura. Cet événement doit être postérieur au règne de Justinien, puisqu'il paroît certain qu'aux temps de Procope (1), de Nonnosus (2) et de Cosmas (3), l'*Adulis* du golfe de Matzua florissoit encore. Ainsi ce doit être après le sixième siècle de l'ère chrétienne, qu'on s'est permis de changer la partie méridionale de la carte de Ptolémée, pour y interpoler une *Adulis* inconnue aux géographes précédens : et c'est par une suite de ce changement qu'on a cru devoir descendre *Axum* sous le onzième degré de latitude, à plus de cent lieues de sa vraie position, pour la mettre dans le voisinage de cette troisième *Adulis*, comme elle étoit dans celui de la seconde.

----

(1) Procop. *Persicor. lib. I, cap. 19.*
(2) Nonnos. *apud* Photii *Bibliothec. cod. III, pag. 7.*

(3) Cosmas Indicopleust. *Topograph. Christian. lib. II, pag. 140.*

IL NOUS reste à prévenir une dernière objection. En soutenant que l'*Adulis* des environs d'*Axum* n'avoit point été connue des premiers géographes grecs, et que sa fondation, ou du moins sa célébrité, nous paroissoit n'avoir précédé que peu ou point le commencement de l'ère chrétienne; nous n'avons pas oublié qu'on pourroit nous opposer une inscription que Cosmas (1) dit avoir vue et copiée dans cette même *Adulis,* et d'après laquelle il paroîtroit que sous Évergètes, cette ville étoit déjà au pouvoir des Grecs, et assez florissante pour que ce souverain voulût y faire élever un monument durable de ses victoires. Il convient donc d'examiner avec quelque attention le degré de confiance que peut mériter cet étrange témoignage, que tout le monde cite et que personne n'a encore discuté.

LA BONHOMIE et sur-tout l'ignorance remarquable de Cosmas, moine égyptien du sixième siècle, qui fait le monde carré, qui soutient le ciel sur des colonnes, qui donne un ange à chaque étoile pour la conduire, qui prétend que la marche de tous les astres s'exécute dans des cercles parallèles à l'horizon, et que pendant la nuit le soleil nous est caché par une haute montagne placée dans les régions septentrionales de la terre . . . . (2), ont fait penser que Cosmas étoit incapable d'avoir forgé l'inscription fastueuse qu'on

---

(1) Monument. Adulitan. *apud* Cosmam. *Inter Patres græcos.* Montfauc. *tom. II, pag. 141-143.*

(2) Les Siamois croient encore que le soleil, la lune et les étoiles tournent sans cesse autour d'une haute montagne placée au milieu de la terre. *Voyez* la Loubère, *Du royaume de Siam, tom. I, pag. 199.* Il est possible que Cosmas, qui avoit voyagé dans l'Inde,

en eût rapporté une partie de son système. Peut-être aussi en avoit-il puisé quelque chose dans les écrits de Xénophanès de Colophon, qu'il paroît avoir consultés, *pag. 149.* Ce philosophe ainsi qu'Anaximènes son disciple, donnoient à la terre la forme d'une haute montagne, dont la base s'étendoit à l'infini : et les astres ne pouvant passer au-dessous, en éclairoient les différentes

trouve dans son livre ; et ce motif est à-peu-près le seul qui la fasse admettre au rang des monumens historiques.

Quelques auteurs cependant ont élevé des doutes sur son authenticité, parce qu'elle porte la date de la vingt - septième année du règne d'Évergètes ; tandis que ce prince, de l'aveu des principaux chronologistes, n'a régné que vingt - cinq ou vingt - six ans tout au plus.

Dodwel (1) ne trouve d'autre moyen pour donner quelque vraisemblance d'exactitude à la date de ce monument, que de supposer, malgré le silence absolu de l'histoire, qu'Évergètes auroit régné deux ans conjointement avec Philadelphe son père.

Chishull (2) veut que les vingt-cinq années de règne que les chronologistes ont données à Évergètes, ne renferment que des années complètes, calculées suivant le système adopté pour le Canon des rois depuis Nabonassar. Il suppose qu'on a négligé de tenir compte du temps qui pouvoit s'être écoulé depuis l'avénement d'Évergètes, jusqu'au mois *Thoth*, où commençoit l'année des Égyptiens ; et encore du temps qui, dans la dernière année de sa vie, pouvoit s'être écoulé depuis le même mois jusqu'à l'instant de sa mort. Sous ce point de vue, Évergètes sembleroit n'avoir régné que vingt-cinq ans, tandis qu'il seroit possible qu'il eût occupé le trône d'Alexandrie pendant vingt-six ans. Et comme il y a des chronologistes qui lui donnent vingt-six ans de règne, Chishull, d'après le même raisonnement, conclut qu'Évergètes a pu régner vingt-sept ans, comme le porte le Monument d'*Adulis*.

parties en circulant autour d'elle parallèlement à sa base. *Vide* Aristot. *De Cælo*, *lib. II, cap. 13, pag. 467 ;* — *Meteorolog. lib. II, cap. 1, pag. 551 ;* = Diogen. Laert. *lib. II, in Anaxim.* Il nous paroît certain que les Grecs avoient reçu ces idées bizarres, des peuples de l'Asie.

(1) Henr. Dodwelli, *Dissertat. de Dicæarcho, pag. 56. Inter Geographos minores græcos, tom. II.*

(2) Chishull, *Antiquit. Asiat. p. 87.*

CETTE conjecture pourroit suffire, s'il n'étoit question que de trouver quelques mois de plus ou de moins sur la durée d'un règne; mais elle est inadmissible pour autoriser à y ajouter un an ou deux. Avec de semblables suppositions on pourroit faire soupçonner une erreur de trente-deux ans dans la liste des rois de Babylone depuis Nabonassar jusqu'à Alexandre seulement (1), et même une erreur de soixante-deux ans sur l'époque de Nabonassar, en prolongeant cette liste jusqu'au temps où Ptolémée l'a calculée et publiée.

Mais ces erreurs ne peuvent exister : il n'est pas douteux que les chronographes anciens, qui se piquoient d'un peu d'exactitude, n'aient eu égard aux différentes manières de compter les années, pour établir la suite des règnes; et qu'ils ne les aient combinés du fort au foible, pour s'assurer de la durée entière des dynasties. Le Syncelle (2) ayant sous les yeux l'ouvrage de Ptolémée, n'a donné que vingt-quatre ans de règne à Évergètes ; c'est lui que Chishull pourroit soupçonner d'avoir soustrait quelque chose de la durée réelle de ce règne : mais Eusèbe (3), en le portant à vingt-six ans, complète et au-delà ce que le Syncelle peut avoir négligé; et il ne nous paroît pas possible d'étendre plus loin la durée de ce règne, sans jeter de la confusion dans l'histoire des rois d'Alexandrie.

IL SEROIT donc plus naturel de penser qu'il y a erreur dans le texte de Cosmas, si la correction suffisoit pour lever tous les doutes sur l'authenticité du monument qu'il décrit. Malheureusement il renferme des preuves de fausseté bien plus palpables, quoiqu'on ne les ait pas encore relevées.

PARMI les nombreuses conquêtes que cette inscription attribue à Évergètes, il est dit qu'il s'est emparé de la Susiane, de la Perse,

(1) Canon Ptolemaïc. *apud* Georg. Syncelli *Chronograph. pag. 206-208.*

(2) Georg. Syncell. *Chronogr. p. 273.*

(3) Eusebii Pamphili, *Chronicorum, lib. II, pag. 142, 143.*

de la Médie, et de toutes les contrées intermédiaires jusqu'à la Bactriane. Cependant, on connoît assez les principaux faits des successeurs d'Alexandre pour savoir qu'Évergètes n'a jamais pénétré dans ces régions éloignées, soumises aux Séleucides.

La seule époque où l'on pourroit placer cette prétendue conquête, seroit dans les premières années du règne d'Évergètes. On sait que Philadelphe avoit forcé Antiochus Théos, roi de Syrie, de répudier Laodicée, de déshériter le fils qu'il en avoit eu, d'épouser Bérénice, et d'assurer la couronne à l'enfant qui naîtroit de ce second mariage. Aussitôt après la mort de Philadelphe, père de Bérénice, Antiochus chassa cette princesse, et reprit Laodicée. Celle-ci, pour n'avoir plus à craindre ou la foiblesse ou l'inconstance de son mari, le fit empoisonner, plaça sur le trône son fils Séleucus Callinicus, et, pour le lui assurer, fit égorger peu de temps après, Bérénice et le fils de cette reine.

Évergètes, pour venger sa sœur et son neveu, entreprit de détrôner Séleucus (1), et s'empara de la Syrie, de la Cilicie, de la Babylonie. Il auroit poussé ses conquêtes plus loin, dit Justin, si une sédition élevée en Égypte ne l'y eût rappelé promptement.

Il est donc certain que dans cette incursion, loin d'avoir pénétré jusqu'à la Bactriane, il ne passa pas même le Tigre. C'est à Babylone et dans les villes circonvoisines, qu'il trouva une partie de ces nombreuses divinités enlevées par Cambyse des temples de l'Égypte: Évergètes les y rapporta au milieu des acclamations d'un peuple superstitieux.

Lorsqu'il eut rétabli l'ordre dans ses états, il voulut recommencer la guerre contre Séleucus, et entra de nouveau en Syrie; mais apprenant que ce prince appeloit à son secours Antiochus, son frère, et ne se trouvant pas assez fort pour résister à cette ligue,

____

(1) Appian. *in Syriac. pag. 2 1 0, 2 1 1.* — Justin. *Histor. lib. XXVII, cap. 1, 2.*

Évergètes fit une trève de dix ans avec *Séleucus*; et l'histoire ne parle plus d'aucune guerre entre ces deux souverains.

IL EST aisé de voir, que si Évergètes avoit réuni aux contrées précédentes la Susiane, la Perse, la Médie et la Bactriane, comme le dit le Monument d'*Adulis*, il se seroit emparé réellement de tous les pays que possédoit Séleucus, et auroit porté ses conquêtes presque aussi loin qu'Alexandre avoit poussé les siennes. Un événement si mémorable, en renversant le trône des Séleucides, auroit donné trop de puissance à Évergètes, et auroit trop influé sur les affaires générales de l'Asie, pour que les historiens n'en eussent point parlé. Leur silence absolu est donc un témoignage qu'on peut opposer à la prétendue inscription d'*Adulis*, et avec d'autant plus de confiance que si Séleucus avoit perdu toutes les contrées de l'Asie dont elle fait mention, il se seroit trouvé sans domaine et sans ressource; tandis que l'histoire nous le montre assez puissant dès l'année suivante, pour être en état, non-seulement de résister aux nouvelles entreprises d'Évergètes, mais encore pour le contraindre à lui demander la paix.

EN DISANT qu'Évergètes s'étoit emparé de toutes les contrées intermédiaires depuis la Médie jusqu'à la Bactriane, l'auteur de l'inscription ne s'est point rappelé qu'à cette époque Arsace régnoit déjà dans la Parthie, et que jamais il n'en a été chassé. Évergètes, par conséquent, n'avoit point conquis toutes ces régions.

SI L'ON remarque enfin, que c'est à *Adulis* près d'*Axum* qu'on dit avoir vu ce monument, et que cette ville a été totalement inconnue à Ératosthènes, à Agatharchides, à Artémidore, à Strabon, à Diodore de Sicile, à Ptolémée, à tous les auteurs qui ont décrit avec soin les côtes du golfe Arabique, dans l'état où elles se trouvoient avant le premier siècle de l'ère chrétienne; on se convaincra que cette inscription, fausse dans sa date, fausse dans les faits qu'elle renferme, fausse par l'emplacement qu'on lui donne dans une ville qui n'existoit pas encore au siècle d'Évergètes, ne peut être regardée que comme un monument supposé, inséré après coup dans un ouvrage rempli d'ailleurs d'additions, de digressions sans suite, sans liaison entre elles, et tout-à-fait étrangères au plan que Cosmas avoit annoncé. Ainsi, on ne peut opposer son témoignage aux preuves multipliées que nous avons apportées sur la nécessité de distinguer trois villes des *Adulites,* visitées par les Grecs à des époques différentes, et de fixer l'existence de celle des environs d'*Axum,* à des temps postérieurs à celui d'Évergètes.

CES DISCUSSIONS terminées, reportons-nous vers Suez ; parcourons la côte orientale du golfe, et présentons, comme nous l'avons fait pour la côte occidentale, la plus ancienne description qui nous en soit restée.

CÔTE ORIENTALE DU GOLFE ARABIQUE.

PÉRIPLES COMBINÉS D'AGATHARCHIDES ET D'ARTÉMIDORE (1).

LE GOLFE où est située *Heroopolis* (2), a porté le nom de *Posidium,* parce qu'Ariston avoit consacré dans son enfoncement, un autel à Neptune, lorsqu'il fut envoyé par Ptolémée pour visiter les côtes de l'Arabie jusqu'à l'océan. Sur les bords de ce golfe, est un canton où se trouvent

---

(1) Agatharchid. *De mari Rubro,* *pag. 57-65, inter Geogr. min. græcos,* *tom. I ;* vel *apud* Photii *Biblioth. codex* *CCL, p. 1367-1374 ;* et *apud* Diodor. Sicul. *Biblioth. lib. III, §. 42-47,* *pag. 209-215.*—Artem. *apud* Strab. *lib. XVI, pag. 776-778.*

(2) Selon le texte actuel de Strabon, *lib. XVI, pag. 776,* Artémidore sembleroit avoir placé *Posidium* dans le

plusieurs

plusieurs sources, et que sa fertilité a rendu célèbre : on l'appelle *Phœnicon*, à cause des palmiers qu'il produit. Ces arbres forment un bois pour lequel on a le plus grand respect, parce que ses environs, exposés à toute l'ardeur du soleil, sont brûlans, sans eau et sans ombrage . . . . .

On y voit un ancien autel construit en pierres dures, et dont l'inscription est en caractères inconnus.

Vers ces lieux on remarque des montagnes élevées de différentes couleurs : elles se prolongent pour former un cap, et s'étendent ensuite jusqu'à *Petra* dans le pays des Arabes nabatéens, et jusqu'à la Palestine.

Près de ce cap, est une île appelée l'île des Phoques ou des Veaux-marins (1), à cause de la grande quantité de ces animaux qu'elle nourrit. C'est dans cette île que les Minéens, les Gerrhéens, et les Arabes des environs entreposent l'encens et les aromates qu'ils tirent de l'Arabie supérieure.

.Ensuite vient une côte habitée autrefois par les Maranites, maintenant occupée par les Garindéens (2) qui en ont tué, par trahison, les anciens habitans. Cette côte offre peu de ports, mais beaucoup de hautes montagnes de diverses couleurs . . . . .

fond du golfe Ælanitique : c'est sûrement une faute de copiste ; il faut lire, dans le fond du golfe d'*Heroopolis,* comme la suite du Périple l'exige. *Posidium* paroît avoir été le premier nom d'*Heroopolis.*

(1) Agatharchides semble appeler cette île, *Nessa,* ou l'île des Canards. C'est sans doute une erreur de copiste, puisqu'Artémidore et Diodore la nomment île des Phoques, d'après Agatharchides même.

(2) Ces peuples sont appelés *Garyndanéens* dans Diodore.

On entre ensuite dans le golfe Ælanitique (1), dont une partie du rivage est occupée par les Arabes nabatéens (2). Leur pays est très-peuplé, et fertile en pâturages. Les îles placées vis-à-vis de leurs côtes servoient autrefois de refuge à des pirates.....

La contrée qui succède est une vaste plaine arrosée par un grand nombre de sources..... Au-devant est une île nommée *Dia.*

Immédiatement après, on entre dans un golfe de cinq cents stades de profondeur : il est resserré entre des rochers escarpés qui en rendent l'entrée fort difficile.......
Les peuples qui habitent ses bords, s'appellent *Batmizomanes* (3), et se nourrissent de bêtes sauvages qu'ils prennent à la chasse.

Il existe dans ce canton un temple très-respecté de tous les Arabes.

Près de cette côte sont trois îles désertes, qui ont chacune plusieurs ports. La première est dédiée à *Isis;* on y voit des vestiges d'anciennes habitations construites en pierres, et des colonnes dont les inscriptions sont en caractères barbares. La seconde île s'appelle *Succaba;* la troisième *Salydo.*

Après ces îles, et pendant mille stades, la navigation est très-difficile et très-dangereuse, parce que la côte est

(1) Agatharchides et Diodore nomment ce golfe *Lœanites.* Les anciens ont varié beaucoup dans l'orthographe de ce nom. Voyez Pline, *lib. VI, cap. 32.*

(2) Agatharchides appelle ces peuples *Bythémanéens.*

(3) Dans Diodore, ces peuples sont nommés *Banizomenes.*

bordée de hautes montagnes escarpées qui n'offrent aucun port, aucun ancrage , et que leurs racines prolongées jusque dans la mer, la remplissent d'écueils; de sorte que le danger est presque inévitable dans la saison des pluies, lorsque les vents étésiens soufflent. C'est là qu'est une montagne au sommet de laquelle s'élèvent des rochers d'une hauteur épouvantable. Les Arabes habitans de cette côte sont appelés *Thamudeni.*

De là, on traverse une grande baie parsemée d'îles, qui ressemblent assez aux Échinades.

Tout auprès on aperçoit trois monceaux fort élevés d'un sable noir ;

Puis une presqu'île , et le port *Charmothas* d'environ cent stades de tour : son entrée est étroite et périlleuse pour toute espèce de bateaux. Ce port reçoit un fleuve ; au milieu est une île où croissent beaucoup d'arbres, et dont le sol est propre à la culture.

En continuant sa route, on découvre cinq montagnes placées à quelque distance l'une de l'autre; elles s'élèvent et se terminent en pointe arrondie comme les pyramides d'Égypte. La côte est escarpée.

Vient ensuite un golfe rond formé par deux grands promontoires. Au milieu est une colline qui s'élève en forme de table carrée, sur laquelle on a bâti trois temples d'une hauteur prodigieuse : ils sont dédiés à des divinités inconnues aux Grecs, mais en grande vénération dans le pays.

Plus loin est un rivage plein de sources et de ruisseaux.

On y aperçoit le mont *Lœmus* (1), très-étendu, et couvert de toutes sortes d'arbres.

Sur les confins de ces montagnes et des déserts, habitent les Arabes surnommés *Debœ* (2); les uns sont agricoles, les autres sont pasteurs.

A travers leur pays coule un fleuve divisé en trois branches : il roule des paillettes d'or qu'on voit briller sur le rivage. Les habitans ne savent pas employer cet or.

La contrée suivante est habitée par les Arabes surnommés *Alilœi* et *Gasandi* (3). Ces peuples sont moins sauvages que les *Debœ*. Leur territoire arrosé par les pluies et les eaux de source, est moins aride, moins exposé à l'ardeur du soleil, que les autres cantons qui les environnent.

Ils possèdent des mines où l'or n'est pas en paillettes, mais en morceaux dont les plus volumineux sont de la grosseur d'une noix. Ils les vendent à vil prix, ou les percent pour y enchâsser des pierres précieuses, et s'en faire des bracelets et des colliers. Comme ils n'ont point de fer ni de cuivre, ils en tirent de leurs voisins, en leur donnant pour du fer, deux fois autant d'or ; pour du cuivre, trois fois autant ; et pour de l'argent, dix fois son poids d'or.

Après ces peuples, on trouve les *Carbœ ;* ils ont un port qui renferme plusieurs sources.

(1) Cette montagne est nommée *Cha-binus* par Diodore.

(2) Dans Agatharchides ces peuples sont nommés *Dedebœ*.

(3) Agatharchides appelle ces peuples *Casandri*.

Enfin on rencontre les Sabéens, la plus nombreuse, la plus riche des nations de l'Arabie, et celle dont le climat est le plus tempéré. Leur territoire produit la myrrhe, l'encens, le *cinnamome,* le baume, et d'autres plantes odoriférantes. La ville de *Saba* (1), capitale de tout le pays, est bâtie sur le penchant d'une petite montagne toute couverte d'arbres. Le long des côtes habitées par les Sabéens, la mer paroît blanche comme les eaux d'un fleuve. C'est là que se trouvent les îles Fortunées......

CES DÉTAILS, et les positions de la carte de Ptolémée, sont les principaux et presque les seuls moyens que l'on ait pour retrouver l'emplacement des lieux dont les anciens ont parlé. Le Périple de la mer Érythrée, si exact dans les mesures partielles de la côte occidentale du golfe, ne présente pas les mêmes secours pour la côte orientale. Les écueils dont elle étoit bordée, en rendoient alors la navigation aussi dangereuse qu'elle l'est aujourd'hui par les nouveaux ressifs qui n'ont cessé de s'y élever depuis. D'ailleurs, les Arabes ichthyophages et scénites de l'Hedjas, qui de tout temps ont infesté ces parages, obligeoient les navigateurs d'Alexandrie de diriger leur course vers le milieu du golfe, ou du moins de se tenir assez loin de la terre pour éviter la rencontre de ces pirates (2).

NOUS avons dit (3) que les côtes occidentales de l'Arabie n'étoient plus telles qu'elles étoient autrefois ; que les coraux et les madrépores qui se multiplient à un point prodigieux dans le bassin du golfe, et sur-tout les sables apportés par les vents d'est,

______

(1) Cette ville est appelée *Mariaba* par Artémidore.

(2) Periplus maris Erythræi, *pag. 12.*

(3) *Suprà, pag. 85 - 91.*

resserroient insensiblement les rivages de la mer, et reculoient dans l'ouest les limites de cette vaste péninsule.

C'est une opinion constante parmi les pilotes arabes qui fréquentent cette côte, que le fond de la mer et le lieu des ancrages y changent tous les vingt ans. Peut-être la briéveté de ce terme est-elle exagérée ; mais les vieillards y montrent aux voyageurs les lieux où dans leur jeunesse ils ancroient leurs navires, et où l'élévation du fond et l'accroissement des ressifs ne permettent plus d'aborder. Cette opération, lente par sa nature, mais que rien n'interrompt, comble les ports, et laisse au milieu des terres, des villes dont les murs autrefois étoient baignés par les eaux du golfe. Aussi, la fondation de toutes celles de l'Hedjas et de l'Yémen qu'on trouve maintenant sur lé bord immédiat de la mer, ne remonte-t-elle pas à plus de quatre ou cinq cents ans ; et déjà elles voient leurs ports s'obstruer, et annoncer leur ruine ainsi que leur abandon prochain.

CES FAITS sont trop bien constatés par les preuves que nous avons réunies au commencement de ce mémoire, pour qu'il soit nécessaire de s'y arrêter davantage. Ils démontrent que les villes maritimes qu'on rencontre actuellement sur la côte orientale du golfe, ne peuvent représenter celles que les anciens y ont connues. Les rades, les ports qu'ils fréquentoient, ne subsistent plus ; et s'il reste encore des traces des édifices qui les accompagnoient, c'est à quelque distance dans l'intérieur des terres qu'il faudra les chercher, lorsque ces pays nous seront ouverts. Au surplus, la plupart de ces villes, qui ne devoient leur existence qu'à leur proximité de la mer, ont disparu après sa retraite ; et il n'est resté que celles dont le sol se trouvoit assez fertile pour fournir aux besoins de leurs habitans.

Dans une contrée presque toute aride et sablonneuse, le nombre de ces dernières villes devoit être peu considérable. Aussi n'en trouvons - nous que six ou sept, dont les noms ou les positions actuelles ne laissent pas douter qu'elles ne soient les mêmes que les anciennes cités auxquelles nous les rapportons. Les plus évidentes de ces correspondances, sont celles des villes d'Ailah, de Madian, d'Iambo et de Musa, avec *Ælana, Modiana, Iambia* et *Musa,* qui toutes quatre étoient jadis des ports de mer, et qui maintenant se trouvent à une distance plus ou moins grande du rivage. Peut-être en existe-t-il encore quelques autres ; mais elles nous sont inconnues, et nous ne pourrons indiquer que par approximation, l'emplacement de la plupart des villes dont nous aurons à parler.

Pour retrouver au moins les lieux voisins de ceux où elles étoient situées, nous continuerons d'appliquer sur la carte moderne les mesures employées dans la construction de celle de Ptolémée, comme nous l'avons fait pour la côte occidentale du golfe, où cette méthode nous a guidés avec une assez grande exactitude. Nous partagerons aussi la côte de l'Arabie en plusieurs itinéraires, pour soulager, autant qu'il sera possible, l'attention du lecteur ; et nous commencerons par la partie du golfe comprise entre *Heroopolis* et *Ælana.*

Les deux bras qui terminent au nord le golfe Arabique, et la presqu'île qu'ils renferment, ont dans la carte de Ptolémée une forme trop différente de celle qu'on leur connoît, pour ne pas faire soupçonner de quelque altération les Tables actuelles de ce géographe, et sur-tout la version latine. Les Égyptiens et les Grecs avoient tant de relations avec cette contrée, qu'il ne seroit pas probable que Ptolémée n'eût point été mieux instruit de la latitude du promontoire *Pharan,* de celle d'*Ælana,* et de la profondeur du golfe Ælanitique, que son ouvrage ne paroît l'indiquer. Nous croyons

donc que les erreurs qu'il présente dans cette partie, ont été commises par des géographes postérieurs, et que l'époque de ces erreurs
est la même que celle des altérations que nous avons remarquées (1)
en discutant les distances comprises entre *Heroopolis* et *Berenice;* puisque celles dont nous parlons tiennent à la même cause, c'est-à-dire,
à une méprise sur la valeur du stade employé dans les itinéraires.

SELON la carte moderne, la distance depuis Suez jusqu'au cap
Mahomet est de 1465 stades de 500; suivant la carte de Ptolémée,
l'intervalle entre *Heroopolis* et le promontoire *Pharan*, n'est que de
1060 stades pareils. Mais, comme 1060 stades de 500, en valent
1485 de 700, et que ce nombre s'accorde avec le premier, on voit
que l'itinéraire étoit exact, qu'il donnoit la distance en stades de
500, et qu'on ne s'est trompé qu'en les employant dans la carte
ancienne comme s'ils eussent été des stades de 700 au degré. Par
cette méprise, l'espace s'est trouvé accourci de deux septièmes; et
c'est pourquoi la version latine place le promontoire *Pharan* à trente-
six minutes plus au nord qu'il ne doit être. Les Tables grecques
l'abaissent un peu plus; mais la position qu'elles lui donnent, et
la mesure des côtes, cessent de s'accorder avec celles des contrées
environnantes.

De même, depuis le promontoire *Pharan* jusqu'à *Ælana*, la carte
de Ptolémée donne 785 stades de 700; et la carte moderne, 810
de 500. Ainsi le même vice sur l'évaluation des mesures, a été
porté dans tout le contour de la péninsule; et nous verrons bientôt
qu'on l'a étendu beaucoup plus loin.

LE NOM de *Pharan* que portoit autrefois le cap Mahomet,
se communiquoit aux Arabes des environs; on les appeloit *Pharanitæ*. Ptolémée place chez ces peuples une ville de *Pharan* dont il
reste encore des ruines, près desquelles on avoit bâti le monastère

(1) *Suprà, pag. 179.*

de

de Faran, maintenant abandonné. Ces ruines existent dans une vallée fertile, et près d'un torrent, qui conservent encore le même nom.

C'est dans ces environs, que Niebuhr (1) vit sur le haut d'une montagne une très-grande quantité de pierres sépulcrales, chargées de beaux hiéroglyphes, qui prouvent que ces lieux n'ont pas toujours été habités comme aujourd'hui, par des Arabes vagabonds.

PLUS au sud, et sur le bord de la mer, on rencontre plusieurs sources, et plusieurs villages, parmi lesquels est celui de Tor, où abordent les pélerins qui vont au mont Sinaï (2). Comme la plage voisine est couverte de palmiers, et que c'est à-peu-près le seul endroit de la côte où il en croisse, il ne paroît pas douteux que Tor ne soit l'*Elim* des Hébreux (3), le *Phœnicon* ou *Palmetum* des Grecs (4).

Nous ignorons ce qui a pu engager d'Anville (5) à croire que *Posidium* devoit être le cap Mahomet; et l'île *des Phoques,* un petit rocher nommé el-Cab, qu'on découvre à cinq grandes lieues avant d'arriver à Tor. C'est indiquer ces positions dans un ordre inverse de celui que les Périples leur ont donné. *Posidium,* comme nous l'avons dit, étoit dans le fond du golfe; c'est vraisemblablement la même ville que les Grecs ont nommée peu de temps après, *Heroopolis.* L'île *des Phoques* étoit près d'un promontoire que

<hr>

(1) Niebuhr, *Voyag. tom. I, pag. 189-193. — Description, pag. 347.*

(2) L'Édrisi confond la position de Faran avec celle de Tor, lorsqu'il dit : *Urbs Faran sita est in imo sinu quodam, è quo itur ad montem Tur.* Geographia Nubiens. *pag. 109.* Le mont Sinaï est appelé *Gebel Tor* par les Arabes.

(3) Exod. *cap. 15, v. 27; cap. 16, v. 1. —* Numer. *cap. 33, v. 9.*

(4) Agatharchides, *De mari Rubro, pag. 57. —* Artemidor. *apud* Strab. *lib. XVI, pag. 776. —* Diodor. Sicul. *Biblioth. lib. III, §. 42, pag. 209.*

(5) D'Anville, *Description du golfe Arabique, pag. 237.*

Diodore (1) appelle *l'extrémité du continent*, et qui, par cette désignation seule, ne peut se rapporter qu'au cap Mahomet. L'île *des Phoques*, par conséquent, doit être la *Sapirene* de Pline (2) et de Ptolémée (3), connue maintenant sous le nom de Shéduan : elle est encore habitée par quelques misérables pêcheurs.

Nous avons parlé (4) des granits rouges et jaunes qui composent le groupe du mont Sinaï, et les chaînes qui s'en détachent. Ce sont les montagnes de différentes couleurs dont les anciens (5) ont fait mention, et qu'on apercevoit en naviguant autour du promontoire *Pharan*.

Après ce promontoire, on trouvoit, selon les Périples (6), une côte peu habitée, que les *Maranitæ* avoient occupée autrefois. Saumaise (7) a pensé que ces peuples devoient être les mêmes que des géographes postérieurs ont appelés *Pharanitæ*. Nous le croyons également : mais, comme le nom de *Pharan* étoit connu long-temps avant que les Grecs visitassent ces cantons (8), il nous paroît plutôt que ce sont eux qui l'avoient altéré après leur conquête de l'Égypte, et qui l'ont rétabli postérieurement, comme on le voit dans Pline (9), et mieux encore dans Ptolémée, où les *Pharanitæ* reparoissent dans ses cartes (10) au même lieu que le Périple leur assigne.

<hr>

(1) Diodor. Sicul. *Biblioth. tom. I, lib. III, §. 42, pag. 209.*

(2) Plin. *lib. VI, cap. 33.*

(3) Ptolem. *Geograph. lib. IV, cap. 5, pag. 122.*

(4) *Suprà, pag. 79.*

(5) Agatharchides, *De mari Rubro, pag. 57.* — Diodor. Sicul. *Biblioth. tom. I, lib. III, §. 43, pag. 210.*

(6) Artemidor. *apud* Strab. *lib. XVI, pag. 776.* — Diodor. Sicul. *Biblioth.*

tom. I, lib. III, §. 43, pag. 210.

(7) Salmas. *Exercit. Plinian. p. 346.*

(8) Genes. *cap. 14, vers. 6; cap. 21, vers. 21.* — Numer. *cap. 10, vers. 12; cap. 13, vers. 1, 4, 27.* — Deuteron. *cap. 1, vers. 1; cap. 33, vers. 2.* — Reg. *lib. I, cap. 25, v. 1; lib. III, cap. 11, v. 18.*

(9) Plin. *lib. XXXVII, cap. 40.*

(10) Ptolem. *Geogr. lib. V, cap. 17, pag. 162.*

Le père Hardouin (1) et Wesseling (2) prétendent, au contraire, que les *Maranitæ* voisins du promontoire *Pharan*, avoient pris leur nom d'une ville de *Marane* dont Pline (3) fait mention. Ces savans interprètes n'ont pas fait attention que d'après Pline même, *Marane* étoit située dans le pays des Sabéens, et par conséquent à environ trois cents lieues en ligne droite de l'endroit où le Périple indique les *Maranitæ*.

LE GOLFE Ælanitique, nommé maintenant Bahr el-Akaba, est la partie la moins connue du golfe Arabique : aucun voyageur moderne ne l'a encore visité. D'Anville (4), d'après une carte turque qu'il possédoit, et qui a dû passer avec sa collection dans le dépôt des Affaires-étrangères, où nous l'avons fait chercher inutilement, dit que l'extrémité du golfe d'Akaba est partagée en deux golfes particuliers, et il croit reconnoître dans le second celui de cinq cents stades de profondeur qu'Agatharchides (5), Artémidore (6) et Diodore de Sicile (7) placent immédiatement après le golfe Ælanitique. Mais ce bras de mer, en supposant son existence, seroit beaucoup trop petit pour être celui dont les Grecs ont parlé, puisque d'Anville n'a pu lui donner que six lieues et demie de profondeur, tandis que la mesure précédente en exigeroit plus de quatorze. A moins donc de supposer que des attérissemens considérables auront réduit ce golfe à la moitié de ce qu'il étoit autrefois, il faut convenir que nos connoissances sont insuffisantes pour juger de celles des anciens sur ces contrées.

(1) Harduin. *Not. in Plin. t. I, p. 338.*

(2) Wesseling, *Not. in Diodor. Sicul. tom. I, pag. 210.*

(3) Plin. *lib. VI, cap. 32.*

(4) D'Anville, *Description du golfe Arabique, pag. 239.*

(5) Agatharchides, *De mari Rubro, pag. 58.*

(6) Artemidor. *apud* Strab. *lib. XVI, pag. 777.*

(7) Diodor. Sicul. *Biblioth. tom. I, lib. III, S. 44, pag. 211.*

CEPENDANT nous croyons pouvoir dire que la partie septentrionale du golfe Ælanitique ne peut être telle que d'Anville et
la carte angloise l'ont figurée. Il s'ensuivroit, en effet, que la route
du Caire à la Mekke, rencontreroit deux fois le bord de la mer,
avant d'arriver à Madian, savoir à Ailah, et ensuite à Akaba; tandis
que l'itinéraire le plus circonstancié de cette route, et que l'on doit
à Thévenot (1), prouve que dans ce trajet, les *Hadjis* ou Pélerins
ne voient le rivage du golfe qu'une seule fois, à Akaba.

De plus, comme il est parlé d'Akaba dans les itinéraires rapportés par Thévenot, par Shaw (2), et par Pockocke (3), d'après
le rapport des Mahométans, dont quelques-uns avoient fait le
voyage jusqu'à quatorze fois, tandis qu'on n'y fait pas la moindre
mention d'Ailah; que d'un autre côté, Abulféda (4) assure que cette
ville se rencontre sur le chemin des *Hadjis,* et ne dit rien d'Akaba;
ces circonstances auroient dû faire soupçonner à d'Anville, que
l'ancienne *Ælana* pouvoit avoir changé de nom. Ce soupçon étoit
d'autant plus naturel, que le terme d'*Akaba* est purement appellatif,
et ne désigne autre chose qu'*une Pointe, une Extrémité,* telle que
l'enfoncement où se trouve *Ælana.* Aussi croyons-nous que d'Anville s'est trompé, en faisant deux positions différentes d'Ailah et
d'Akaba. Niebuhr (5) a été instruit que les Bédouins ou les Arabes
errans de ces cantons appeloient cette ville indifféremment *Akaba*
ou *Hælé;* et Ebn al-Ouardi (6) la nomme *Akaba-Ila,* comme s'il
disoit, *Ila* ou *Ailah de l'extrémité.* Ces autorités nous semblent donc

(1) Thévenot, *Voyage au Levant,*
tom. *II, pag. 476, 477.*

(2) Shaw, *Voyages, tom. II, pag. 137
des Preuves.*

(3) Pockocke, *Voyages, tom. II,
pag. 308.*

(4) Abulfeda, *Descriptio Arabiæ,*
pag. 41.

(5) Niebuhr, *Description de l'Arabie,*
pag. 345.

(6) Ebn al-Ouardi, *Notices des Manuscrits du Roi, tom. II, pag. 31.*

annoncer qu'il ne peut être question que d'une seule et même ville; et que l'hypothèse des deux petits golfes, tels que d'Anville les a dessinés, est au moins très-incertaine.

LA LATITUDE du fond du golfe Ælanitique présente une autre difficulté. Pour évaluer sa hauteur, il n'existe d'autre secours qu'une ancienne distance prise depuis *Gaza* sur les bords de la Méditerranée, jusqu'à *Ælana,* située à l'extrémité du golfe auquel elle avoit communiqué son nom. Cette distance est donnée de 1260 stades par Strabon (1), par Marcien d'Héraclée (2), et même par Pline (3) : et comme ces deux villes passent pour être à-peu-près sous le même méridien, et que la latitude de *Gaza* est connue à quelques minutes près, on auroit celle d'*Ælana* si l'on pouvoit s'assurer de la valeur du stade employé dans la mesure de cet itinéraire.

Il n'y a point de doute que, dans les Tables de Ptolémée, ces 1260 stades ne soient comptés à raison de 500 par degré, puisque *Gaza* y étant placée à 31^d 45′ de latitude (4), et *Ælana* à 29^d 15′ (5), on a mis 2^d 30′ d'intervalle entre ces deux villes, et qu'ils répondent en nombre rond aux 1260 stades précédens. Mais en même temps, on peut remarquer que *Modiana* ou Madian, qu'on sait être près des bords du golfe Ælanitique, s'en trouve fort éloignée dans le sud, et seroit encore hors des limites de ce golfe quand même on rétabliroit la latitude du promontoire *Pharan.*

IL EST donc très-vraisemblable qu'il y a erreur dans les Tables de Ptolémée. L'itinéraire de *Gaza,* qui appartient aux premiers temps de l'École d'Alexandrie, n'a pu être évalué qu'en stades

---

(1) Strab. *lib. XVI, pag. 759.*

(2) Marcian. Heracleot. *Perip. pag. 9, 1 0. Inter Geograph. minor. græc. tom. I.*

(3) Plin. *lib. V, cap. 12; 1 50 M. P.* = 1200 stades.

(4) Ptolem. *Geograph. lib. V, cap. 16, pag. 161.*

(5) Ptolem. *Geograph. lib. V, cap. 17, pag. 162.*

de 700 ; et c'est pour avoir cru dans la suite, qu'il étoit en stades de 500, qu'on a prolongé de deux septièmes la distance qu'il présente, en comprimant l'étendue du golfe Ælanitique, et en descendant *Ælana, Modiana,* et les autres lieux qui l'avoisinoient, plus au midi qu'ils ne sont réellement. Dans l'ancienne évaluation, au contraire, l'intervalle entre *Gaza* et *Ælana* ne pouvoit représenter que 1^d $48'$; et nous croyons que cette dernière ville avoit été fixée, sur les anciennes cartes, vers 29^d $57'$, c'est-à-dire, vers la même hauteur qu'*Heroopolis.*

La plupart des Arabes soutiennent en effet, que les deux extrémités du golfe Arabique sont à-peu-près sous la même latitude. C'est l'opinion d'Abulféda (1), prince de Hamah en Syrie, à portée, par conséquent, d'avoir des renseignemens exacts sur cet objet. De plus, Shaw (2) assure avoir entendu dire souvent à des Mahométans qui, de l'Égypte, avoient été à la Mekke, que depuis le Caire jusqu'à Akaba, ils avoient toujours marché à l'est : et quoiqu'on ne puisse pas inférer de ces divers récits, que le chemin se soutienne rigoureusement sous un même parallèle, on doit se persuader néanmoins que la divergence ne peut être aussi considérable que les Tables actuelles de Ptolémée et nos cartes modernes l'indiquent.

SHAW (3) et d'Anville (4) ont eu égard aux mesures précédentes pour évaluer la latitude d'*Ælana,* et en ont conclu tous deux qu'elle devoit être plus élevée que Ptolémée ne l'a faite. Mais, comme ils n'ont point connu la vraie longueur du stade qu'il convenoit d'appliquer à l'itinéraire, ils ont mis plus d'espace qu'il

(1) Abulfeda, *Descriptio maris al-Kolzum, pag. 74.*

(2) Shaw, *Voyages, tom. II, chap. 2, pag. 45.*

(3) Shaw, *Voyages, tom. II, chap. 2, pag. 45, 46.*

(4) D'Anville, *Description du golfe Arabique, pag. 239.*

n'en falloit entre *Gaza* et *Ælana*. Si la première de ces villes est
à 31ᵈ 27′ comme d'Anville le prétend, *Ælana* devroit être vers
29ᵈ 39′; et si *Gaza* étoit par 31ᵈ 36′ comme Shaw l'a placée dans
sa carte, il faudroit porter *Ælana* vers 29ᵈ 48′, en ne supposant
même aucune déviation dans la route; et comme il faut bien en
admettre, *Ælana* doit se trouver encore plus élevée en latitude que
nous ne le disons. En voici une nouvelle preuve.

La ville de Moilah étant d'après l'observation d'Yrwin (1), par
environ 27ᵈ 55′, et les itinéraires du Caire à la Mekke, comptant
depuis Akaba jusqu'à Moilah, soixante-quatre (2), soixante-dix (3)
et même soixante-quatorze heures de marche (4); si l'on prend le
milieu entre ces nombres, et que l'on évalue avec d'Anville (5) la
marche la plus foible des caravanes, à seize cents toises par heure,
en ligne droite, on trouvera qu'Akaba-Ila ou *Ælana* ne peut être
située que vers 29ᵈ 51′. Ainsi, elle approcheroit de plus en plus de
la hauteur que les anciennes cartes et Abulféda nous paroissent lui
avoir donnée. C'est aux voyageurs à venir qui pourront pénétrer
dans ces cantons, à éclaircir les doutes que nous venons d'exposer.

L'ERREUR que nous soupçonnons sur la latitude de l'extrémité
septentrionale du golfe Ælanitique, étant la même dans la carte
moderne que dans celle de Ptolémée, n'influe point sur la mesure

(1) Yrwin, *Voyage, tom. I, pag. 174.*
— Niebuhr, *Descript. pag. 325,* dit
que Moilah, selon les apparences, est
le vieux Madian. Ce voyageur ne connoissoit donc pas les itinéraires de la
Mekke, qui distinguent formellement
Madian de Moilah, en comptant de
l'une à l'autre vingt-neuf heures et
demie de marche.

(2) Thévenot, *Voyages, tom. II,*
pag. 477, 478.

(3) Pockocke, *Voyages, tom. II,*
pag. 308.

(4) Shaw, *Voyag. tom. II, pag. 137*
des Preuves.

(5) D'Anville, *Description du golfe*
Arabique, pag. 240-242.

générale qu'elles offrent des côtes de l'Arabie. Si l'on prend les distances sur la carte ancienne, depuis *Ælana* jusqu'à *Palindromos*, à l'extrémité méridionale du golfe, on trouvera 11,095 stades de 500 au degré; et sur la carte moderne, pour le même intervalle, 10,280 stades pareils, en suivant les sinuosités. La différence de 815 stades, ou d'environ trente-deux lieues, sur une longueur de quatre cent onze lieues marines, est renfermée presque entièrement dans la partie méridionale de la carte de Ptolémée comprise entre *Musa* et le détroit.

L'EXACTITUDE des autres distances fait voir que le dessin des côtes de l'Arabie n'a pas été altéré dans les Tables de cet auteur, autant que celui des côtes opposées de l'Afrique que nous avons parcourues. Elle montre de plus, que les attérissemens du *Téhama* depuis seize siècles, n'ont point changé sensiblement les dimensions de cette côte. C'est une preuve que les sables se sont avancés à-peu-près également : du moins la différence que des circonstances locales peuvent avoir apportée dans l'accélération ou le ralentissement de leur marche, se trouve-t-elle compensée dans l'ensemble des mesures.

LE PREMIER itinéraire que nous présentons dans le Tableau N.° VI, renferme les distances depuis *Ælana* jusqu'à *Iambia :* et dans un espace de cent trente-sept lieues, le résultat des deux cartes comparées, n'offre que quatre lieues de différence.

ON REMARQUERA que les erreurs partielles renfermées dans cet itinéraire, se trouvent toutes dans sa partie supérieure. Elles viennent, comme nous en avons prévenu, du déplacement d'*Ælana,* qui a forcé de déranger les premières positions de la carte ancienne et de les reculer dans le sud, en sacrifiant leurs latitudes à la fausse combinaison des mesures qu'on leur substituoit; au lieu que dans la carte moderne, on s'est soumis, avec raison, aux latitudes observées,

observées, sans avoir égard à celle d'Ailah que l'on ne connoissoit point, et qu'on a prise dans Ptolémée.

La position où la diversité des moyens employés dans la construction de ces cartes se fait le plus apercevoir, est celle de Madian, dont les deux latitudes comparées offrent environ trente - cinq minutes de différence : encore croyons-nous cette ville, d'après les itinéraires de la Mekke, un peu plus septentrionale que d'Anville ne l'a faite, et que nous ne l'avons fixée sur notre carte.

DIODORE (1) indique sur cette côte un temple fort respecté par tous les Arabes. Peut - être est-il question de l'ancien temple de Madian, dont Jéthro, beau - père de Moïse, avoit été le pontife (2). Le souvenir de cet homme est conservé si religieusement dans ces cantons, que Madian n'est guères connue chez les Arabes, que sous le nom de *Mégar el - Shouaïb*, la demeure de Jéthro.

VERS l'embouchure du golfe Ælanitique, et sur le bord de la mer, Diodore (3) place une montagne dont le sommet surmonté de rochers inégalement coupés, est d'une hauteur effrayante. Yrwin nous paroît avoir vu cette montagne (4) ; elle est maintenant à quelque distance dans l'intérieur des terres : ce voyageur dit qu'elle est d'une élévation prodigieuse, et qu'on distingue sur sa cime deux pyramides qui ressemblent aux cornes d'un taureau. Nous croyons que cette montagne est la même que l'*Hippos mons* des Tables de Ptolémée.

APRÈS le golfe, la côte, suivant les Périples (5), étoit habitée

<hr>

(1) Diodor. Sicul. *Biblioth. tom. I, lib. III, §. 44, pag. 211.*

(2) Exod. *cap. 3, v. 1; cap. 18, v. 1.*

(3) Diodor. Sicul. *Biblioth. tom. I, lib. III, §. 44, pag. 211.*

(4) Yrwin, *Voyage, tom. I, pag. 173, 174.*

(5) Agatharchides, *De mari Rubro, pag. 59.* — Diodor. Sicul. *Biblioth. tom. I, lib. III, §. 44, pag. 211.*

par les *Thamudeui ;* et la navigation, pendant environ mille stades, étoit fort pénible et fort dangereuse.

C'est à la sortie du golfe d'Akaba, qu'on trouve une contrée célèbre parmi les Arabes, et qu'ils appellent encore Thamud (1). Le rivage qui la borde, rempli de bancs et de rochers, passe pour le plus périlleux de tout le trajet depuis le cap Mahomet jusqu'à Giddah. Niebuhr (2) a été témoin de la joie des Mahométans avec lesquels il naviguoit, et de leurs réjouissances, lorsqu'ils furent arrivés à la hauteur de l'île Hassana, où la mer devient plus libre, et ne présente plus les mêmes dangers aux pilotes ignorans, qui s'obstinent à ne point s'éloigner des côtes de l'Arabie.

On peut remarquer dans le tableau n.º VI, et sur les cartes jointes à ce mémoire, que les distances et les latitudes de celle de Ptolémée, se rétablissent vers la hauteur du *Phœnicum vicus,* qui répond à l'embouchure d'une rivière nommée Maarash, assez profonde pour recevoir de gros vaisseaux. Yrwin a passé vis-à-vis, et il dit dans son journal (3) : « Ici le pays s'ouvre, et laisse voir une » vallée très-profonde et très-pittoresque, où il paroît que la mer » se porte quelquefois jusqu'à une profondeur considérable ». Mais Yrwin a pris pour une vallée, le lit desséché du torrent dont nous parlons. Dans toute cette côte, les rivières ne parviennent jusqu'à la mer que dans la saison des pluies ; dans les autres temps, elles sont absorbées par les sables. Les environs de ce lieu paroissent abandonnés maintenant, mais on y voit encore quelques palmiers ; et il devoit à la fécondité des bords du fleuve, et à la culture de ces arbres, le nom de *Phœnicon* ou *Palmetum* qu'il portoit autrefois.

(1) L'Édrisi, *Geograph. Nubiens. Pars quinta Climatis tertii ,* pag. 1 1 0. — Abulfeda, *Descript. Arabiæ ,* p. 43 .— Ebn al-Ouardi, *Notices des Manuscrits* du Roi , tom. 11, pag. 42.

(2) Niebuhr, *Voyage,* tom. I, pag. 2 1 2.

(3) Yrwin, *Voyage,* tom. I, pag. 1 6 0.

A CINQ lieues plus au sud, d'Anville (1) place un ancrage qu'il nomme Rouiné, et y rapporte le village de *Rhaunathi* de Ptolémée, qui, d'après les mesures et sa latitude, ne pouvoit être que dans les environs d'Istabel Antar. Le nom de Rouiné est inconnu à tous nos voyageurs : cet ancrage paroît comblé par les sables. Le *Rhaunathi* de Ptolémée doit avoir éprouvé le même sort que toutes les anciennes habitations de cette côte, et se trouver aujourd'hui dans l'intérieur des terres.

LA CHERSONÈSE que Ptolémée fixe à $25^d\ 20'$, est rapportée par d'Anville (2) à une grande péninsule qu'il a imaginé de tracer près d'Iambo, sous le vingt-quatrième degré de latitude. Mais, on ne peut admettre une semblable erreur de graduation dans cette partie de la carte ancienne; d'ailleurs nous devons dire que la péninsule de d'Anville n'existe point, et qu'on n'en trouve aucune trace dans nos voyageurs modernes, tels que Niebuhr, Yrwin et Bruce, qui tous trois ont été à Iambo, en longeant le rivage, soit au nord, soit au midi de l'emplacement de cette ville. Ils parlent (3) seulement de quelques petits caps et de beaucoup de ressifs qui rendent la navigation de cette côte dangereuse.

Il faut donc que la mauvaise configuration de ces ressifs dans la carte turque, ait fait croire à d'Anville qu'on avoit voulu représenter une grande presqu'île. Ce soupçon est d'autant plus fondé, que cette carte ne lui a donné que de faux renseignemens sur ces parages, en lui laissant ignorer l'existence de la ville d'Iambo sur le bord de la mer, ou en la lui faisant confondre avec une autre ville du même nom, dont nous parlerons dans l'instant.

Nous croyons que la Chersonèse de Ptolémée ne peut répondre,

(1) D'Anville, *Description du golfe Arabique*, pag. 243.

(2) D'Anville, *Description du golfe*

Arabique, pag. 244.

(3) Niebuhr, *Voyag. tom. I, pag. 212.*

— Yrwin, *Voyage, tom. I, pag. 114.*

par sa distance et par sa latitude, qu'au cap Uaned, fort élevé selon Niebuhr (1). Si ce cap n'a plus aujourd'hui qu'une saillie peu sensible, c'est que la retraite de la mer, l'accumulation des sables, l'ont rapproché de la terre - ferme. Sa grande élévation a dû le faire paroître au - dessus des eaux, long-temps avant l'émersion du *Téhama ;* alors, il formoit une île ; au siècle de Ptolémée, il étoit joint à l'Arabie par un isthme : aujourd'hui cet isthme a disparu, la mer ne baigne plus que d'un côté la base de l'Uaned ; et dans quelques siècles cette montagne se trouvera toute entière dans l'intérieur du continent. Elle éprouvera le sort des trois montagnes qu'Artémidore (2) et Diodore (3), décrivant ce rivage, disoient être sur les bords du golfe, et qu'on aperçoit aujourd'hui à plus d'une lieue dans les terres, où elles portent les noms de Gebel es - Sheik, Gebel el - Hawene, Gebel Hester.

Ce qui paroît avoir contribué à tromper d'Anville sur l'emplacement de la Chersonèse de Ptolémée, c'est que Diodore (4) parle aussi d'une presqu'île qui précédoit immédiatement le port de *Charmuta* que d'Anville rapporte à un lieu nommé al - Sharm, dont il fait l'entrée du port d'Iambo.

Mais il paroît plus naturel de croire que Diodore et Ptolémée ont parlé de deux presqu'îles différentes, et que si le *Charmuta,* ou *Charmothas* comme écrit Artémidore (5), doit se rapporter à Iambo, la Chersonèse de Diodore doit être représentée par le cap Réghab d'aujourd'hui. Au surplus, il faut se rappeler qu'*al-Sharm,* ou *al-Charm,* n'est qu'un nom appellatif, et qu'il ne désigne qu'*une*

---

(1) Niebuhr, *Description,* pag. 3 0 7.
(2) Artemidor. *apud* Strab. *lib. XVI,* pag. 777.
(3) Diodor. Sicul. *Biblioth. tom. I,* lib. III, §. 44, pag. 212.

(4) Diodor. Sicul. *Biblioth. tom. I,* lib. III, §. 44, pag. 212.
(5) Artemidor. *apud* Strab. *lib. XVI,* pag. 777.

fente, une ouverture dans les montagnes ; aussi le trouve-t-on appliqué à plusieurs ports du golfe Arabique : et c'est probablement de ce mot, que les Grecs auront fait celui de *Charmothas,* en prenant l'épithète donnée à l'entrée étroite du port de l'ancienne Iambo, pour le nom même de cette ville.

N o u s remarquerons que d'Anville, en se laissant guider par sa carte turque, et par la description d'Abulféda, n'a point tracé les environs d'Iambo tels qu'ils existent aujourd'hui, mais à-peu-près tels qu'ils existoient dans le douzième siècle, si l'on excepte toutefois la prétendue presqu'île dont nous avons parlé. C'est en confondant les différens états de cette côte dans des époques éloi-gnées, qu'il n'a point distingué les deux villes d'Iambo connues dans ce canton, et qu'il a donné à l'ancienne un port dont il ne reste plus de vestiges depuis long-temps.

Autrefois l'ancienne Iambo, l'*Iambia* de Ptolémée, étoit près du rivage : la retraite de la mer l'en a éloignée insensiblement ; et du temps d'Abulféda (1), elle en étoit déjà à une journée de distance. Son territoire est arrosé par des sources abondantes dont elle a tiré son nom. En arabe, *Iambo* signifie *une source, une fontaine* (2) ; et comme ses environs produisent beaucoup de palmiers, on la nomme *Iambo el-nakel,* c'est-à-dire, *Iambo des palmiers,* pour la distinguer de la nouvelle Iambo située sur le bord immédiat du golfe, à cinq ou six lieues plus au nord, et sur une plage entièrement composée de sables arides, où l'on ne rencontre pas une source, pas un seul arbrisseau. Ce port habité depuis plus de trois siècles, et visité par nos navigateurs, est celui que d'Anville n'a point indiqué sur ses cartes, et qu'il a confondu avec l'Iambo de l'intérieur des terres.

(1) Abulfeda, *Descript. Arabiæ, p. 45.*　(2) D'Herbelot, *Biblioth. orientale,* *verbo* I A N B O U. — Bruce, *Voyage, tom. I, pag. 277.*

AVANT d'aller plus loin, nous devons parler d'un lieu nommé *Leuce* ou le *Port-Blanc,* que Strabon (1) et le Périple de la mer Érythrée (2) placent sur la côte que nous venons de parcourir, et dont Ptolémée n'a pas fait mention. Bochart (3), et d'Anville (4) après lui, le rapportent à une ville nommée Haüra, parce que ce mot en arabe signifie *Blancheur.* Mais il nous semble qu'en s'attachant à cette étymologie, ils ne se sont pas aperçus que la position d'Haüra vers le vingt-cinquième degré de latitude, ne pouvoit s'accorder avec celle que les anciens donnent au *Port-Blanc.*

L'auteur du Périple dit (5) : « En naviguant à la gauche de » *Berenice,* après avoir passé *Myos-hormos,* et à deux ou trois jours » de ce port en avançant vers l'est et le fond du golfe (6), on » trouve un port et une forteresse nommés *Leuce come,* où est un » chemin qui conduit à la ville de *Petra* des Nabatéens.....En » allant de ce port jusqu'à l'île Brûlée, les navigateurs se tiennent » en pleine mer, dans la crainte d'être pillés par les Arabes...., » et pour éviter les dangers d'une côte toute hérissée de rochers » et d'écueils, où l'on ne rencontre aucun port ».

Il paroît donc par ces passages, que le *Port-Blanc* étoit plus septentrional que *Myos-hormos,* et qu'il ne pouvoit se trouver que vers l'embouchure du golfe Ælanitique, à une cinquantaine de lieues de *Petra,* capitale des Nabatéens, et dans les environs de la moderne Moilah. La côte dangereuse qu'on cherchoit à éviter en partant du *Port-Blanc,* est celle qui borde le Thamud, ou le pays des *Thamudeni,* dont nous avons parlé. Si le *Port-Blanc* étoit

---

(1) Strab. *lib. XVI, pag. 781.*

(2) Periplus maris Erythræi, *pag. 11.*

(3) Bochart, *Chanaan, lib. I, cap. 44.*

(4) D'Anville, *Description du golfe Arabique, pag. 243.*

(5) Periplus maris Erythræi, *pag. 11, 12.*

(6) Bochart donne à ce passage un sens tout différent, et absolument opposé au texte du Périple. *Chanaan, l. I, c. 44.*

Haüra, les navigateurs n'auroient eu à redouter aucun des dangers qu'offre ce rivage, puisque cette ville est à la hauteur d'Hassana, où nous avons vu que cessent les écueils dont ces parages sont remplis.

D'un autre côté, Strabon (1), en parlant de l'expédition d'Ælius Gallus, dit que l'armée romaine débarqua au port de *Leuce* dans le pays des Nabatéens. Ces peuples, maîtres d'une partie de l'Arabie Pétrée, possédoient les côtes orientales du golfe Ælanitique, mais ne s'étendoient guères plus loin que son embouchure. Immédiatement après eux venoient les *Thamudeni,* chez lesquels nous avons retrouvé plusieurs des villes que Gallus a ravagées (2). Il falloit donc que le *Port-Blanc* fût plus septentrional que les limites qui séparoient ces nations; sans cela, Gallus auroit débarqué ses troupes en pays ennemi, contre le texte précis de Strabon. Cette remarque, appuyée d'ailleurs de l'autorité du Périple que nous venons de citer, fait voir que la position d'Haüra ne sauroit convenir au *Port-Blanc,* et que celui-ci ne pouvoit être situé que vers le vingt-huitième degré de latitude. Ce port ne paroît pas avoir existé long-temps, puisqu'il n'étoit plus connu à l'époque où Ptolémée écrivoit; car il ne faut pas croire, comme le prétend Bochart (3), que ce géographe l'ait transporté par erreur sur la côte occidentale du golfe Arabique.

LES ÎLES connues des anciens dans le trajet que nous venons de parcourir, sont :

Aeni, nommée maintenant Shaur, et dont les rivages sont très-escarpés ;

Iotabe, que Procope (4) dit être à environ mille stades d'Ailah, et que son nom semble rapporter à l'île d'Iobab, quoiqu'elle soit un

(1) Strab. *lib. XVI, pag. 780.*   (3) Bochart, *Chanaan, lib. I, cap. 44.*
(2) *Suprà, pag. 114-116.*   (4) Procop. *Persicor. lib. I, cap. 19.*

peu plus méridionale que Procope ne paroît l'annoncer. Pline (1) indique une île d'*Iambe* sur la côte occidentale du golfe ; il parle aussi d'une nation nommée *Tyra*, voisine du port de *Daneon* dans le golfe d'*Heroopolis*. Ces lieux, ainsi qu'un grand nombre d'autres, paroissent déplacés dans la description de Pline : il est possible qu'*Iambe* soit l'*Iotabe* de Procope, et que les *Tyræ* soient les habitans de l'île Tyran, située vers l'entrée du golfe d'Akaba.

La *Timagenis* de Ptolémée, est l'île Naaman, entourée de beaucoup d'îlots, que Diodore (2) compare aux Échinades, et qu'il place immédiatement après la contrée des *Thamudeni*, comme ils le sont dans la carte moderne. Nous remarquons que cette carte divise Naaman en plusieurs îles, contre le témoignage d'Yrwin (3), et celui de l'Édrisi (4), qui assure que Naaman est la plus grande des îles qu'on rencontre sur cette côte.

Enfin, *Zygæna* est l'île Hassana d'aujourd'hui, dont nous avons parlé précédemment.

D'*IAMBIA* à *Adegi* sur les frontières des Sabéens, à 17ᵈ 10' de latitude, la carte de Ptolémée donne 3975 stades de 500 ; et les mesures prises sur la carte moderne, depuis Iambo jusqu'à la même hauteur, sont égales, comme le tableau N.° VII le fait voir.

LES CHANGEMENS que cette côte a éprouvés, et le défaut de connoissances positives dans l'intérieur de l'Hedjas, où il n'est pas permis à nos voyageurs de pénétrer, ne nous laissent la possibilité de reconnoître qu'un très-petit nombre de lieux dans tout ce trajet. Au surplus, le long d'un rivage aussi mobile que celui-ci,

---

(1) Plin. *lib. VI, cap. 33.*
(2) Diodor. Sicul. *Biblioth. tom. I, lib. III, §. 44, pag. 212.*—Artemid, *apud* Strab. *lib. XVI, pag. 777.*

(3) Yrwin, *Voyage, tom. I, pag. 153.*
(4) L'Édrisi, *Geogr. Nubiens. Pars V Climatis 2, pag. 45.*

nous nous contenterons d'indiquer à-peu-près, sur la carte, l'emplacement qu'occupoient les villes dont Ptolémée a parlé, en nous assujétissant moins aux mesures rigoureuses qu'aux latitudes de ce géographe, assez exactes dans ces cantons.

LA CONTRÉE où le village de *Copar* étoit situé, semble conserver des vestiges de cet ancien nom, dans celui d'el-Khobt qu'elle porte encore de nos jours (1).

BOCHART (2) et Golius (3) croient que la position d'*Arga* doit être celle d'al-Giar, port de Médine. Mais les distances et sur-tout la latitude d'*Arga,* la fixent beaucoup plus au sud, et à la hauteur du lac Gadirkom. Il existoit dans les environs de ce lac une ville florissante nommée Mahiaa, qu'une inondation subite a renversée. Ses ruines se voient encore sur le chemin des *Hadjis* (4), et portent le nom de *Giohfah,* c'est-à-dire *Submergée.* Il est vraisemblable qu'un accident pareil aura détruit *Arga,* remplacée maintenant par la ville de Rabagh, construite sur le bord du canal qui conduit au lac Gadirkom.

EN LONGEANT cette côte, on découvroit successivement, selon Diodore (5), cinq montagnes isolées; on les retrouve aujourd'hui dans les monts appelés Zafra, Rabagh, Klaya, Waker, et Hadda, que le peu d'étendue de notre carte nous a empêché d'indiquer.

LA LATITUDE de Giddah est, à deux minutes près, la même que celle du bourg *Centos* dans Ptolémée. Nous avons déjà dit (6) que Giddah étoit située dans un terrain nouvellement abandonné

(1) Niebuhr, *Description,* pag. 308.
(2) Bochart, *Phaleg,* lib. IV, cap. 2.
(3) Golius, *Not. in Alfergan.* pag. 97.
(4) L'Édrisi, *Geogr. Nubicus. Pars V Climatis 2, pag. 46.* — Abulfeda,
Descriptio Arabiæ, pag. 10, 19.
(5) Diodor. Sicul. *Biblioth. tom. I,* lib. III, §. 45, pag. 212.
(6) *Suprà,* pag. 88.

par la mer. Il paroît donc que *Centos* existoit à quelque distance à l'est de cette ville.

Ptolémée donne 20ᵈ 40′ de latitude au fleuve *Bætius*, que d'Anville rapporte à une rivière nommée Bardilloi ou Ybar, à vingt-neuf lieues plus au nord, parce qu'il n'a point connu d'autres torrens dans ces cantons (1). Ils y sont cependant moins rares qu'il ne l'a pensé ; mais, comme la plupart ne coulent que dans la saison des pluies, nos navigateurs ne les remarquent plus lorsque leurs lits sont desséchés.

L'Édrisi (2) indique un fleuve dans la contrée de Sockia ; et cette contrée qu'il dit être très-fertile, est à la même hauteur que le *Bætius* de Ptolémée. C'est le rivage qu'Agatharchides (3), Artémidore (4) et Diodore de Sicile (5) disent être plein de sources, et arrosé par un fleuve qui rouloit des paillettes d'or. C'est près de là qu'habitoient les Arabes surnommés *Debæ*, dont nous avons parlé à l'article d'*Ophir* (6). Il y a d'autant moins d'incertitude sur ces rapprochemens, qu'Agatharchides met dans ces cantons une montagne fort étendue, appelée *Læmus*, et que ce nom se reconnoît dans celui des montagnes de Lamlam (7) ou d'Ialamlam (8), dont le Sockia est environné au nord et à l'est.

C'est dans le Sockia qu'étoit située la ville royale de *Badeo :* ce nom nous paroît avoir quelque analogie avec celui des peuples *Debæ* ses anciens habitans ; seulement l'ordre des syllabes est renversé.

---

(1) D'Anville, *Description du golfe Arabique*, *pag.* 246.

(2) L'Édrisi, *Geogr. Nubiens. Pars V Climatis* 2 , *pag.* 46.

(3) Agatharchid. *De mari Rubro, p. 5 9.*

(4) Artemidor. *apud* Strab. *lib. XVI, pag.* 777.

(5) Diodor. Sicul. *Biblioth. tom. I, lib. III, §. 45, pag. 212 , 213.*

(6) *Suprà*, *pag.* 123.

(7) Niebuhr, *Descript. pag.* 308.

(8) L'Édrisi, *Geogr. Nubiens. Pars II Climatis* 5 , *pag.* 50. — Abulfeda, *Descript. Arab. pag.* 9.

Thebæ, autre ville du même canton, pourroit bien n'être aussi qu'une altération du nom de *Debæ :* peut-être existoit-il encore au temps de Mahomet une peuplade de ce nom; du moins trouvons-nous parmi d'anciennes poésies arabes recueillies par Schultens (1), où il est question de guerres que les Hémiarites soutinrent dans l'Hedjas, un héros surnommé *Dhebbi,* c'est-à-dire, de la famille ou de la tribu de *Dhebb.*

BADEO paroît ne pas avoir été éloignée de Serraïn, qui lui a succédé, et qui étoit encore une ville forte dans le douzième siècle (2) : maintenant elle est ruinée. D'Anville (3) rapporte la position de *Badeo* au Ras Bad ou Abud, qui termine au midi l'anse de Giddah. Mais ce cap, beaucoup trop septentrional pour répondre à *Badeo,* n'est qu'un amas de productions marines récemment délaissées par les eaux. D'ailleurs, le nom de Ras Bad ou Ras Ab-ud, ne paroît signifier autre chose que *le cap le plus éloigné,* et n'être qu'une indication de son emplacement à l'extrémité de l'anse de Giddah, pour les navires qui viennent de Suez. On trouve également un Ras Ab-ud sur la côte occidentale du golfe, à l'entrée de la baie de Dorho. Niebuhr (4) a rencontré un ancrage appelé Batbat à quelques lieues au sud d'Iambo ; et la répétition de ce nom suffiroit pour faire rejeter l'espèce d'analogie qu'on croiroit lui trouver avec celui de l'ancienne ville de *Badeo.*

A LA SUITE des *Debæ,* Agatharchides (5) et Diodore (6) placent les *Alilæi,* les *Gasandi,* et les *Carbæ* qui confinoient aux

(1) Schultens, *Monument. vetustior. Arabiæ, pag. 28-32.*

(2) L'Édrisi, *Geogr. Nubiens. Pars V Climatis 2, pag. 45.* — Abulfeda, *Descriptio Arabiæ, pag. 52.*

(3) D'Anville, *Description du golfe Arabique, pag. 248.*

(4) Niebuhr, *Description, pag. 308.*

(5) Agatharchides, *De mari Rubro, pag. 59, 60.*

(6) Diodor. Sicul. *Biblioth. tom. I, lib. III, §. 45, pag. 213.*

Sabéens. Ainsi, avant l'ère chrétienne, ces trois peuples occupoient le rivage du golfe depuis le Sockia jusques vers le dix-septième degré de latitude. Mais au temps de Ptolémée les *Cassanites* avoient conquis toute cette côte : c'est pourquoi le nom des nations précédentes ne paroît plus ni dans ses cartes, ni dans l'histoire ; et les auteurs modernes se trompent lorsqu'ils confondent les *Gasandi* avec les *Cassanites.*

Nous retrouvons le nom de ce dernier peuple dans celui de *Cassa,* leur ancienne métropole, dont les Grecs ont fait l'ethnique *Cassanites.* L'Édrisi (1) rapporte que Cassa est encore un bourg considérable, environné de sources abondantes et d'un sol fertile en vignes, en palmiers et en légumes. Il est situé sur la route de la Mekke à Sanaa, dans le territoire même que Ptolémée assigne aux *Cassanites,* et près de la longue chaîne de montagnes du même nom qu'il ne faut pas confondre, comme d'Anville (2) l'a fait, avec le mont Gazuan, voisin de la Mekke.

La conquête des *Cassanites* n'a pas détruit les peuples qui occupoient cette contrée avant eux ; seulement elle les a resserrés dans des limites plus étroites. Les *Alilæi* existent encore vers les lieux qu'ils habitoient autrefois ; et quoique réduits à ne former qu'une horde peu nombreuse et fort misérable, on n'a point cessé de les distinguer parmi les peuplades errantes de ces cantons. Les descendans des anciens *Alilæi* forment aujourd'hui la tribu de Halal ou Halali, qu'on avoit indiquée à Niebuhr (3), que Bruce (4) a rencontrée vers le dix-huitième degré de latitude, et qu'il a trouvée réduite à l'état presque sauvage.

---

(1) L'Édrisi, *Geogr. Nubiens. Pars V Climatis 2 , pag. 48.*

(2) D'Anville , *Description du golfe* *Arabique , pag. 251.*

(3) Niebuhr, *Description, pag. 234.*

(4) Bruce, *Voyage, tom. I, pag. 342.*

Cette tribu portant le même nom et occupant la même contrée que les *Alilæi*, rappelle plus directement ces peuples qu'une petite ville de Hali placée un peu plus haut, et qui d'ailleurs ne paroît pas remonter à des temps bien anciens, puisqu'Abulféda assure (1) qu'elle a été fondée par Hali, fils d'Iacub. Ainsi, son nom ne lui vient point des *Alilæi* d'Agatharchides ; elle n'a aucun rapport avec eux, comme elle n'a jamais pu en avoir avec la ville d'*Aeli* que Ptolémée fixe à quatre-vingts lieues plus au sud, quoique d'Anville (2) ait prétendu l'y rapporter.

Les *GASANDI* existent également ; et si on ne les trouve plus en corps de nation dans les environs de Ghézan, ce port conserve trop exactement leur nom, pour qu'il soit possible de le méconnoître. Cette remarque n'a point échappé à d'Anville (3), non plus que le passage de l'Édrisi (4), où il est parlé d'une tribu de Ghazan qu'il dit habiter vers la même hauteur, mais plus avant dans l'intérieur de l'Yémen, et dans les vallées voisines de Gionuan.

En reconnoissant un port des *Gasandi* dans la ville actuelle de Ghézan, nous ne prétendons pas dire que sa fondation remonte au temps d'Agatharchides. Nous n'oublions pas que les eaux couvroient alors une partie du territoire de cette ville ; mais nous observerons que Ghézan est bâtie sur un tertre et près d'une montagne que la mer environne encore de deux côtés (5). Il est certain que cette montagne formoit une île avant l'émersion des côtes actuelles du *Téhama ;* et cette île, lors de la conquête des *Cassanites,* a pu servir de retraite à quelques *Gasandi* fugitifs, et avoir conservé

---

(1) Abulfeda, *Descript. Arabiæ, p. 5 0.*

(2) D'Anville, *Description du golfe Arabique, pag. 2 5 0, 2 5 1.*

(3) D'Anville, *Description du golfe Arabique, pag. 2 5 1.*

(4) L'Édrisi, *Geogr. Nubiens. Pars V Climatis 2 , pag. 4 9.*

(5) Niebuhr, *Description, pag. 2 3 2 ; Voyage, tom. I, pag. 2 3 5.*

le nom de ses premiers habitans, depuis sa réunion au continent de l'Arabie.

NOUS n'avons aucun renseignement sur la petite peuplade des *Carbæ* ou *Carbi,* qui précédoient immédiatement les Sabéens, et qui n'avoient qu'un seul port sur le golfe. Peut-être les retrouveroit-on parmi les Arabes errans de ces déserts, si l'on pouvoit pénétrer à quelque distance de la côte. Bochart (1) a relégué les *Carbi* dans le Chaülan; mais c'est les placer au nord des *Alilæi,* des *Gasandi,* et dans l'intérieur des terres, tandis que les Périples les fixent au midi de ces peuples, et sur le bord de la mer.

NOUS avons assez parlé (2) des Sabéens, de leur ville de *Saba,* nommée maintenant Sabbia, et du nom de Sabiê que conserve encore leur ancien territoire, pour n'avoir rien d'important à ajouter à ce que nous en avons dit.

LES QUATRE îles que Ptolémée indique entre *Iambia* et *Adegi,* et loin du continent par une suite du déplacement de la côte, comme nous l'avons fait remarquer (3), devoient au contraire en être fort près : il est très-vraisemblable que la plupart de ces îles sont réunies maintenant à la terre-ferme, sous la forme de montagnes. Le Gebel Subb, situé sur le bord du rivage très-près du vingt-troisième degré de latitude, nous paroît être l'ancienne *Dæmonum insula;* comme le Gebel Amir-Kebir, vers 20$^{\rm d}$ 30′, peut avoir été nommé *Polybii insula,* lorsque la mer l'environnoit.

Ieracum ou l'île des Éperviers, est peut-être Sabéia, la seule île élevée que l'on rencontre vers la hauteur fixée par Ptolémée ; à moins qu'on ne la rapporte au pic de l'ancien volcan de Kotumbel, quoiqu'il soit cependant à vingt lieues plus au sud que l'*Ieracum* de ce géographe.

(1) Bochart, *Phaleg, lib. II, cap. 28.*   (3) *Suprà, pag. 216.*

(2) *Suprà, pag. 102 et sequent.*

Quant à *Socratis insula,* qu'il met à la hauteur de Ghézan, il faut la reconnoître dans la montagne voisine de cette ville, et dont nous venons de parler. Les îles qu'on trouve aujourd'hui dans ses environs, ne sont que des bancs de sable nouvellement sortis du sein des eaux.

En mesurant sur la carte ancienne la distance depuis *Adegi* jusqu'à *Musa,* on la trouvera de 2455 stades de 500 au degré : sur la carte moderne, la distance entre les mêmes lieux est de 2445 stades pareils. Ainsi la mesure est exacte ; et les positions intermédiaires se rangent conformément au Tableau n.° VIII.

La position d'*Aeli,* comme les mesures et sa latitude le démontrent, ne pouvoit être que sur les bords et vers le fond du golfe de Lohéia. Il est fort probable que l'accumulation des sables a forcé les *Aelisari,* ses anciens habitans, d'abandonner ce port. Il paroît aussi qu'ils se transportèrent d'abord à Marabéa (1), et que la retraite des eaux les ayant encore éloignés du rivage, ils vinrent bàtir la moderne Lohéia, dont l'existence ne remonte pas au-delà de trois siècles. Cette ville, assise sur une plage aride que la mer abandonne insensiblement, est menacée à son tour d'une ruine assez prochaine, par les nombreux écueils qui se multiplient dans son port.

Napegus, placée sur un cap, étoit vers le lieu nommé aujourd'hui Cubit Sarif. Nous croyons que la ville de *Sacatia* est celle d'al-Shargiah ou Scherdsjé, maintenant à près de trois lieues dans les terres, et qu'Abulféda (2), il y a quatre cents ans, comptoit au nombre des ports de l'Yémen.

(1) Niebuhr, *Description, pag. 199, 200; Voyage, tom. I, pag. 243.*

(2) Abulfeda, *Descriptio Arabiæ, pag. 48.*

La retraite de la mer est bien plus sensible encore vis-à-vis *Musa*, puisque cet ancien port est aujourd'hui à six lieues du rivage. Sa fondation doit remonter à des temps fort reculés, et présenter peut-être la même antiquité que la ville de *Saba*, fréquentée par les Hébreux il y a vingt-huit siècles. Les habitans de ces deux villes, situées sur les dernières pentes des montagnes de l'Yémen, ont vu le *Téhama* entier sous les eaux, sans soupçonner qu'une portion des abîmes que franchissoient leurs vaisseaux, seroit un jour peuplée de leurs nombreuses colonies, et que la recherche des lieux qu'ils occupoient durant leur prospérité, deviendroit dans la suite des temps un problème fort long et fort difficile à résoudre.

Le véritable emplacement de *Musa* n'est bien connu en Europe, que depuis le voyage de Niebuhr, qui rencontra cette ville au pied des montagnes, en remontant le *Wadi*, ou le ruisseau qui vient se perdre à Moka, lorsqu'il est enflé par les pluies (1). Il n'est point douteux que les torrens de cette côte n'aient contribué beaucoup à hâter les progrès du *Téhama* dans ces cantons, par les sables qu'ils n'ont cessé d'apporter des hauteurs où ils prennent leurs sources. C'est en reculant les limites du rivage, en comblant les rades successives dont *Musa* s'approprioit les avantages, que les attérissemens l'ont séparée de la mer par une plaine aride, de plus de six lieues de largeur ; qu'ils ont réduit cette ville à n'être plus qu'un village presque ignoré ; et qu'ils ont forcé ses habitans il y a trois ou quatre siècles, à remplacer son port par celui de Moka, qui jouit maintenant de la célébrité que la nature a enlevée pour jamais à son antique métropole.

Jusqu'ici, l'auteur du Périple de la mer Érythrée ne donne aucune mesure de la côte orientale du golfe. Les navigateurs grecs,

(1) Niebuhr, *Voyage*, t. *I*, p. *296*, *297*; *Description*, p. *194*, *195*.

craignant

craignant d'être pillés par les Arabes et réduits en servitude s'ils approchoient de l'Hedjas, fuyoient ce rivage inhospitalier, s'en tenoient à une assez grande distance pour être hors de l'atteinte des pirates, et n'abordoient que dans les ports de l'Yémen où ils trouvoient des peuples que l'habitude du commerce avoit policés depuis long-temps.

ARRIVÉ à *Musa,* l'auteur du Périple dit (1) que cette ville est à environ 12,000 stades de *Berenice.* Cette mesure, presque égale à la côte entière de l'Arabie, si on la prend en stades de 700, et beaucoup plus grande que cette même côte, si on la compte en stades de 500, semble avoir paru excessive aux géographes modernes, puisqu'ils n'ont pas même tenté de la soumettre à leurs systèmes métriques. Nous pouvons cependant démontrer qu'elle est exacte, qu'elle est donnée en stades de 500 comme les mesures de la côte occidentale, et qu'elle justifie une partie des combinaisons que nous avons offertes jusqu'à présent. Il ne faut, pour s'en convaincre, que bien suivre la marche de l'auteur (2), lorsqu'il passe à la description de la côte orientale du golfe.

On le verra partir de *Berenice,* remonter au nord jusqu'à *Myoshormos,* courir ensuite au nord-est pendant deux ou trois jours de navigation, en traversant le golfe pour arriver au *Port-Blanc* chez les Nabatéens, et de là se rendre directement à *Musa.*

AUJOURD'HUI que nous ne connoissons plus les raisons que pouvoient avoir les navigateurs anciens, de remonter jusqu'à l'embouchure du golfe Ælanitique, lorsqu'ils partoient de *Berenice* pour *Musa;* il peut paroître étrange de les voir suivre une marche qui doubloit la longueur de leur course, et les forçoit de se hasarder le long d'une côte dont ils avoient à redouter et les écueils, et les féroces habitans. Néanmoins il est certain que cette route étoit

(1) Periplus maris Erythræi, *pag. 12.*   (2) *Suprà, pag. 254.*

TOME II.   L l

fréquentée par les commerçans égyptiens. L'auteur du Périple, qui n'écrivoit que pour eux, la distingue de celle qui conduisoit directement à *Musa* par *Ptolemaïs* et *Adulis :* il la trace séparément; et en ne présentant contre son usage que l'ensemble des distances, il fait assez connoître qu'elles appartenoient à une même traite, à une même expédition que l'on suivoit régulièrement.

MAINTENANT, si en partant du port des Abissins, l'ancienne *Berenice,* on remonte jusqu'à Kossir; que de Kossir on se porte à l'entrée orientale du golfe Ælanitique vers Moilah, où nous avons déjà dit (1) que se trouvoit le *Port-Blanc;* et que de ce point on descende à *Musa,* on trouvera juste sur la carte moderne 1 2,090 stades de 500. Cette singulière exactitude est donc une nouvelle preuve que nous avons évalué avec précision les mesures employées par l'auteur du Périple de la mer Érythrée.

Nous devons faire remarquer aussi, que notre évaluation précédente (2) de la marche des navires anciens dans le golfe Arabique, s'applique également à ce nouvel itinéraire. La distance de Kossir à Moilah est de trente - quatre à trente - cinq lieues marines ; et comme dans cette traversée il faut naviguer nécessairement jour et nuit, il en résulte qu'on pouvoit se rendre de *Myos-hormos* à *Leuce,* en deux jours ou en deux jours et demi, sans aller plus vîte que les vaisseaux dont Hérodote et Pline nous ont donné la marche.

A TROIS journées dans les terres, au - dessus de *Musa,* le Périple (3) place la ville de *Save,* que Pline (4) et Ptolémée (5) ont également connue, et qui vraisemblablement tiroit son nom du mont Saber près duquel elle étoit située. Cette montagne est à

(1) *Suprà, pag.* 2 5 4, 2 5 5.

(2) *Suprà, pag.* 2 2 0 , 2 2 1.

(3) Periplus maris Erythræi, *pag.* 1 3.

(4) Plin. *lib.* VI, *cap.* 2 6.

(5) Ptolem. *Geograph. lib.* VI, *cap.* 7, *pag.* 1 8 0. Le traducteur latin écrit *Sabe ;* le texte porte *Save.* On sait que le *V* et le *B* se permutent dans la plupart des langues.

trois jours de marche de *Musa* (1). *Save* n'existe plus; c'est Taês qui domine aujourd'hui dans cette contrée, et l'on voit dans ses environs les ruines de plusieurs villes anciennes.

PLUS loin, et à neuf journées de *Save,* on rencontroit selon le Périple (2), la ville d'*Aphar,* que Pline (3) et Ptolémée (4) nomment *Saphar,* et dont les ruines existent encore, sous le nom de Dafar, au pied du mont Sumara, le *Climax* de Ptolémée. Le chemin actuel depuis Taês jusqu'à Dafar, ne paroît pas exiger les neuf jours que le Périple lui donne; il nous semble même que Niebuhr auroit pu le faire en six jours, s'il avoit dirigé ses pas vers les ruines de Dafar, puisqu'il n'a employé que ce temps pour se rendre à Jérim au nord du Sumara (5). Mais il est possible que le chemin, dans ce pays de montagnes, fût plus difficile autrefois qu'il ne l'est aujourd'hui, ou que la route de Dafar exige des détours dont Niebuhr n'a point entendu parler.

REVENONS maintenant aux îles que nous avons laissées en arrière, et qu'il faut continuer de chercher parmi les plus élevées de ces parages, pour ne pas les confondre avec les nouveaux bancs de sable que la mer découvre journellement.

Cardamine, par sa latitude, paroît répondre à l'île de Foosht, dans laquelle Bruce (6) a trouvé beaucoup de pierres ponces, et d'autres indices qui annoncent qu'elle a brûlé autrefois (7).

Il existe deux autres îles volcaniques dans cette partie du golfe.

(1) Niebuhr, *Voyage, tom. I, p. 297, 298, 299.*

(2) Periplus maris Erythræi, *pag. 13.*

(3) Plin. *lib. VI, cap. 26.*

(4) Ptolem. *Geograph. lib. VI, cap. 7, pag. 180.*

(5) Niebuhr, *Voyag. t. I, p. 313, 319.*

(6) Bruce, *Voyage , tom. I, pag. 376, 377.*

(7) Pline, *lib. VI, cap. 34,* indique l'île *Cardamine* sur la côte des Troglodytes; mais il bouleverse tellement les positions du golfe, qu'il est souvent impossible de reconnoître les lieux dont il a voulu parler.

L'une est Gebel Tar, ou la montagne de Tar, dont le nom se reconnoît dans celui d'*Are* que Ptolémée lui donne (1). Bochart remarque (2) qu'*Are* en phénicien, signifie la même chose que *Katakekaumene* en grec, c'est-à-dire *Brûlée ;* et il en conclut que Ptolémée, trompé par la différence apparente de ces noms, a eu tort de distinguer cette île d'une autre qu'il appelle *Combusta,* et qu'il place plus au sud. Mais Bochart n'a point su qu'au midi de Gebel Tar, on trouvoit une autre île nommée Gebel Zékir, qui renferme un volcan éteint, avec toutes les preuves de son ancienne conflagration : et cette île est la seule, par sa position, que l'on puisse reconnoître pour la *Combusta* de Ptolémée. Il n'est pas aussi facile de dire si c'est la *Combusta* que Juba (3) et le Périple (4) indiquent dans ces cantons, parce qu'ils ne donnent aucun renseignement pour la distinguer de Gebel Tar, que ses embrasemens ont pu faire nommer aussi l'île *Brûlée.*

D'Anville (5) en appliquant le nom de *Combusta* à Gebel Tar, et celui d'*Are* à des îlots nommés Aroé au midi de Gebel Zékir, intervertit l'ordre du texte de Ptolémée, et y suppose gratuitement une erreur de près de quarante lieues dans les latitudes respectives de ces îles. Bruce (6), de son côté, en changeant le nom de Gebel Tar en celui de Gebel Téir, la montagne des Oiseaux, pour la rapporter à l'*Orneon* de Ptolémée, fait commettre à ce géographe plus d'un degré et demi d'erreur sur l'emplacement de cette île.

Suivant Agatharchides (7), la mer, le long des côtes des Sabéens, paroissoit blanche comme les eaux d'un fleuve. C'étoit

(1) Ptolem. *Geograph. lib. VI, cap. 7,* pag. 180.

(2) Bochart, *Chanaan, lib. I, cap. 44.*

(3) Juba *apud* Plin. *lib. VI, cap. 34.*

(4) Periplus maris Erythræi, *pag. 12.*

(5) D'Anville , *Description du golfe Arabique , pag. 252 , 253.*

(6) Bruce, *Voyage, tom. I, pag. 388.*

(7) Agatharchides, *De mari Rubro ,* pag. 65.

une preuve, sans doute, de son peu de profondeur, et de la pré-
sence des sables qu'elle devoit découvrir bientôt. On trouvoit sur
ce rivage, des îles *Fortunées*, que Diodore (1) peuple de villes
florissantes, quoiqu'Agatharchides et Artémidore n'en eussent rien
dit. Il n'est guères vraisemblable que l'île *Macaria* ou *Fortunée*,
dont nous avons parlé plus haut (2), et que Ptolémée relègue près
de la côte d'Afrique, ait quelque rapport avec celles dont nous
parlons. Si elles ne sont pas jointes au continent, il ne reste aucun
moyen pour les découvrir parmi les îles basses des environs de
Lohéia.

Nous ne retrouvons pas non plus les deux îles *Maliachi* que
Ptolémée place devant *Musa*, où il n'en existe aucune. Peut-être
forment-elles aujourd'hui les trois petites montagnes qu'on aperçoit
sur la côte à quatre lieues au nord de Moka.

Quant aux îles *Adani*, qu'Isaac Vossius (3) rapporte à Aden,
nous avons fait voir (4) qu'elles n'étoient que la répétition des îles
du détroit, qu'on avoit oublié de transporter sous la dernière longitude où on l'avoit fixé.

DE *MUSA* à l'embouchure du golfe, le Périple (5) compte
environ 300 stades. C'est la mesure exacte en ligne droite et en
stades de 500, entre Musa et le cap septentrional de Bab al-
mandeb.

La carte de Ptolémée donne, pour le même intervalle, 1345
stades pareils. Si l'on suit sur la carte moderne l'inclinaison et les
sinuosités de la côte, on ne trouvera que 450 stades : le surplus,

(1) Diodor. Sicul. *Biblioth. tom. I,*
lib. III, §. 47, pag. 215.

(2) *Suprà, pag. 211.*

(3) Voss. *Observ. ad P. Mel. p. 593.*

(4) *Suprà, pag. 218, 219.*

(5) Periplus maris Erythræi, *pag. 14.*

à trois lieues près, forme la différence que nous avons trouvée (1) entre les deux cartes, dans la mesure générale de la côte de l'Arabie.

L'ERREUR se trouvant réunie dans ce court espace, en devient plus aisée à expliquer. Il n'est point douteux qu'elle ne soit produite par l'intercalation de la côte étrangère ajoutée à la partie occidentale et méridionale du golfe après *Saba* ou Assab (2). Cette fausse opération, ayant obligé de descendre le promontoire *Dere* d'un degré vingt minutes plus au sud qu'il n'est réellement, a forcé en même temps de prolonger la côte de l'Arabie dans une proportion à-peu-près égale, pour qu'elle parût venir former le détroit dans le nouvel emplacement qu'on lui donnoit.

LE DÉRANGEMENT dans la latitude de *Musa,* que les Tables actuelles de Ptolémée fixent à quarante minutes plus au nord qu'elle ne doit être, quoique l'opération précédente dût la faire porter plus au sud, tient à une autre cause. Dans les bas-siècles de l'Empire, *Musa,* déjà trop éloignée du rivage pour qu'on pût y aborder, étoit remplacée par une autre ville nommée Mosek ou Mausidj, qui semble avoir usurpé alors, parmi les navigateurs du golfe, le nom de son ancienne métropole, et avoir été confondue avec elle par quelques géographes. Mosek existe encore, quoique la mer l'ait abandonnée : elle est d'environ vingt-cinq minutes plus septentrionale que la vraie position de *Musa,* et à 1060 stades du détroit, en comprenant dans cette mesure le golfe de Ghéla ; mais ce sont des stades de 700, et il paroît que c'est pour les avoir employés sur la carte ancienne à raison de 500 au degré, et en ligne droite, qu'on s'est confirmé dans l'opinion que l'embouchure du golfe devoit être plus méridionale qu'Hipparque ne l'avoit déterminée.

QUOI QU'IL en soit, nous ne pouvons indiquer dans ce trajet

(1) *Suprà, pag. 248.*   (2) *Suprà, pag. 212, 213.*

que l'emplacement d'*Occlis*. Il nous paroît, comme à d'Anville (1),
qu'elle étoit située dans le golfe de Ghéla, dont le nom rappelle
d'ailleurs celui d'*Occlis*, que les Grecs prononcèrent d'abord *Okila*
ou *Akila*, et qu'ils appliquèrent même au cap qui forme l'entrée
septentrionale du détroit (2). Selon l'auteur du Périple de la mer
Érythrée (3), et selon Pline (4), *Ocelis* étoit moins une place de
commerce qu'une aiguade, un lieu de relâche, où les vaisseaux qui
partoient pour l'Inde ou qui revenoient de cette contrée, avoient
coutume de s'arrêter. Cette circonstance fit donner dans la suite
au promontoire d'*Okila* le nom de *Palindromos* (5), pour faire
connoître que ce point étoit celui d'où les navigateurs reprenoient
leurs courses, en se rendant à leurs destinations ultérieures.

C'est de là que nous partirons également, dans notre prochain
mémoire, pour continuer nos recherches le long des côtes méridionales de l'Arabie, après avoir réuni sous les yeux de nos
lecteurs l'ensemble des mesures que nous venons d'employer (6),
et l'extrait des Tables de Ptolémée (7) qui nous a servi à établir
la carte ancienne.

(1) D'Anville, *Description du golfe Arabique*, pag. 257.

(2) Artemidor. *apud* Strab. *lib. XVI*, pag. 769.

(3) Periplus maris Erythræi, *pag. 14.*

(4) Plin. *lib. VI, cap. 26.*

(5) Ptolem. *Geograph. lib. VI, cap. 7, pag. 176.*

(6) *Infrà, pag. 276.*

(7) *Infrà, pag. 277, 278.*

TABLEAU N.º I.

POSITIONS ANCIENNES SELON PTOLÉMÉE. Les distances comptées en stades de 700 au degré.			POSITIONS MODERNES CORRESPONDANTES. Les distances comptées en stades de 500 au degré.		
DÉNOMINATION DES LIEUX.	Distance particul.	Distance totale.	DÉNOMINATION DES LIEUX.	Distance particul.	Distance totale.
Heroopolis....................	o.	o.	[Heroopolis], par 30 degrés.....	o.	o.
Arsinoë......................	595.	595.	....	600.	600.
Clysma......................	235.	830.	Au pied du mont Kolzum.......	260.	860.
Drepanum promontorium.........	845.	1675.	Cap Sandy....................	760.	1620.
Myos - hormos.................	410.	2085.	Vieux - Kossir................	475.	2095.

TABLEAU N.º II.

POSITIONS ANCIENNES SELON PTOLÉMÉE. Les distances comptées en stades de 500 au degré.			POSITIONS MODERNES CORRESPONDANTES. Les distances comptées en stades de 500 au degré.		
DÉNOMINATION DES LIEUX.	Distance particul.	Distance totale.	DÉNOMINATION DES LIEUX.	Distance particul.	Distance totale.
Myos - hormos.................	o.	o.	Vieux - Kossir................	o.	o.
Philoteras portus.............	265.	265.	Port-Blanc de d'Anville........	275.	275
Alus mons....................	295.	560.	Montagne appelée les Trois Monts..	260.	535
Leuce vel Albus-Portus.........	335.	895.	Port de Shaona................	350.	885
Acabe mons..................	85.	980.	Montagne dans la baie de Guadénahui.	200.	1085
Nechesia.....................	125.	1105.	Sial........................	140.	1225
Smaragdus mons..............	300.	1405.	Ras al - Enf ou Cap du Nez........	330.	1555
Lepte extrema................	265.	1670.	Un cap......................	200.	1755
Berenice....................	340.	2010.	Port des Abissins..............	290.	2045

TABLEA

TABLEAU N.º III.

POSITIONS ANCIENNES SELON PTOLÉMÉE. Les distances comptées en stades de 500 au degré.			POSITIONS MODERNES CORRESPONDANTES. Les distances comptées en stades de 500 au degré.		
DÉNOMINATION DES LIEUX.	Distance particul.	Distance totale.	DÉNOMINATION DES LIEUX.	Distance particul.	Distance totale.
Berenice	0.	0.	Port des Abissins	0.	0.
Pentadactylus mons	370.	370.	Un promontoire	250.	250.
Bazium promontorium	280.	650.	Pointe de Comol	325.	575.
Prionotus mons	250.	900.	Un promontoire	290.	865.
Chersonesus	250.	1150.	Ras el-Gidid	175.	1040.
Mnemium promontorium	355.	1505.	Pointe de Calmès	360.	1400.
Isius mons	85.	1590.	Ras el-Doar	75.	1475.
Bathus vel Profondus-Portus	265.	1855.	Port de Magarzan	280.	1755.
Dioscurium portus	85.	1940.	....	80.	1835.
Demetris promontorium	410.	2350.	Ras Ab-ud	670.	2505.
Aspis promontoria	265.	2615.	Caps à l'entrée de la baie de Tradate.	140.	2645.
Diogenis promontorium	225.	2840.	Cap à l'entrée de la baie de Suakem	250.	2895.
Satyrorum mons	165.	3005.	Un promontoire	160.	3055.
Monodactylus mons	265.	3270.	Ras Ahéhas	440.	3495.
Taurus mons	355.	3625.	....	250.	3745.
Theôn Soter portus	355.	3980.	....	250.	3995.
Evangeliorum portus	280.	4260.	....	200.	4195.
Ptolemaïs Epitheras	280.	4540.	[Ptolemaïs Epitheras], à 16^d 58'.	275.	4470.

TABLEAU N.º IV.

POSITIONS ANCIENNES SELON PTOLÉMÉE. Les distances comptées en stades de 500 au degré.			POSITIONS MODERNES CORRESPONDANTES. Les distances comptées en stades de 500 au degré.		
DÉNOMINATION DES LIEUX.	Distance particul.	Distance totale.	DÉNOMINATION DES LIEUX.	Distance particul.	Distance totale.
Ptolemaïs Epitheras	0.	0.	[Ptolemaïs Epitheras]	0.	0.
Sabaïticum Os	900.	900.	Milieu du golfe de Matzua	785.	785.
Ara Amoris promontorium	250.	1150.	Pointe d'Acier	160.	945.
Magnum Littus	450.	1600.	....	630.	1575.
Colobon promontorium	1040.	2640.	Ras Terma	1160.	2735.
Sabat vel Saba civitas	335.	2975.	Assab ou as-Sab	265.	3000.

TABLEAU N.º V.

POSITIONS ANCIENNES SELON PTOLÉMÉE. Les distances comptées en stades de 500 au degré.			POSITIONS MODERNES CORRESPONDANTES. Les distances comptées en stades de 500 au degré.		
DÉNOMINATION DES LIEUX.	Distance particul.	Distance totale.	DÉNOMINATION DES LIEUX.	Distance particul.	Distance totale.
Sabat vel Saba civitas............	0.	0.	Assab ou as-Sab..............	0.	0.
Montuosa Chersonesus...........	250.	250.	Presqu'île au sud d'Assab........	100.	100.
Adulis...................	835.	1085.	Tajioura...................	1100.	1200.
Chroni vel Saturni promontorium....	505.	1590.	Cap de Zéila...............	240.	1440.
Antiochi Solen...............	2070.	3660.	A l'embouchure de la rivière de Soal.	2160.	3600.
Mandaeth vicus..............	875.	4535.	....	875.	4475.
Arsinoë....................	165.	4700.	....	165.	4640.
Dere civitas et promontorium......	410.	5110.	Cap Guardafui..............	560.	5200.

TABLEAU N.º VI.

POSITIONS ANCIENNES SELON PTOLÉMÉE. Les distances comptées en stades de 500 au degré.			POSITIONS MODERNES CORRESPONDANTES. Les distances comptées en stades de 500 au degré.		
DÉNOMINATION DES LIEUX.	Distance particul.	Distance totale.	DÉNOMINATION DES LIEUX.	Distance particul.	Distance totale.
Ælana...................	0.	0.	Ailah ou Akaba-Ila...........	0.	0.
Ælanitici Sinûs inflexio.........	150.	150.	....	95.	95.
Onne....................	250.	400.	....	150.	245.
Modiana..................	410.	810.	Madian...................	255.	500.
Hippos mons...............	325.	1135.	Montagne des Cornes...........	520.	1020.
Hippos vicus...............	345.	1480.	Près d'Abu-Jubbée............	430.	1450.
Phænicum vicus.............	235.	1715.	Près de la rivière de Maarash.....	295.	1745.
Rhaunathi pagus.............	335.	2050.	Près d'Istabel-Antar...........	340.	2085.
Chersonesi extrema............	210.	2260.	Le cap et la montagne Uaned......	205.	2290.
Iambia vicus...............	1060.	3320.	Ancienne Iambo.............	1130.	3420.

TABLEAU N.º VII.

POSITIONS ANCIENNES SELON PTOLÉMÉE. Les distances comptées en stades de 500 au degré.			POSITIONS MODERNES CORRESPONDANTES. Les distances comptées en stades de 500 au degré.		
DÉNOMINATION DES LIEUX.	Distance particul.	Distance totale.	DÉNOMINATION DES LIEUX.	Distance particul.	Distance totale.
Iambia vicus................	0.	0.	Ancienne Iambo...............	0.	0.
Copar vicus................	290.	290.	....	355.	355.
Arga vicus................	385.	675.	Al - Giohfah............	380.	735.
Zaaram regia...............	370.	1045.	....	370.	1105.
Centos vicus...............	250.	1295.	....	285.	1390.
Thebæ civitas..............	250.	1545.	....	250.	1640.
Bætius fluvius..............	415.	1960.	Fleuve du Sockia............	355.	1995.
Badeo regia................	95.	2055.	....	180.	2175.
Ambe civitas...............	500.	2555.	....	470.	2645.
Mamala vicus...............	860.	3415.	....	755.	3400.
Adegi pagus, à 17ᵈ 10′.......	560.	3975.	[Latitude 17ᵈ 10′]..........	565.	3965.

TABLEAU N.º VIII.

POSITIONS ANCIENNES SELON PTOLÉMÉE. Les distances comptées en stades de 500 au degré.			POSITIONS MODERNES CORRESPONDANTES. Les distances comptées en stades de 500 au degré.		
DÉNOMINATION DES LIEUX.	Distance particul.	Distance totale.	DÉNOMINATION DES LIEUX.	Distance particul.	Distance totale.
Adegi pagus................	0.	0.	[*Adegi*].................	0.	0.
Pudni civitas...............	355.	355.	....	365.	365.
Puani civitas...............	210.	565.	....	205.	570.
Aeli vicus.................	710.	1275.	Au fond du golfe de Lohéia......	710.	1280.
Napegus oppidum............	300.	1575.	Près de Cubit Sarif...........	305.	1585.
Sacatia civitas.............	600.	2175.	Al - Shargiah..............	570.	2155.
Musa emporium..............	280.	2455.	Musa.....................	290.	2445.

MESURES GÉNÉRALES DU GOLFE ARABIQUE (1).

SELON LES TABLES DE PTOLÉMÉE.

	En Stad. de 500.		En Stad. de 700.	
	Distance particul.	Distance totale.	Distance particul.	Distance totale.
CÔTE OCCIDENTALE.				
D'Heroopolis, à Myos-hormos......	1490.	1490.	*2085.	2085.
De Myos-hormos, à Berenice.......	*2010.	3500.	2815.	4900.
De Berenice, à Ptolemaïs Epitheras..	*4540.	8040.	6355.	11255.
De Ptolemaïs Epitheras, à Sabat....	*2975.	11015.	4165.	15420.
De Sabat, au promontoire Dere.....	5110.	16125.	7155.	22575.
De Sabat, au promontoire Dere.....	*5110.	......	7155.	......
D'Adulis, au promontoire Dere.....	*4025.	......	5635.	......
D'Heroopolis, au promontoire Pharan.	1060.	......	*1485.	......
Du promontoire Pharan, à Ælana...	560.	......	*785.	......
CÔTE ORIENTALE.				
D'Ælana, à Iambia.................	*3320.	3320.	4650.	4650.
D'Iambia, à Adegi.................	*3975.	7295.	5565.	10215.
D'Adegi, à Musa..................	*2455.	9750.	3435.	13650.
De Musa, au promontoire Palindromos.	1345.	11095.	1885.	15535.

SELON LA CARTE MODERNE.

	En Stad. de 500.		En Stad. de 700.	
	Distance particul.	Distance totale.	Distance particul.	Distance totale.
CÔTE OCCIDENTALE.				
[D'Heroopolis], au Vieux-Kossir...	*2095.	2095.	2935.	2935.
Du Vieux-Kossir, au port des Abissins.	*2045.	4140.	2860.	5795.
Du port des Abissins, à [Ptolemaïs Epitheras].....................	*4470.	8610.	6260.	12055.
[De Ptolemaïs Epitheras], à Assab.	*3000.	11610.	4200.	16255.
D'Assab, au cap méridional de Bab-al-mandeb...........	775.	12385.	1085.	17340.
D'Assab, au cap Guardafui.........	*5200.	......	7280.	......
D'Arkiko, au Détroit..............	2860.	......	*4000.	......
De Tajioura, au cap Guardafui.....	*4000.	......	5600.	......
[D'Heroopolis], au cap Mahomet..	*1465.	......	2050.	......
Du cap Mahomet, à Ailah.........	*810.	......	1130.	......
CÔTE ORIENTALE.				
D'Ailah, à l'ancienne Jambo........	*3420.	3420.	4785.	4785.
De l'ancienne Iambo, à [Adegi]...	*3965.	7385.	5550.	10335.
[D'Adegi], à Musa.............	*2445.	9830.	3425.	13760.
De Musa, au cap septentrional de Bab al-mandeb..................	450.	10280.	630.	14390.

(1) Nous avons cru devoir présenter ces mesures en stades de 500, et en stades de 700 au degré, pour faire mieux apercevoir leur différence, et pour rendre plus sensibles les erreurs que les anciens ont commises en ne distinguant pas toujours la valeur du stade employé dans les divers itinéraires.

* Les sommes correspondantes dont nous avons fait usage dans le cours de ce mémoire, sont précédées d'un astérisque.

EXTRAIT DES TABLES DE PTOLÉMÉE,

Lib. IV, cap. 5, 7, 8; lib. V, cap. 17; lib. VI, cap. 7.

CÔTE OCCIDENTALE DU GOLFE ARABIQUE.	Longitude. D.	M.	Latitude. D.	M.
Heroopolis	63.	30.	30.	0.
Arsinoë	63.	20.	29.	10.
Clysma præsidium	63.	20.	28.	50.
Drepanum promontorium	64.	0.	27.	50.
Myos - hormos	64.	5.	27.	15.
Philoteras portus	64.	15.	26.	45.
Aias mons	64.	10.	26.	10.
Leuce vel *Albus - Portus*	64.	30.	25.	35.
Acabe mons	64.	30.	25.	25.
Nechesia	64.	30.	25.	10.
Smaragdus mons	64.	50.	24.	40.
Lepte extrema	64.	40.	24.	10.
Berenice	64.	5.	23.	50.
Pentadactylus mons	64.	45.	23.	30.
Bazium promontorium	65.	0.	23.	0.
Prionotus mons	65.	0.	22.	30.
Chersonesus	65.	0.	22.	0.
Mnemium promontorium	65.	30.	21.	30.
Isius mons	65.	30.	21.	20.
Bathus vel *Profondus - Portus*	65.	0.	21.	10.
Dioscurium portus	65.	0.	21.	0.
Demetris promontorium	65.	20.	20.	15.
Aspis promontoria	65.	30.	19.	45.
Diogenis promontorium	65.	20.	19.	20.
Satyrorum mons	65.	20.	19.	0.
Monodactylus mons	65.	30.	18.	30.
Taurus mons	65.	0.	18.	0.
Theôn Soter portus	65.	30.	17.	30.
Evangeliorum portus	65.	45.	17.	0.
Ptolemais - Epitheras	66.	0.	16.	30.
Sabaïticum Os	65.	0.	15.	0.

SUITE DE LA CÔTE OCCIDENTALE.	Longitude. D.	M.	Latitude. D.	M.
Ara Amoris promontorium	65.	30.	15.	0.
Magnum Littus	66.	0.	14.	15.
Colobon promontorium	68.	0.	13.	40.
Sabat civitas	68.	0.	13.	0.
Montuosa Chersonesus	68.	0.	12.	30.
Adulis	67.	0.	11.	10.
Chroni vel *Saturni promontorium*	68.	0.	11.	20.
Antiochi Solen	72.	0.	10.	15.
Mandaeth vicus	73.	45.	10.	20.
Arsinoë	73.	45.	10.	40.
Dere civitas et promontorium	74.	30.	11.	0.
INSULÆ.				
Sapirene insula	64.	50.	28.	0.
Aphrodites seu *Veneris insula*	65.	15.	24.	40.
Agathonis insula	65.	15.	23.	20.
Astarte insula	66.	0.	22.	20.
Ara Palladis insula	66.	10.	21.	30.
Gypsites insula	67.	0.	19.	40.
Tomadeorum insulæ duæ	67.	30.	19.	0.
Myronis insula	67.	0.	18.	0.
Catathræ vel *Chelonitides I.ª duæ*	68.	0.	17.	30.
Thrissitides insulæ duæ	67.	30.	17.	0.
Magorum insula	68.	15.	16.	0.
Daphnidis insula	68.	30.	15.	20.
Acanthine insula	68.	30.	15.	0.
Macaria vel *Fortunata insula*	68.	30.	14.	0.
Orneon vel *Avium insula*	69.	0.	14.	0.
Bacchi et Antibacchi insulæ	69.	30.	13.	15.
Panis insula	68.	20.	12.	0.
Diodori insula	70.	0.	12.	30.
Isidis insula	70.	0.	11.	30.

CÔTE ORIENTALE DU GOLFE ARABIQUE.	Longitude. D. M.	Latitude. D. M.	SUITE DE LA CÔTE ORIENTALE.	Longitude. D. M.	Latitude. D. M.
Heroopolis.	63. 30.	30. 0.	Puani civitas.	72. 15.	16. 10.
Pharan promontorium.	65. 0.	28. 30.	Aeli vicus.	73. 30.	15. 30.
Ælana oppidum.	65. 50.	29. 15.	Napegus oppidum.	73. 10.	15. 0.
Ælanitici Sinûs inflexio.	66. 0.	29. 0.	Sacatia civitas.	74. 15.	14. 30.
Onne.	66. 0.	28. 30.	Musa emporium.	74. 30.	14. 0.
Modiana.	66. 20.	27. 45.	Sosippi portus.	74. 45.	13. 0.
Hippos mons.	66. 50.	27. 20.	Pseudocelis.	75. 0.	12. 30.
Hippos vicus.	67. 0.	26. 40.	Ocelis emporium.	75. 0.	12. 0.
Phænicum vicus.	67. 20.	26. 20.	Palindromos extrema.	74. 30.	11. 40.
Rhaunathi pagus.	67. 15.	25. 40.			
Chersonesi extrema.	67. 0.	25. 20.	INSULÆ.		
Iambia vicus.	68. 30.	23. 50.	Aeni insula.	65. 45.	27. 20.
Copar vicus.	68. 30.	23. 15.	Tumagenis insula.	66. 0.	25. 45.
Arga vicus.	69. 0.	22. 40.	Zygæna insula.	66. 15.	24. 20.
Zaaram regia.	69. 20.	22. 0.	Dæmonum insula.	66. 45.	23. 15.
Centos vicus.	69. 20.	21. 30.	Polybii insula.	67. 40.	20. 20.
Thebæ civitas.	69. 20.	21. 0.	Ieracum insula.	69. 30.	19. 0.
Bætii fluvii ostia.	69. 50.	20. 20.	Socratis insula.	70. 0.	16. 40.
Badeo regia.	70. 0.	20. 15.	Cardamine insula.	71. 0.	16. 0.
Ambe civitas.	70. 40.	19. 30.	Are insula.	71. 0.	15. 20.
Mamala vicus.	71. 45.	18. 10.	Combusta insula.	70. 30.	14. 30.
Adegi pagus.	72. 15.	17. 10.	Muliachi insulæ duæ.	71. 40.	14. 0.
Pudni civitas.	72. 30.	16. 30.	Adani insulæ duæ.	72. 30.	12. 30.

FIN DU TOME SECOND.

TABLE

DES MATIÈRES.

A.

Nn

C.

Pp

P.

TOME II. S s

FIN DE LA TABLE DES MATIÈRES

DU SECOND VOLUME.

IMPRIMÉ

Par les soins de P. D. DUBOY-LAVERNE, directeur
de l'imprimerie de la République.

AVIS AU RELIEUR.

Les quatre Cartes, comprises en trois feuilles, et la feuille de Triangles, devront être placées après la Table des matières, suivant l'ordre de leurs numéros, savoir :

1. *Polybii Internum mare.*

II. *Marini Tyrii systema geographicum.*

III. Triangles. Pour les Recherches sur le système géographique de Marin de Tyr.

IV. *Sinus Arabicus, ex Tabulis hodiernis Ptolemæi.*

V. Pour les Recherches sur le Golfe Arabique.

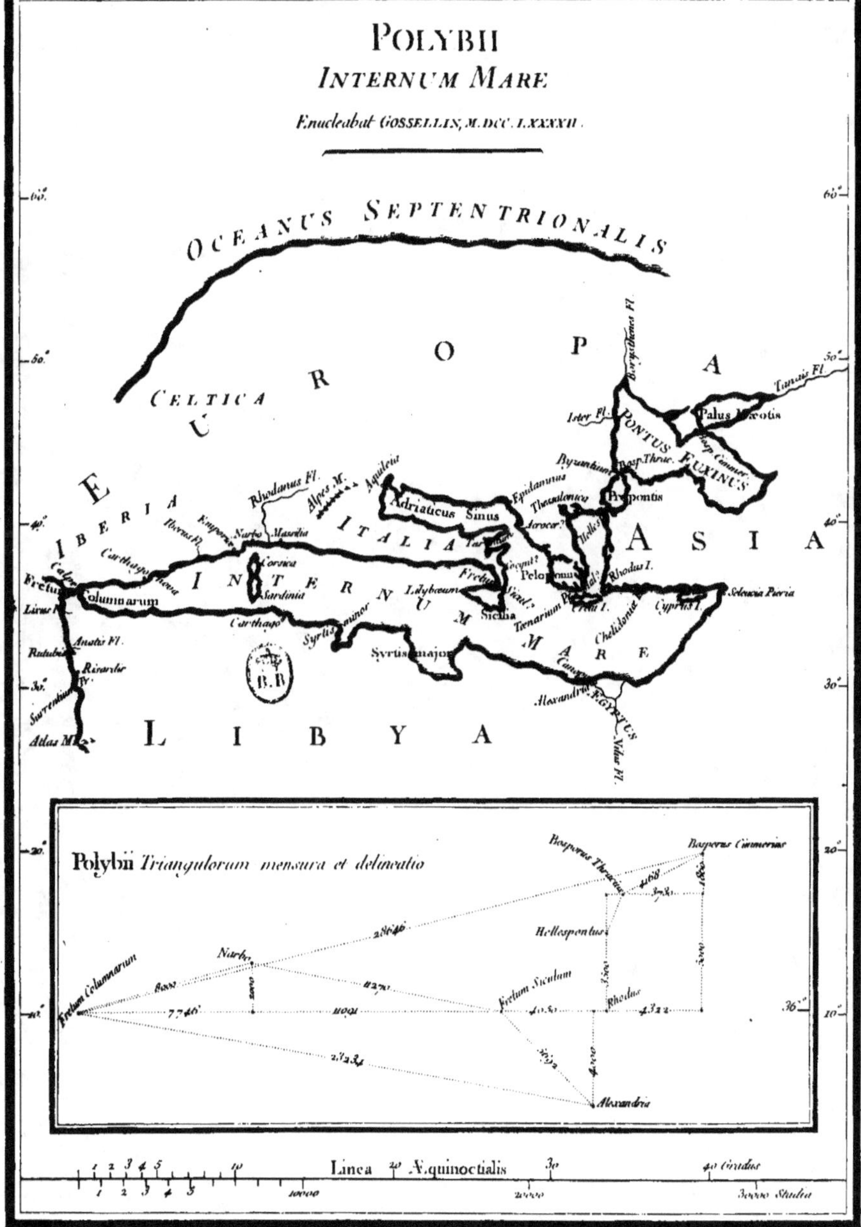
POLYBII
INTERNUM MARE
Enucleabat GOSSELLIN, M.DCC.LXXXXII.
OCEANUS SEPTENTRIONALIS
EUROPA
CELTICA
IBERIA
Rhodanus Fl.
Alpes M.
Aquileia
Adriaticus Sinus
Iberus Fl.
Emporia
Narbo
Massilia
ITALIA
Epidamnus
Thessalonica
Byzantium
Bosp. Thrac.
Propontis
PONTUS EUXINUS
Borysthenes Fl.
Ister Fl.
Tanais Fl.
Palus Mæotis
Bosp. Cimmer.
ASIA
Carthago nova
Corsica
Sardinia
INTERNUM
Arvoca?
Hellesp.
Pelopon.
Rhodus I.
Seleucia Pieria
Fretum
Columnarum
Calpe
Lixus Fl.
Carthago
Syrtis minor
Lilybœum
Fretum
Sicilia
Tænarium
Creta I.
Cyprus I.
MARE
Anstis Fl.
Rutubis
Risardir
Surrentum
Atlas M.
Syrtis major
Chelidonia
Canopus
Alexandria
Nilus Fl.
AEGYPTUS
LIBYA
60°
50°
40°
30°
20°
10°
Polybii Triangulorum mensura et delineatio
Bosporus Thracius
Bosporus Cimmerius
Hellespontus
Narbo
Fretum Siculum
Rhodus
Fretum Columnarum
Alexandria
1 2 3 4 5   10
Linea Æquinoctialis   20   30   40 Gradus
10000   20000   30000 Stadia

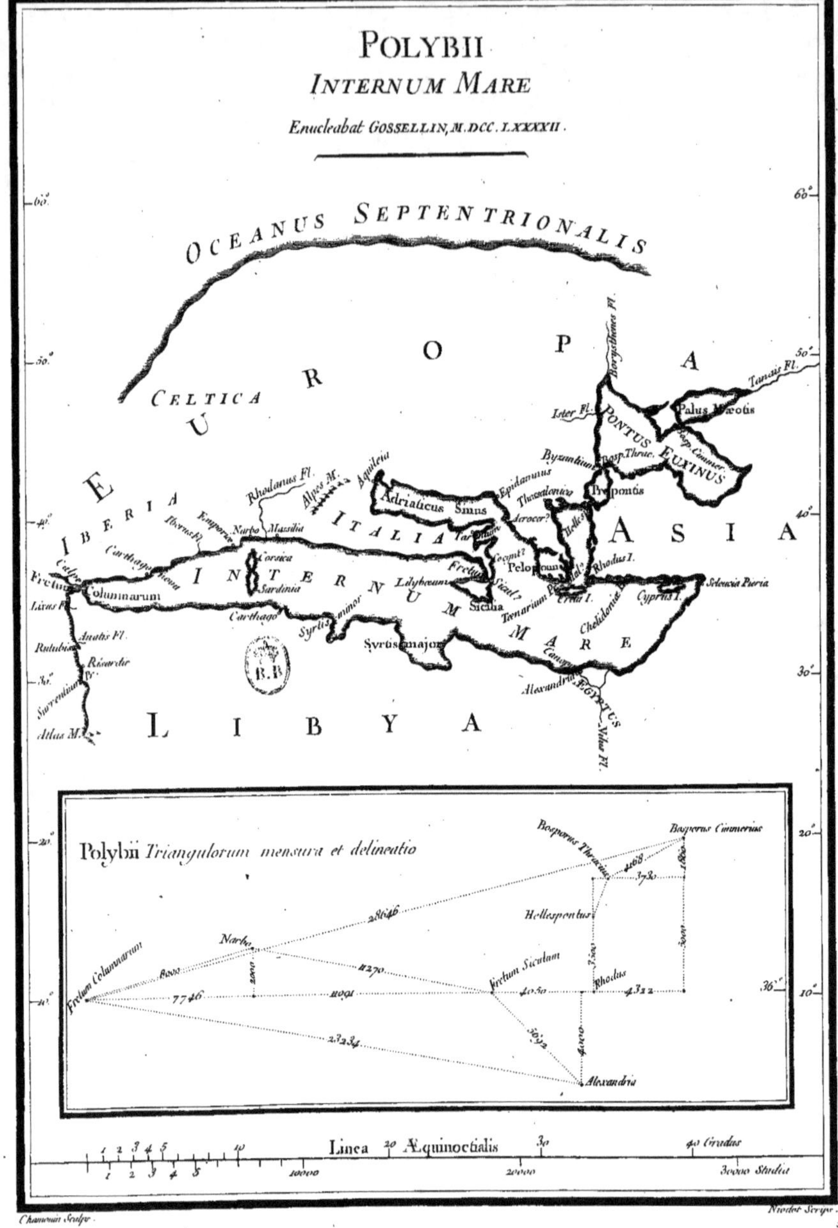
POLYBII
INTERNUM MARE
Enucleabat GOSSELLIN, M.DCC.LXXXXII.
OCEANUS SEPTENTRIONALIS
EUROPA
CELTICA
IBERIA
ITALIA
ASIA
Rhodanus Fl.
Alpes M.
Aquileia
Adriaticus Sinus
Narbo
Massilia
Emporium
Iberus Fl.
Carthago Nova
Corsica
Sardinia
Celtica
Fretum Columnarum
Lixus Fl.
Carthago
Syrtis minor
Syrtis major
Rutubis
Anatis Fl.
Risardir Fl.
Surrentium
Atlas M.
LIBYA
Lilybaeum
Sicilia
Fretum Sicul.
Tarentum
Locri?
Peloponn.
Taenarium Prom.
Crita I.
Chelidonice
Canopus
Alexandria Ægyptus
Vetus Pt.
Epidamnus
Thessalonica
Acrocer?
Byzantium
Hellesp.
Propontis
Bosp. Thrac.
Ister Fl.
PONTUS EUXINUS
Palus Mæotis
Tanais Fl.
Borysthenes Fl.
Bosp. Cimmer.
Rhodus I.
Cyprus I.
Seleucia Pieria
INTERNUM MARE
Polybii Triangulorum mensura et delineatio
Fretum Columnarum
Narbo
Fretum Siculum
Hellespontus
Rhodus
Bosporus Thracius
Bosporus Cimmerius
Alexandria
28646
11270
8803
2000
7746
11001
23234
4050
2468
3730
1820
5072
2000
4312
Linea Æquinoctialis
Gradus
Studia
Chanvin Sculp.
Nicolet Scrip.

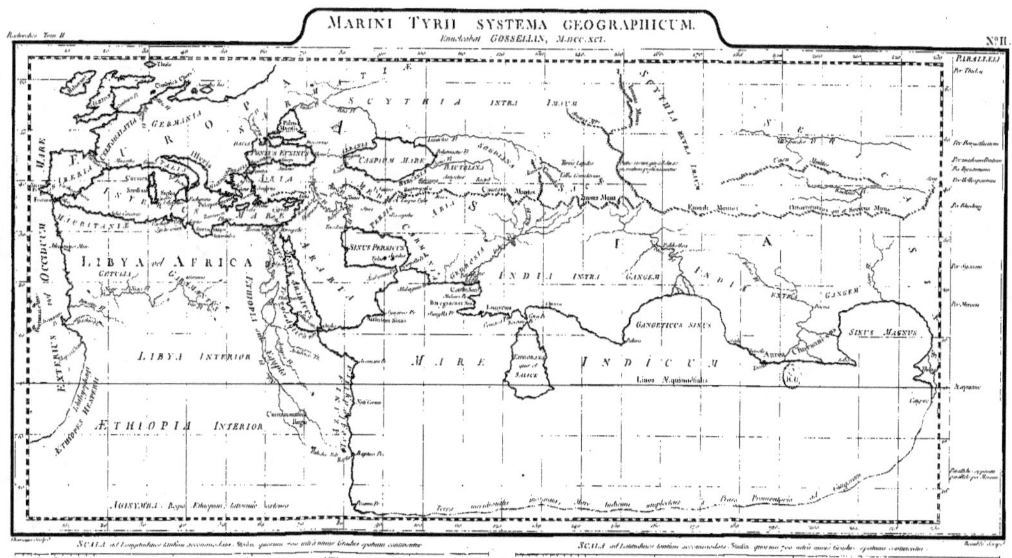
Recherches. Tom II
MARINI TYRII SYSTEMA GEOGRAPHICUM.
Emendabat GOSSELLIN, M.DCC.XCI.
Nº II.
PARALLELI
EUROPA
SCYTHIA INTRA IMAUM
SCYTHIA EXTRA IMAUM
GERMANIA
PONTUS EUXINUS
CASPIUM MARE
SOGDIANA
BACTRIANA
IBERIA
ILLYRIA
ARIA
SINUS PERSICUS
ASIA
INDIA
MARE OCCIDUUM
LIBYA vel AFRICA
GETULIA
ARABIA
CARMANIA
GEDROSIA
INDIA INTRA GANGEM
INDIA EXTRA GANGEM
EXTERIUS vel OCCIDUUM
ÆTHIOPIA
GANGETICUS SINUS
SINUS MAGNUS
LIBYA INTERIOR
MARE INDICUM
Linea Æquinoctialis
Æquator
ÆTHIOPIA INTERIOR
ÆTHIOPES HESPERII
AGISYMBA Regio Æthiopum latissime patens
SCALA ad Longitudines Stadiis accommodata. Stadia quorum vere inter nonus Gradus epitomen continentur
SCALA ad Latitudines Stadiis accommodata. Stadia quorum 700 unius minis Gradus epitomen continentur

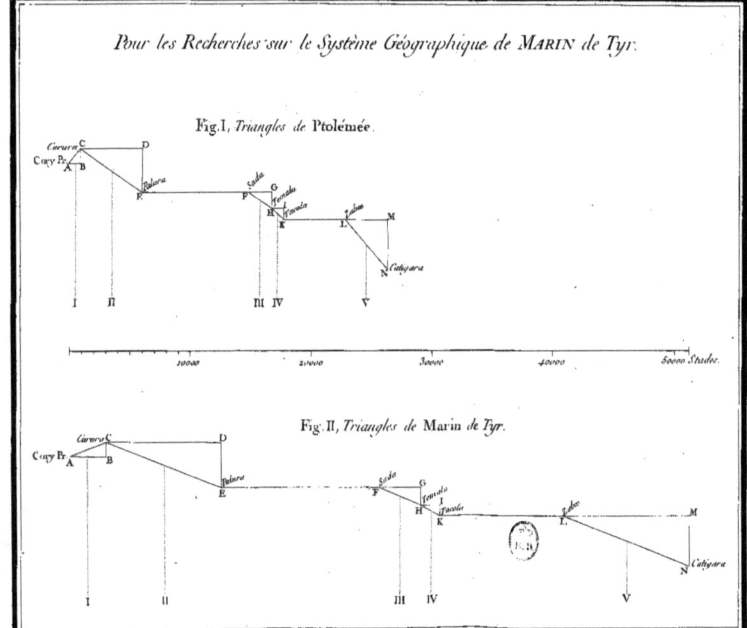

Recherches Tom. II.
N.º III.
Pour les Recherches sur le Système Géographique de MARIN de Tyr.
Fig.I, Triangles de Ptolémée.
Coruca
Cory Pr.
Palura
Sada
Tenala
Tacola
Zabæ
Catigara
10000
20000
30000
40000
50000 Stades.
Fig.II, Triangles de Marin de Tyr.
Coruca
Cory Pr.
Palura
Sada
Tenala
Tacola
Zabæ
Catigara
Chamoin Sculp.
Niodet Scrip.

Cory

Cory

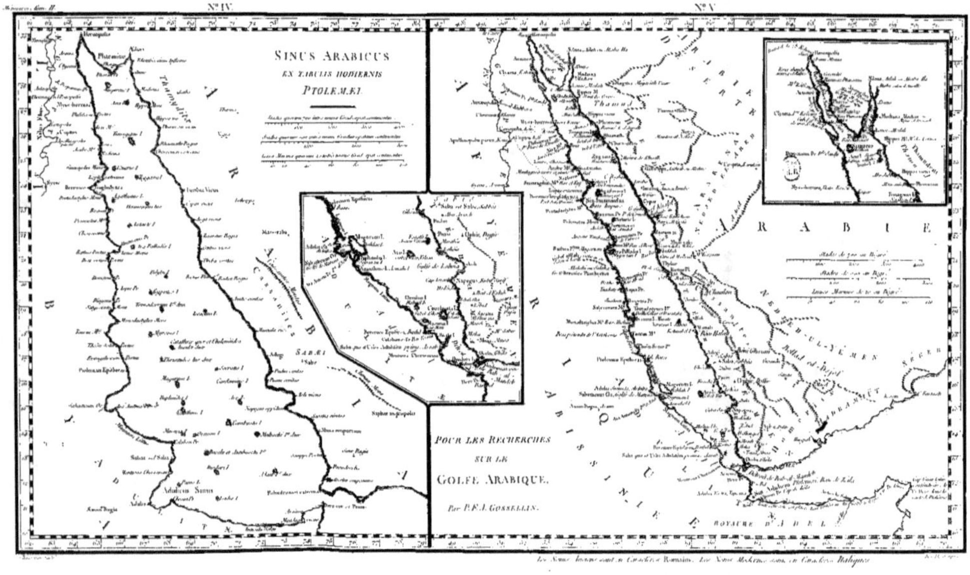

Mémoires, tom. II.
N.º IV.
N.º V.

SINUS ARABICUS
EX TABULIS HODIERNIS
PTOLEMÆI

POUR LES RECHERCHES
SUR LE
GOLFE ARABIQUE.
Par P.F.J. GOSSELLIN.